공동체의 유익을 위한 삶의 방식으로 우리의 체질을 변화시키는 것, 이것이 영적 훈련이다! 하나님 사랑과 이웃 사랑은 서로 다르지 않다. 조화로운 공동체를 위해 일상생활에서 할 수 있는 영적 실천이 어떤 것인지 손에 꼭 잡힐 만큼 구체적이고 섬세하게 보여 준다.

김경은 | 장로회신학대학교 영성신학 교수

우리가 등한시했던 경건의 숨은 영역을 재발견하도록 도와준다. 베넷은 경건을 수직적 차원에만 한정하는 고정관념이 초월적 경험만 추구하는 비정상적 그리스도인들을 생산하고 있다고 비판한다. 바른 경건과 영성은 하나님과의 수직적 관계뿐 아니라 이웃과의 수평적 관계 속에서 실천된다는 것이다. 하나님은 우리가 그분을 사랑하는 것 못지않게 그분의 걸작인 우리 이웃들을 사랑하는 것을 중시하신다. 이 책은 사막의 교부들부터 개혁주의 신학자들까지 두루 살피면서 단순함, 묵상, 금식, 고독, 침묵, 섬김, 안식 등 영적 훈련들을 이웃 사랑의 관점에서 실제적으로 서술했다. 영적 훈련은 영적 거인이 되기 위한 특수한 일이 아니라 평범한 성도들도 실천할 수 있는 단순한 일들을 반복하는 연습이라는 사실을, 그리고 지극히 사적으로 보이는 이 일상 속 연습이 국가정책을 수립하고 난민을 돕는 일만큼이나 중요한 공동선이라는 사실을 깨닫게 해 준다. 영적 거인들을 보며 영적 열등감에 빠지기 쉬운 그리스도인들에게 강력히 추천한다.

신원하 | 고려신학대학원 원장, 『죽음에 이르는 일곱 가지 죄』 저자

영적 훈련들은 왜 실패하는가? 그것들은 하나님을 누리고 즐거워하는 통로 아니었던가? 저자는 이러한 실패가 근본적으로 영적 훈련을 미약처럼 사용하여 긍정적 감정만을 추구하는 우상숭배 때문이라고 지적한다. 영적 훈련은 긍정적 감정을 고취하기 위한 저급한 수단이 아니라, 이웃을 사랑하고 더불어 기뻐하는 삶이며, 이를 통해 하나님을 영화롭게 하는 '사랑하는 삶'의 연습으로서 아름다운 가치가 있다. 긍정적 감정만을 추구하는 것에 대해 저자가 다분히 비판적임에도 불구하고, 나는 이 책을 통해 긍정적 감정을 충만히 느꼈다고 고백하고 싶다. 특히 각 장의 끝에 실린, 아마 당신이 별로 해 보지 않았을 내용의 기도문을 면밀히 읽고 따라해 보라. 잘 하지 않던 기도를 통해 잘 하지 않던 선행을 할 힘을 얻을 것이다.

이정규 | 시광교회 담임목사, 『새가족반』 저자

네 이웃을 네 몸과 같이 사랑하라? 말은 쉽지만 실천하기는 어렵다! 카일 베넷은 우리같이 흠이 있는 사람들도, 이웃을 사랑할 수 있게 만드는 훈련 방법을 가르쳐 준다.
기디언 스트라우스 | 기독교학문연구소와 공공정의센터 선임 연구원

잘못된 영적 훈련은 일종의 독실한 자아도취가 될 수 있다. 베넷의 책은 그 점을 바로잡아 주는 좋은 책이다. 베넷은 훈련들을 옆으로 향하게 하며, 그럼으로써 삶은 바깥을 향하게 된다. 우리는 지금까지 첫 번째 대계명에 상당히 초점을 맞췄다. 베넷은 우리가 두 번째 대계명에 집중하도록 돕는다. 그는 각 영적 훈련에 대해 논한 후, 상세한 부분들까지 구체적으로 파고든다. 그의 말을 진지하게 들으면, 당신의 삶과 당신의 이웃이 변화될 것이다.
데니스 오클롬 | 아주사 퍼시픽 대학교 신학과 교수

영적 훈련이 일요일만을 위한 것이 아니라면 어떻게 될까? 당신 자신의 영적 성장만을 위한 것이 아니라면? 이 활기찬 책에서, 카일 데이비드 베넷은 우리가 매일 일하는 것과 쉬는 것, 말하는 것과 듣는 것, 먹는 것과 쇼핑하는 것이 어떻게 이웃과 **함께하는** 그리고 이웃을 **위한** 기독교적 실천이 될 수 있는지 보여 준다. 진지한 열심과 겸손한 유머로, 베넷은 사랑을 사회적으로 표현하는 일상생활 영성으로 우리를 초대한다.
레베카 드영 | 캘빈 칼리지 철학과 교수, 『허영』 저자

탁월한 책이다. 영적 훈련에 대해 달라스 윌라드, 에디트 슈타인, 시몬 베유 같은 철학자들이 쓴 책들과 나란히 둘 만하다. 상당히 쉽게 읽히면서도 놀라운 통찰이 담겨 있는 책이다.
리처드 마우 | 전 풀러 신학교 총장, 『무례한 기독교』 저자

베넷은 영적 훈련이 우리 자신뿐 아니라 다른 사람들의 유익을 위한 것이기도 함을 보도록 도와준다. 영적 헤로인에 대한 이 해독제를 집어 읽으라. 그리고 수직적 차원과 수평적 차원 모두를 통해 하나님과 함께 하는 삶을 추구하라.
빈센트 바코트 | 휘튼 칼리지 기독교윤리실천센터 소장

오늘날 우리의 공동체들에 빈번히 침투하는 극단적 개인주의 너머로 우리의 방향을 돌려 주는 책이다. 이런 책은 앞서 읽어 본 적이 없다. 저자 카일의 목소리는 이 틀에 박히기 쉬운 주제를 한결같이 놀랍고도 도전적인 시선으로 탐사한다.
알리사 윌킨슨 | 영화평론가, 킹스 칼리지 영문학·인문학 교수

베넷의 책을 끝까지 읽어 나가다 보면, 신비한 낯선 사람을 상대하듯 그 책과 씨름하는 자신을 발견할 것이다.
존 윌슨 | *Education & Culture* 편집자

카일은 영적 훈련이 어떻게 시민과 이웃으로서 우리의 삶을 거룩하게 하는지 보도록 도와주는, 딱 우리에게 필요한 사람이다. 그는 목회자의 마음과 현상학적 접근을 지닌 철학자다. 영적 훈련의 '수평적' 차원에 대한 그의 책은, 영적 훈련을 둘러싸고 떠오르고 있는 대화에 시기적절하고 긴요하게 기여한다.
켄트 더닝튼 | 바이올라 대학교 철학 부교수, 학과장

각 장에서 카일은 사랑 연습의 수직적 차원과 수평적 차원을 다시 연결해 낸다. 어떤 의미로, 이 책은 우리 삶 속 평범한 것들의 중요성을 되찾으려는 경향의 일부로 볼 수 있다. 카일은 영적 훈련을 강조하고, 이웃을 자기 몸과 같이 사랑하는 것이 예수님을 따르는 길에서 날마다 받는 부르심의 필수 요소임을 꾸준히 되새김으로써, 그 논의에 기여한다.
크리스틴 디 드 존슨 | 웨스턴 신학교 신학과 영성 형성 부교수

사랑 연습

IVP(InterVarsity Press)는
캠퍼스와 세상 속의 하나님 나라 운동을 지향하는
IVF(InterVarsity Christian Fellowship)의 출판부로
생각하는 그리스도인을 위한 문서 운동을 실천합니다.

Copyright ⓒ 2017 by Kyle David Bennett
Originally published in English under the title
Practices of Love by Brazos Press,
A division of Baker Publishing Group
P.O. Box 6287, Grand Rapids, MI 49516, U.S.A.
All rights reserved.

Used and translated by the permission of Baker Publishing Group
through rMaeng2, Seoul, Republic of Korea.

This Korean Edition copyright ⓒ 2019 by Korea InterVarsity Press
156-10 Donggyo-Ro, Mapo-Gu, Seoul 04031, Republic of Korea.

이 한국어판의 저작권은 알맹2 에이전시를 통하여
Baker Publishing Group과 독점 계약한 IVP에 있습니다.
신 저작권법에 의하여 한국 내에서 보호받는 저작물이므로
무단 전재와 무단 복제를 금합니다.

사랑 연습

세상에 생명을 주는 영적 훈련

카일 데이비드 베넷
정옥배 옮김

IVP

네 이웃을 네 몸과 같이 사랑하여라.
- 나사렛 예수(막 12:31)

자, 가자. 우리 모두 주님의 산으로 올라가자
야곱의 하나님이 계신 성전으로 어서 올라가자.
주님께서 우리에게 주님의 길을 가르치실 것이니,
주님께서 가르치시는 길을 따르자.
- 선지자 이사야(사 2:3)

중요한 일은 다른 사람들을 당신 자신처럼 사랑하는 것이다. 그것이 중요한 일이며, 그것이 전부다. 다른 일은 아무것도 필요하지 않다—그 일을 어떻게 하는지는 즉시 알게 될 것이다. 그럼에도 그것은 수십만 번이고 거듭 반복해서 이야기되어 온 오래된 진리다—그러나 우리 삶의 일부가 되지는 않았다!
- 표도르 도스토예프스키, 「우스운 자의 꿈」

✦✦

사랑은 자기를 기쁘게 하려 애쓰지 않으며,
자기에게 관심을 두지 않되,
다른 사람들을 편안하게 하며,
지옥의 절망 속에서 천국을 건설합니다.
작은 진흙덩이는 그렇게
소의 발에 짓밟혀 노래했다.
하지만 시냇물 속의 한 조약돌이
재잘거리며 답했다.
사랑은 자기만을 기쁘게 하려 애쓰며,
다른 사람들을 그 기쁨에 구속하고,
다른 사람들이 편안함을 잃어버린 것에 즐거워하고
천국의 경멸 속에서 지옥을 건설합니다.
- 윌리엄 블레이크, "진흙과 조약돌"

사랑의 영역으로 완전히 들어가고 나면, 세상은—아무리 불완전할지라도
—풍성하고 아름다워지며, 오로지 사랑할 기회들만으로 구성된다.
- 쇠얀 키에르케고어

◇◇◇
안드레아에게

◇◇◇
당신이 내 삶을 한 번 구원해 주었으며
계속 구원해 주고 있기에

차례

	서문 – 제임스 스미스	13
	머리말	17
서론	영적 헤로인 어떻게 피할 것인가	23
1장	영적 훈련과 사랑의 방식	47
2장	"네게 있는 것 중에 받지 아니한 것이 무엇이냐?" 단순함과 새롭게 된 소유	79
3장	마음을 다스리는 법 묵상과 새롭게 된 생각	105
4장	이것은 내가 너를 위해 제한하는 내 배다 금식과 잔치와 새롭게 된 먹기	131
5장	어른들을 위한 타임아웃 고독과 새롭게 된 교제	157
6장	수다쟁이 통제하기 침묵과 새롭게 된 말하기	183
7장	지구를 사귀고 사람들에게 힘을 부어하는 법 섬김과 새롭게 된 일	207
8장	열심히 일하라, 열심히 봉헌하라 안식일 준수와 새롭게 된 휴식	231
9장	누가 사랑을 두려워하는가? 세상에 생명을 주는 매일의 훈련	259
	감사의 말	275
	추천 도서	279
	찾아보기	283

《 서문 》

독특한 나무 한 그루를 상상해 보자. 요한 카시아누스(John Cassian)와 성 그레고리우스(Gregory the Great) 같은 교부들의 토양에서 자라나며, 뿌리는 아브라함 카이퍼(Abraham Kuyper)와 쇠얀 키에르케고어(Søren Kierkegaard) 안에 있는 "옛 포도나무"에까지 뻗어 내려가고, 가지는 달라스 윌라드(Dallas Willard)와 리처드 마우(Richard Mouw)에게서 접붙임 받은 나무다. 그런 나무의 열매가 바로 이 책이며, **어떻게** "성령 안에서 삶을 살아갈"(do life in the Spirit) 것인가에 대한 비전이다.

할 수만 있다면 이 『사랑 연습』을 내가 쓴 문화적 예전 3부작의 1.5권으로 끼워 넣었을 것이다. 달라스 윌라드와 리처드 포스터(Richard Foster) 같은 거인들은 성화를 위해 영적 훈련이 얼마나 중요한지 보여 주었다. 예수님은 단지 그분을 쫓아 하나님의 생각들을 함으로써뿐 아니라, **예수님이 하시는 일을 행함으로써** 그분을 따르라고 우리를 초대하신다. 『하나님 나라를 욕망하라』(Deisiring Kingdom, IVP)에서 [그리고 『습관이 영성이다』(You Are What You Love, 비아토르)에서] 나는 함께 모여 공동으로 예배를 실천하는 것이 다른 영적 훈련들을 위한 중심축이라고, 즉 성례전적 예배가 제자도의 핵심이라고 주장하면서 영적 훈련 프로젝트에 대한 '교회론적 지원'을 제공하려 했다. 하지만 카일 베넷은 『사랑 연습』에서 그 틀을 확장하고 그 그림의 또 다른 부분을 보여 준다. 이 모든 훈련들은 단지 우리 자신과 하나님의 관계를 위해서가 아니라, 우리 이웃을 사랑하기 위한 한 방법으로써도 수행된다는 것이다.

다시 말해, 영적 훈련들은 대계명(마 22:36-40)에 순종하는 법을 배우는 방식이다. 이는 마음과 영혼과 뜻을 다하여 하나님을 사랑하는 법을 배우는 방식이며, **또한** 이웃을 자신처럼 사랑하는 법을 배우는 방식이다. 베넷은 이것을 "영적 훈련들을 옆으로 눕히는 것"—단지 우리가 하나님과 맺는 관계를 함양하는 수직적 통로로써만 그것들에 접근하는 것이 아니라, 우리가 이웃과 하나님의 창조물을 포함해 하나님이 사랑하시는 것들을 사랑하게 하는 수평적 도관으로써 접근하는 것—이라고 말한다. 성령은 우리가 그 훈련을 통해 궁핍함과 취약함 가운데 있는 이웃을 무시하거나 묵살하거나 함부로 대하는 버릇을 버리도록 이끄신다. 영적 훈련은 뒤틀리고 깨어진 문화 창조자들을 바로잡는 작업장이다.

여기에서는 우리의 월요일부터 토요일까지 삶의 모든 국면을 살펴본다. 이 책은 침범해 온다. 당신의 식생활과 소비까지도 헤집고 들어올 것이다. 당신의 스마트폰과 달력을 움켜쥘 것이다. 당신의 가족과 친구 관계에 대해서도 논쟁을 벌일 것이다. 하지만 그것은 이 모두가 하나님께 중요하기 때문이다. 영적 훈련, 즉 "사랑 연습"은 창조 세계에서 예수님이 소유권을 주장하지 않으시는 영역은 동전 넓이만큼도 없다는 카이퍼의 확신을 삶으로 영위하는 법을 배우는 것이다. 하지만 베넷은 피조물의 소유권을 주장하시는 예수님이, 신실하고 생명을 주며 이웃에게 주의를 기울이는 식으로 창조물을 '점유하기' 위한 실천이라는 선물을 또한 우리에게 주신다는 사실을 상기시킨다. 이 때문에 베넷은 그의 프로젝트를 "공적인 일들에 대한 기독교 철학"이라고 적절하게 묘사한다. 하지만 이 표현 때문에 겁먹고 위축되지는 말라. 베넷의 활기찬 글과 열정적인 기백은 팔꿈치를 덧댄 트위드 옷을 입은 철학자의 모든 캐리커처를 잊어버리게 만들 것이다. 이 책은 재치와 지혜가 가득하며, 잘 알려진 '실제 세상'의 엄연한 현실에 두 눈을 똑바로 고정시킨 의욕 넘치는 기독교적 사고다. 무엇보다도, 우리의 존재대로 새로운 피조물과 같은 삶을 살아가라는 사려 깊은 초대다.

제임스 스미스

《   머리말   》

만약 당신이 영적 훈련에 대한 새롭거나, 앞서 가거나, 첨단을 걷는 책을 찾고 있기 때문에 이 책을 집어들었다면, 이 책을 불구덩이에 던져 버리는 편이 나을 것이다. 이 책이 불쏘시개로 아주 안성맞춤임을 깨달을 것이기 때문이다. 그러나 만약 당신이 하나님의 창조 세계의 다양한 측면들을 돌보고 누리면서 땅끝까지 예수님을 따르는 일에 깊은 관심을 지닌 사람이라면, 이 책은 바로 당신을 위한 것이다. 그리고 민에 하나라도 당신이 나처럼 그리스도인들이 윤리적 표준과 정치 정책들에 대한 토의와 토론을 통해 세상에 증거하는 방식에 신물이 났다면, 예수님을 따른다는 것이 삶의 현장에서 정확히 무엇인지 알아내고 싶다면, 이 책은 한 치의 의심도 없이 당신을 위한 것이다.

　이 책은 영적 훈련에 대한 것이다. 하지만 그 주제에 대한 다른 책들과는 다르다. 나는 어떻게 영적 훈련을 실천해야 하는지 말하지 않는다. 단지 얼마나 자주 실천해야 하는지 제시할 뿐이다. 그 훈련들을 실천하기 위한 신학은 제공하지 않는다. 우리가 그런 훈련을 할 때 염두에 둘 성경의 원리들을 상기시킬 뿐이다. 우리가 그런 영적 훈련을 실천하는 것을 정당화하려 애쓰지 않는다. 그 훈련의 의미를 분명히 밝힐 뿐이다. 영적 훈련을 실천한 역사, 그 훈련을 실천하도록 지지하고 동기를 부여할 신학, 그것을 실천하기 위한 사용자 설명서를 제공할 수 있는 다른 책들은 많다. 하지만 그런 책들은 이 훈련이 우리가 그리스도인으로서 하는 다른 모든 일과 어떻게 관련되어 있는지 말하지 않는다. 또 어떻게 이 훈련이 우리가 인간으로서 하는 모든 일을 다른 방식으로 할 수 있는지, 어떻게 그리스도께 영광을 돌리고 그리스도를 증거하며 이웃의 안녕을 증진하게끔 그런 훈련을 할 수 있는지 말하지 않는다. 또 성부 하나님이 우리 인간들에게 주신 소명 및 성자 하나님이 그분의 제자들인 우리에게 주신 위임령에 따라 성령 안의 **삶**을 어떻게 이해할 것인지 말하지 않는다.

    내가 이 책에서 제공하는 것은 단순하다. 한 가지 틀이다. 나는 외견상 임의적이고 이상한 것처럼 보이는 훈련들을 종합하고 주제별로 분류하고 다른 각도에서 봄으로써 그것들이 어떻게 하나님의 창조와 구속과 갱신 이야기에, 그리고 그 안에 참여하는 일에 연관되어 있으며 중심이 되는지 볼 수 있게 하려 한다. 나는 그렇게 함으로써, 외견상 이상하고 임의적인 것처럼 보이는 이 훈련들이, 성부 하나님이 처음에 우리에게 인간으로서 주신 소명과 우리에게 그분의 백성으로서 주신 성부의 계명들과 예수님이 우리에게 그분의 제자로서 주신 예수님의 계명들 및 위임들과 성령이 우리의 죄를 깨닫게 하시고 우리를 우리 구세주와 왕의 형상으로 만들어 가시는 일에 관련되어 있다는 점을 보여 줄 수 있기를 바란다. 예수님의 길은 통전적이고 통합된 삶이다—그것은 삶의 모든 측면을 포괄한다. 성령 안에서 삶을 사는 것이라고 내가 주장하려는 우리의 영성은, 뭔가 새로운 것을 우리 **삶으로**(into) 가져오거나 뭔가를 우리의 **삶으로부터**(out of) 골라내는 것을 포함하기보다, 우리가 매일 사는 **삶에서**(in) 예수님을 따르는 것을 수반한다. 성령은 이미 창조 세계 안에서 만물을 새롭게 하기 위해 역사하고 계시며, 여기에는 우리를 새로운 피조물로 만드시려고 우리의 삶을 성화시키시는 것도 포함된다.

내가 이 책에서 보여 주는 것은 매일 우리가 기본 인간 활동들을 이웃의 삶에 부정적 영향을 미치는 이기적 방식으로 한다는 것이다. 우리는 오직 자신만을 염두에 두고 그런 활동을 한다. 그리고 그런 식의 활동은 설사 우리 눈에 보이지 않더라도, 이웃에게 상처를 준다. 그런 손상은 작거나 사소해 보일 수 있지만, 중대하고 명백하다. 이웃의 생계가 분명 영향을 받는다. 영적 훈련들은 우리의 구체적 삶 및 일상사들과 분리되지 않고 실제로 우리가 이런 일상 활동들을 하는 해로운 방식들을 바로잡으며, 하나님은 그 훈련들을 통해 우리가 행하는 가장 기본적이고 근본적인 일들 가운데 이웃을 사랑하도록 초대하신다. 우리는 이웃을 위해 공간을 만들고 이웃을 돌볼 수 있도록 가장 기본적인 인간적 충동들을 훈련해야 한다. 이런 훈련들은 우리의 이기적이고 해로운 방식들을 훈련시켜서, 매일 활동하면서 성령에 따라 살고 성령의 인도를 받을 수 있게 해 준다. 이렇게 함으로써 우리는 참으로 이웃을 사랑하고 이웃의 세계에 생명을 가져다줄 수 있다.

예수님의 방식은 우리의 공상을 자극하는 사적이고 신비한 경험들이 끝없이 이어지는 방식이 아니다. 오히려, 그것은 이웃에게 방대한 공적 함의들을 지닌 일상 활동들에 일어나는 변화다. 우리 중 많은 사람들은 매일 행하는 작은 일들에서 우리가 이웃을 억압하고 등한시하고 무시하는 방식들을 전혀 이해하지 못한다. 우리가 실천하는 사랑에는 '사각 지대'가 있다. 우리는 이를테면 섹슈얼리티, 낙태, 이민, 세금 문제 등에 대해 일관되고 견고하며 설득력 있는 견해를 갖고 있다. 하지만 주중에 하는 일에 대해서는 전적으로 의식적이거나 의도적이지 않다. 하루의 끝에(혹은 더 정확히 말해 그날 동안) 우리가 숙고하고 토론한 것들을 다 끝마치고 추상 개념들 및 보편 원리들을 치워 버리고 나면, 어떤 일이 일어나는가? 우리는 어떤 모습인가? 우리는 매일 어떤 행동을 하는가? 매일의 절차들과 문화적 관행들에서 우리 이웃을 사랑하고 있는가? 우리는 이론적으로 우리 이웃을 사랑한다고 주장한다. 그러나 이웃을 생활 '현장에서' 사랑하는가? 이것은 전업 부모, 고객, 소비자, 혹은 유권자인 우리에게 무엇을 수반하는가?

표현상으로 이 책은 일반 서적이지만, 내용상으로는 공적인 일들에 대한 기독교 철학, 곧 사람과 사람 사이의 세계에서 그리스도의 지혜로운 모범을 따르기 위한 프로그램이다. 이것은 뼈와 살을 지닌 제자도다. 이것은 육신으로 예수님을 따르는 것이다. 그리스도의 형상을 나타낸다는 것은 어떤 모습일까? 하나님의 형상을 나타내거나 그분과 협력하여 창조한다는 것, 예수 그리스도의 제자가 되고 그분을 대표한다는 것, 혹은 성령 안에서 새롭게 되고 거룩하게 된다는 것은 무슨 의미일까? 내가 여기에서 제시하는 것은 현상학적 분석, 신학적 해

설, 역사적 전용(appropriation), 명시적·암시적으로 표현된 목회적 권고 등을 포함한다. 철학자, 교사, 목사, 전문가들이 이것들을 연구하거나 박살내도록 둘 것이다. 궁극적으로 나는 이 책이 당신—주부, 바리스타, 보험 회계사—을 위한 책이 되기를 바란다. 나는 가정에서, 교회에서, 시장에서 일하는 당신에게 이 책이 무엇을 하는지 대단히 관심이 있다. 당신이 이 책에 공명하기를 바란다. 당신이 고투하여 소망을 발견하기를 바란다. 이 책이 훗날 몇 가지 새로운 발상이라는 열매를 맺거나, 새로운 열정을 주입하거나, 적절한 반응들을 가르쳐 주기를 바란다.

『사랑 연습』(Practices of Love)이라는 제목은 쇠얀 키에르케고어의 『사랑의 역사』(Works of Love)를 살짝 바꿔 놓은 것이다. 내 더러운 손으로 만질 때마다 키에르케고어의 책은 나의 양심에 엄청난 고통을 준다. 그리스도를 따르는 것이 참으로 무엇을 의미하는지 탐구하기를 원한다면 그저 키에르케고어를 보면 된다. 『사랑의 역사』에서 키에르케고어는 이웃을 위한 사랑이 여러 형태가 있으며 우리에게 많은 것을 요구한다는 점을 보도록 도와준다. 그는 우리 이웃을 위한 사랑이 어떻게 역사하는지 보여 준다. 하지만 우리가 하는 사잘하고 작은 일들에서 어떻게 우리 이웃을 사랑할 수 있으며 사랑해야 하는지 분별하는 것은 우리의 몫이다. 우리는 요구를 본다. 하지만 그 요구가 어떻게 우리 삶에서 구체적 행동으로 나타나야 하는지 알아내는 것은 우리의 몫이다. 비록 시작에 불과할지라도, 『사랑 연습』이 그런 필요를 충족시키기를 바란다. 이웃을 사랑하는 일에서, 숲뿐만 아니라 나무들도 볼 수 있도록 돕기를 바란다. 우리가 함께 그리스도를 통해 이웃을 우리 자신처럼 온전하게 사랑하기를, 그리고 우리 이웃을 사랑할 때 그리스도 안에서 우리 자신을 발견할 수 있기를.

서론

영적 헤로인

어떻게 피할 것인가

"하지 마." 내가 말했다. "40일 금식, 하지 마. 그게 내 제안이야."

내 친구는 "영적 권태"에 빠졌다. 그가 아랫입술을 축 늘어뜨리고 한 말이다. 그는 "40일 금식을 막 마친 한 친구"를 만났다고 말했다. "아 근데, 마치 나한테도 그런 게 필요한 것 같다는 생각이 드네!" 그러고서 그 친구는 뭐 제안해 줄 것이 있느냐고 물어보았다. 우울함에서 쾌활함으로 그렇게 순식간에 넘어가는 사람을 나는 한 번도 본 적이 없다. 그는 그런 권태와 싸우고 있었지만 그것을 극복할 수 있다는 가능성에 흥분했다. 그는 문제와 해답을 알았고, 나는 머리를 굴리는 그를 지켜보았다. 그의 축 처진 입술은 잠재적 경험에 대해 생각하면서 소생하기 시작했다.

그 친구는 내가 금식을 해 봤음을 알고, 인도를 구하고 있었다. 처음에 나는 그가 말한 "제안"이 금식하는 동안 읽을 만한 유익한 경건 서적을 찾고 있다는 말이라고 생각했다. 있지 않은가, '그의 결의를 북돋고' 이 어려운 때를 잘 견디게 해 줄만한 그런 것 말이다. 나는 즉시 주저 없이 몇 가지를—아우구스티누스(Augustine), 보나벤투라(Bonaventure), 토머스 보스턴(Thomas Boston), 새뮤얼 러더퍼드(Samuel Rutherford), 쇠얀 키에르케고르, 혹은 유진 피터슨(Eugene Peterson)의 어떤 저작이든—제안할 준비가 되어 있었다. 하지만 그 친구와 대화를 나눈 지 얼마 되지 않아, 그런 것들은 그 친구의 안중에도 없다는 것이 분명해졌다. 그는 그 추구를 통해 유익을 얻거나 도전을 받는 일보다 40일 금식을 마칠 수 있는 비결과 요령을 아는 일에 훨씬 더 관심을 갖고 있었다.

나는 그 친구가 음식 주문을 마칠 때까지 잠시 기다렸다. [오늘은 그의 "살찌우는 화요일"—비우기 전에 채우기—이었으며 그는 마지막 저녁으로 햄버거 체인점 파이브 가이스(Five Guys)를 택했다.] 그가 말하는 단어 하나하나에 흥분이 묻어나는 반면에, 그의 눈에는 내키지 않아 하는 모습이 비쳤다. 나는 잠시 잠자코 있었다. 그리고 좀더 오래 입을 다물었다. 그는 계속해서 자신이 무엇을 겪었으며 금식을 해서 무엇을 얻기를 바라는지 나누었다. 나는 침묵을 지키려고 최선을 다했다. 나도 그랬던 적이 있었다. 그 흥분된 마음이 무엇인지 알았다. 그의 동기를 이해했다. 하지만 그에게 내가 실패를 경험했다고 말해야 했다. 내가 무슨 일을 겪었는지 말해야 했다. 조심하느라 입술을 깨물었다. 하지만 멀찍이 물러서서 아무것도 하지 않을 수는 없었다. 나는 그에게 솔직해야 했다. 결국 나는 굴복했다.

"하지 마." 내가 말했다. "40일 금식, 하지 마. 그게 내 제안이야." 그는 멈칫하고 나를 올려다보았다. "잠깐…. 뭐라고?" 그가 들고 있던 참깨 빵에서 물컹한 토마토가 흘러나와 냅킨에 떨어졌다. 그는 농담임을 뜻하는 미소를 진지하게 찾아보았다. 분명, 분명히 내가 농담을 하고 있음이 틀림없다고 말이다. (그 친구와 내가 농담 주고받기를 좋아하긴 했지만, 지금은 그럴 때가 아니었다.) 나는 짜낼 수 있는 모든 에너지를 동원해서, 살짝이라도 미소를 짓거나 눈을 깜빡이지 않도록 참았다. 나는 잘못된 인상을 주고 싶지 않았다. '아주 냉정하고 진지해져, 카일.' 나는 자신에게 되뇌었다. 내 모든 에너지는 이런 금욕적 표정을 유지하는 데 초점을 맞춘 내 얼굴에 집중되었다. "하지 마." 나는 다시 한 번 말했다.

말하면 말할수록, 그 말에 더욱 확신을 느꼈다. 그에게 말하면 말할수록, 나 스스로 그 말을 더욱 믿게 되었다. 나는 나 자신을 설득하고 있었다. "40일 금식, 하지 마." 나는 금식하지 말라고 그 친구를 설득하면서 이 최후의 만찬 한 시간을 보냈다. "이 문제에 대해 더 이야기해 보자"라고 나는 말했다. 하지만 그 친구는 내일에 대비해 소고기 패티 두 장을 계속 목으로 밀어 넣고 있었다. 나는 애썼다. 정말이다.

현대 기독교 영성에 대한 감 잡기

내 친구와 나눈 이 대화는 내가 현대 기독교 영성, 특히 개신교 복음주의자들에게 남아 있는 관행에서 보아 왔던 한 경향의 구체적 예다. 우리에겐 우리와 하나님 사이의 개인적 관계를 몇몇 심리학자들이 말하는 소위 '긍정적' 감정을 자극하고 느낄 필요와 연결시키는 경향이 있다는 것이다.[1] 이것은 본질적으로 우리가 기분이 좋지 않을 때 기분을 좀더 낫게 하려고 하나님께 의지한다는 의미다. 우리의 바람은 우리가 느끼고 있는 '부정적' 감정들(예를 들어 슬픔, 분노, 두려움)을 하나님이 '긍정적' 감정들(예를 들어 흥분, 평온함, 확신)로 대체해 주시리라는 것이다. 이것은 우리가 공동 예배에서 하나님과 함께 보내는 시간에 아주 분명해진다. 오순절 교회의 강단 초청(altar call)이든, 침례교의 찬양과 경배 콘서트든, 장로교의 선교 여행이든 간에 우리는 하나님으로부터 자극받기를 간절히 원한다. 우리는 하나님께 손을 내밀 때, 뭔가를 느끼기 원하고 기대한다. 청년 집회에 갈 때, '불이 붙기를' 원한다. 강단 초청 중에 앞으로 걸어 나갈 때, 도취되기를 원한다. 감동 받기를 간절히 바란다. 흥분되려고 애쓴다. 각성되기를 열망한다. 영감 받기를 바란다. 우리 뼈의 골수가 이것을 위해 약동한다. 우리의 심장이 그것을 위해 뛴다. 이 때문에 많은 개신교 교회들은 콘서트 형식을 따라 예배를 드린다. 가장 중요한 것은 자극을 받는 일이다.

이런 예배 때에 우리가 정말로 원하는 것은 '부정적' 감정 상태로부터 '긍정적' 상태로, 슬픔이나 염려로부터 흥분이나 확신으로 옮겨지는 것이다. 우리는 '시시해'에서 '신나'로 옮겨지기 원한다. 좋은 기분을 느끼고 '긍정적' 감정을 경험하기 원한다. 이것이 우리가 찾고 있으며 예상하고 있는 일이다. 이것이 우리가 기대하는 일이다. 그 증거는 이런 일이 일어날 것을 기대하면서 우리가 행동하는 방식을 보면 알 수

---

1 예를 들어, Barbara Fredrickson, *Positivity: Top-Notch Research Reveals the Upward Spiral That Will Change Your Life* (New York: Harmony, 2009).

있다. 우리가 교회 행사들과 예배 경험들을 마치고 떠나는 모습이 그 증거다. 우리는 '긍정적' 감정이나 경험을 느끼지 못한 채 떠날 때 실망한다. 그날 교회 행사는 '영 별로'인 경험이었고, 나중에 어두운 생각들이 머릿속에 스멀스멀 파고들어 오기 시작한다. 우리는 의아해한다. '오늘 하나님은 어디 계셨지? 왜 하나님은 나를 만나 주지 않으셨지? 하나님은 지금 이 순간 나를 떠나 계신 건가? 그분이 느껴지지 않아. 어쩌면 나는 "영혼의 어두운 밤"을 보내고 있는 거야.'[2] 생각들을 감당할 수 없게 되면 우리는 염려하기 시작한다. '내가 뭔가 잘못했을지도 몰라. 하나님이 내게 화가 나셨을지도 몰라. 이게 내가 받는 벌일지도 몰라.' 어쩌면 이게 당신의 모습일 것이다. 당신은 그런 생각이나 염려를 해 본 적이 있는가? 이렇게 느껴 본 적이 있는가? 혹시 그런 사람을 알고 있지 않는가?

물론 자극받는 것은 잘못이 아니다. 하나님은 우리를 자극을 주고 받을 수 있는 존재로 만드셨다. 하나님은 다른 피조물들을 자극할 수 있고 우리 자신이 자극을 받을 수 있는 존재로서, 사물을 경험하고 감지하도록 우리를 창조하셨다. 그리고 우리는 기분 좋게 자극을 받을 수 있다. 자극은 나쁜 것이 아니다. 사실상 자극은 참으로 좋은 것이다. 마찬가지로, 좋은 기분을 느끼는 것이나 '긍정적'이게 되려고 애쓰는 것은 전혀 잘못이 아니다.[3] 어떤 사람이 우리 본성의 이런 멋진 특

---

[2] "영혼의 어두운 밤"이라는 말은 가톨릭 신비주의자 십자가의 요한(1542-1591)이 쓴 시의 제목이었다. 그 시는 십자가의 요한의 삶과 저술에 대한 유용한 서론과 함께 *The Collected Works of St. John of the Cross*, trans. Kieran Kavanaugh, OCD, and Otilio Rodriguez, OCD (Washington, DC: Institute of Carmelite Studies, 1991)에서 찾아볼 수 있다.

[3] 그리스도인의 삶에서 느끼는 감정에 대한 긍정적 논의로 Robert C. Roberts, *Spiritual Emotions: A Psychology of Christian Virtues* (Grand Rapids: Eerdmans, 2007)를 보라.

성들과 그 특성들에 대한 우리의 경험들을 누리지 못한다면 대부분의 사람들은 그 사람을 미치광이나 괴짜라고 생각할 것이다. 좋은 기분을 (심지어 그렇게 느끼는 것이 가능하다면) 왜 느끼고 싶어 하지 않겠는가? 하지만 우리의 예배 관행을 살펴보면 우리는 자극을 전혀 **누리지** 못하고 있다. 하나님으로부터 그것을 **기대하고** 있을 뿐이다.[4] 우리는 '긍정적' 감정들을 전혀 **소중히 여기지** 않는다. 실생활의 경험과 실천에서, 우리는 교회에 발걸음을 들여놓거나 하나님을 '만날' 때마다 매번 하나님이 그런 감정들을 주시기를 **요구할** 뿐이다. 그 결과 하나님의 지위는 격하되며, 우리가 하나님으로부터 얻을 수 있는 것은 격상된다.

이런 기대와 요구들은 복음에 대한 우리의 **개념** 및 하나님에 대한 우리의 **이상적** 경험에 위험한 영향을 미친다. 우리는 결국 복음을 읽거나 들을 때마다 매번 복음이 우리를 분발시키고, 자극하고, 흥분시키고, 영감을 주리라고 기대하게 된다. 우리는 좋은 소식이 우리를 기분 좋게 만들고, 우리 안에 '부정적' 감정이 아니라 '긍정적' 감정들을 촉진해 주기를 기대한다. 우리는 예수 그리스도의 복음이 우리를 슬프게 하거나, 화나게 하거나, 불쾌하게 한다는 것은 생각할 수도 없게 된다—그렇게 한다면, 아마 그것은 마귀가 우리를 괴롭히는 것이다. 분명 예수 그리스도의 좋은 소식은 우리를 슬프게 하거나 화나게 하거나 불쾌하게 할 수 없다! 혹은 우리가 그렇게 생각한다. 또한 우리는 예배에서 하나님께 가까이 나아갔다가, 화가 나거나 슬프거나 불쾌하

---

[4] 현대 철학자 Charles Taylor가 '사회적 허수들'에 대해 논의한 관점에서 기대를 생각해 보라. 그가 저술한 *Modern Social Imaginaries* (Durham, NC: Duke University Press, 2004)를 보라.

거나 염려하는 마음을 가지고 그 자리를 떠나리라고 예상하지 않는 다.[5] 우리는 공허하거나 어찌할 바를 모르는 마음으로 선교 여행에서 집으로 돌아오게 되리라고 예상하지 않는다. 우리는 성경 공부를 마친 후에 실망감을 느끼면서 그 자리를 떠나기를 바라지 않는다. 우리는 좌절감을 느끼면서 금식이나 침묵 기간을 끝내기를 바라지 않는다. 실제로, 우리가 자신에게 정직하다면, 이런 일들을 한 후에 그런 실망이나 좌절이나 상실감을 경험하리라는 것을 안다면, 아마 그것들을 하지 않으리라는 점을 인정할 것이다!

아마 이런 경향에 대한 어떤 논의도 기독교 신학 학술서나 역사적 기록들에서 발견하지 못할 것이다. 교회 역사가들이 그것을 둘러싼 논란들에 대해 토론하는 것을 듣지 못할 것이다. 미국 종교에 대한 사회학 책에서 그것을 읽을 수는 있다. 아니면 목사 한두 명이 교인들에게 그 문제에 대해 말하는 것을 발견할 수는 있다. 하지만 그것이 우리가 소그룹에서 토론할 주제가 되지는 않을 것이다. 그것에 대한 연속 설교는 없을 것이다. 하지만 우리의 기대와 경험들에 면밀히 주의를 기울인

---

[5] 나는 쇠얀 키에르케고어(1813-1855)의 믿음을 떠올린다. 복음은 좋은 소식이지만, 언제나 우리의 기분을 상하게 한다는 면에서 억실적이라는 믿음이다. 이렇게 기분을 상하게 하는 특성을 유지하는 것은 복음에 필수적이다. "담화가 본질적으로 기독교적이려면, 반드시 기분을 상하게 할 가능성을 계속해서 열어 놓아야 한다. 하지만 그렇게 되면 절대 **직접** 기독교를 추천하는 시점까지 이야기가 이어질 수 없다.…무엇이든 사람들의 인정을 받을 필요가 있는 것들은 자신을 사람들 입맛에 맞는 것으로 만든다. 하지만 기독교는 자신에 대해 너무나 확신하며 또 기독교를 필요로 하는 것이 바로 사람들이라는 점을 너무나 진지하고 엄격하게 알아서, 바로 이런 이유로 자기를 직접 추천하지 않고서 먼저—그리스도가 사도들에게 자신을 소개하실 때 그분 때문에 그들이 미움을 당할 것이라고 미리 예언하신 것처럼—그들을 죽일 사람이 스스로 하나님을 섬기고 있다고 생각할 것이라는 말로 사람들을 놀라게 하는 것이다.…허상인 마술과 기괴한 변형 바깥에서 기독교를 전파하려 한다면, 무엇보다도 기분을 상하게 할 가능성을 다시 철저하게 전파해야만 한다." Søren Kierkegaard, *Works of Love*, trans. Howard V. Hong and Edna H. Hong (Princeton: Princeton University Press, 1995), pp. 198-200 (강조 원문). 『사랑의 역사』(종로서적).

다면, 이렇게 자극과 '긍정적' 감정들을 찾는 것이야말로 삶을 통해 나타나는 영성 훈련의 핵심이다. 이것이 우리가 기대하고, 예상하고, 심지어 하나님께 요구하는 것이다. 그리고 당신이 조금이라도 나와 같다면, 이것은 영적 훈련에 대한 당신의 열정과 실천의 기초와 연료가 된다. 아마 당신은 여전히 이런 식으로 이 훈련들을 실행하고 있을 것이다. 사실을 말하자면, 나는 그것이 진짜 문제라고 생각한다.

영적 헤로인

우리 집은 큰돈을 버는 집이 아니었다. 아버지는 카펫을 까는 사람이었고, 어머니는 어린이집 보조 교사였다. 나는 고등학교나 대학교에서 공부를 그리 열심히 하지 않았다. 그 때문에 나의 대학 생활 경험은 다소…음…어떻게 표현할 수 있을까? 격동기였다. 학업 장학금은 하나도 받지 못했다. 하지만 내가 후보 선수로 농구팀에 기여하자, 농구 코치는 고맙게도 선수 장학금을 아주 조금 받게 해 주었다. 대학교 학비는 대부분 대출금으로 조달했다. 가끔 부모님께 손을 벌리거나 농구부 수당을 모아 나머지 돈을 조달하기도 했다. 하지만 2학년 2학기에 손목 부상을 입으면서 모든 것이 변했다. 나는 농구 선수로 뛸 수 없었으며 선수 장학금을 받지 못하게 되었다. 대출 상황은 엉망이 되었으며, 등록금을 댈 수 없었다. 계속 학교에 다닐 수 없었으며, 부모님께 돌아가 일자리를 찾아야 했다.

정말로 힘든 시기였다. 나는 한겨울 1월에 벽돌을 쌓고 있었으며 미치도록 지루했다. 나는 친구의 친구를 통해 그 일자리를 얻었지만 그 전에 벽돌을 쌓아 본 적이 한 번도 없었다. 일은 빨리 배울 수 있었다. 일자리를 그렇게 빨리 찾은 것은 감사한 일이었고 수입도 상당했지만, 솔직히 말해 그 일은 나에게 도무지 맞지 않았다. 나는 내가 하고 있는 일로 인해 혼란에 빠졌다. 나는 낙담했다. 미래에 대해 염려했다. 룸메이트들과 여자 친구가 어떻게 지내는지 알고 싶어 견딜 수 없었다. 그들은 나와 멀리 떨어져 학교에 있었으며 나 없이도 잘 지내고 있었다. 그들은 나를 생각하고 있을까? 나를 조롱하고 있을까? 내 여자 친구는 다른 사람을 만날까? 우리는 서로 얼마나 자주 만나게 될까? 이제 나는 학업에서 뒤처졌을까? 내 친구들과 여자 친구는 나보다 먼저 졸업할까? 과연 학교로 다시 돌아갈 수 있을까? 그만한 돈을 어디서 구할 것인가? 얼마나 오래 저축을 해야 할까?

이런 생각과 질문들은 나를 불안하고 불편하고 걱정스럽고 불안정하게 만들었다. 그래서 나는 이런 상황에서 하라고 배운 일을 했다. 하나님께 의지한 것이다. 하지만 나는 기도로만 하나님께 의지하지 않았다. 내 곁에 있는 그리스도인의 무기고에서 가능한 모든 방법을 동원해 하나님께 의지했다. 내가 처음으로 영적 훈련에 잠깐 손을 댄 것은 어쩔 수 없이 학업에서 손을 떼야 했던 이 2학년 학기였다. '잠깐 손을 댄다'는 말은 다소 절제된 표현일 것이다. 실제로 내가 한 일은 침실에 숨어서 매주 주말 내내 금식을 한 것이었기 때문이다. 매일 아침 나는 영감을 얻고 격려를 받기 위해 성경을 읽고 연구했다. 나는 욥의 고뇌에서 나온 말을 묵상했고 기도하며 그 말을 속삭였다. 나는 금식했으며, 사래가 힘든 시절에 가졌을 만한 느낌을 상상해 보았다. 나는 내가 처한 상황에서 느헤미야 같은 용기를 가질 수 있을지 생각해 보았다. 가끔 화장실에 갈 때에만 스스로 만든 동굴에서 나왔다.

서너 주가 지난 후에도, 그다지 많은 일이 일어나지 않았다. 나는 아무것도 듣지 못했다. 기분이 더 **나아지지** 않았다. 이 훈련들이 효과가 있는 것 같지 않았다. 지루함과 공허함이 찾아오기 시작했다. 몇날 며칠을 금식하고 '고독'을 행하는 것이 힘들고 지루해졌다. 반복하는 기간의 연장—으웩. "이게 정말 할 만한 일인가?" "언제 효과가 나타나기 시작할 것인가?" "하나님, 어디 계신가요?!" "어쩌면 내가 이 모든 걸 다 올바르지 않게 하고 있는 건지도 몰라." 이런 생각들이 오고 갔다. 결국 나는 환멸을 느꼈다. 기도는 계속했다. 하지만 고독과 금식을 실천하려는 열심은 이내 사라져 버렸다. 결국 이런 일들을 중단했다. 분명 그해 그런 훈련들의 '성공률'은 사상 최저였다. 혹은 그런 훈련들이 끝내 효과가 없었을 수도 있다. 아니면 내가 그것을 제대로 하지 못한 것일 수도 있다. 바로 그거다. 이유가 무엇이든 그것들이 아무것도 이루어 주지 못한다는 점과 그것을 실행하기가 불편하다는 사실로 인해, 나는 그 일들을 그냥 포기해 버렸다. 나는 좀 덜 힘들고 덜 공격적인 방법들로도 여전히 하나님을 체험할 수 있다고 확신했다. 혹여 좀 기다려야 한다 해도 말이다.

내가 대학교 2학년 때 겪은 이런 경험과 앞에서 말한 내 친구의 이야기에는 공통 요소가 있다. 영적 훈련을 삶에서 실천하면서—특히 우리의 동기와 태도 면에서—내 친구와 나는 이 훈련들을 마치 감정적 '한 방'을 제공해 줄 마약 같은 것으로 취급했다. 그런 것들을 영적 도취감에 이르도록 도와줄 신적 아편인 양 취급했다. 그런 훈련은 우리에게 헤로인 같은 것이었다. 우리는 자극받기 위해 그것들을 행했다. 취하기 위해 그것들을 행했다. 우리는 기분 좋은 느낌을 원했다. 우리 둘 다 어떤 '쾌감'이 필요했다. 내 친구는 영적으로 판에 박힌 단조로운 삶에서 벗어나기 위해 금식했으며, 나는 그 대학교 2학년 학기의 의심과 절망에서 벗어나기 위해 금식하고, 묵상하고, '고독'을 행했다. 친구는 자극과 흥분이 필요했으며, 나는 하나님께 안전하게 가까이 있다는 느낌이 필요했다. 우리 둘 다 영적 '위기' 혹은 우리 삶의 역경 속에서 어떤 해결책이 필요했다. 우리는 이런 전통적 훈련들을 함으로써 자극받고, 각성되고, 감동받고, 변화되고, 사기가 올라가고, 바라건대 '불이 붙기를' 소망했다.

어쩌면 당신 역시 이런 식으로 그런 영적 훈련들을 해 왔으며 지금도 하고 있을지 모른다. 당신만 그런 것이 아니다. 많은 사람들은 오늘날 영적 훈련들을 마치 헤로인처럼 취급한다. 우리는 어려움이 있을 때―감정적으로 처져 있거나 단조로운 상태에 있을 때―그런 훈련들에 의지하며, '영적 쾌락'을 얻고자 그런 훈련들을 이용한다. 말하자면 예수님의 정기라는 감정적 마약 주사를 맞기 위해 그런 훈련들을 하는 것이나. 우리는 자극을 받거나, 흥분되거나, 후에 영감을 받기 위해 그런 훈련들을 한다. 그것이 '효과가 있지' 않거나 바라는 결과를 얻지 못할 때, 우리는 그에 맞춰 적응한다. 가벼운 훈련에서 힘든 훈련으로 넘어간다. 매일 아침 성경을 공부하는 것에서 하루 종일 금식하는 것으로 넘어가는 식이다. 아니면 주말에 '고독'을 행하는 것에서 한 주 동안 은둔하며 침묵 훈련을 하는 식이다. 우리가 추구하거나 기대하는 황홀감이나 영적 도취감을 얻지 못할 때, 아니면 우리가 그 훈련을 하도록 만들었던 문제나 상황이나 감정 상태가 해결되지 않을 때 우리는 말하자면 투여량을 높인다. 하루 동안 금식하는 대신 3일 동안 금식한다. 그 다음에는 40일 동안 금식한다. 우리는 토요일 오후에 몇 시간 동안 고독 훈련을 하다가 이제는 주말 내내 서재에 틀어박힌다.

그러고서 그 문제나 상황이나 감정 상태가 해결되면, 우리는 그 훈련을 멈추고 일상생활, 매일의 단조로운 삶으로 되돌아온다. 우리는 이전에 하던 것으로 돌아간다. 공동으로 이 훈련들을 할 때도 마찬가지다. 교회에서 금식이나 침묵 훈련을 할 때마다, 어떤 정해진 때나 기간에 하는 경우가 흔하다. 우리는 사순절이기 때문에 금식을 한다. 사순절이 지나면 금식을 중단한다. 아니면 현재 의회에 상정되어 있는 어떤 사회적 안건에 비탄하기 때문에 침묵의 시간을 갖는다. 그 사회적 쟁점이 결정되거나 언론의 열띤 보도가 잠잠해지면, 우리는 다시 일상적 삶으로 돌아간다. 우리는 한 해 내내 금식하거나, 묵상하거나, 섬기거나, 침묵과 고독을 연습하지 않는다. 왜 그래야 하는가? 우리는 뭔가가 잘못될 때에만―특히 우리가 하나님과 가깝지 않다고 느낄 때, 혹은 하나님이 우리에게 가까이 계시지 않다고 느낄 때―이런 일들을 할 필요가 있다. 그리고 이 훈련들을 이런 '한 방'을 주는 마약으로 **보느냐**는 질문을 받으면, 우리는 한 목소리로 아니라고 **말할** 것이다. 그럼에도 불구하고, 그런 훈련들을 이런 식으로 **취급한다**. 이런 식으로 그 훈련들을 **이용한다**.

한 걸음 물러서서 큰 그림을 볼 때, 이런 훈련들을 삶 가운데 실천하는 일에서 세 가지 경향을 식별할 수 있다. 그런 경향들은 자극과 '긍정적' 감정 추구의 기초와 연료가 된다. 그것을 북미 그리스도인들의 영적 훈련의 "세 가지 I"라고 부르기로 하자. 그것은 개인주의(individualism), 지성주의(intellectualism), 도구주의(instrumentalism)다. 영적 훈련을 할 때 우리는 개인으로서 그리고 우리 개인을 위해서 하는 경향이 있다. 우리는 혼자 고립되어서 혹은 사람들이 우리를 볼 수 없는 곳에서 그런 훈련을 한다. 공동 환경, 예를 들어 예배 때나 청년 모임에서 그런 훈련을 한다 해도, 우리는 그 훈련들을 하나님과 개인적으로 혼자 있는 시간으로 여긴다—다른 사람들과 함께 있을 수도 있지만, 이것은 하나님과 우리 사이의 문제다. 우리가 이런 훈련들을 통해 추구하는 경향이 있는 개인적 유익은 지적 선이다. 이 말은 우리가 예수님의 길에 대한 더 폭넓은 이해, 예수님의 능력과 역사에 대한 더 큰 지식, 혹은 예수님에 대한 더 강한 믿음을 얻는 데 관심이 있다는 것이다. 그리고 우리는 이런 훈련들을 이것을 얻도록 돕는 도구로 사용한다. 그렇게 되면, 그 훈련들은 우리가 필요한 것을 얻거나 하기로 한 일을 다 했을 때 끝난다. 그 훈련들은 우리에게 일시적일 뿐이다.

영적 훈련을 옆으로 눕히기

오래전, 영적 훈련과 관련된 과거의 이런 경험들과 내가 그 훈련을 어떻게 실천했는지, 그리고 북미 민주주의 사회에서 이 훈련을 주로 어떻게 실천하는 경향이 있는지 묵상하고 있을 때, 나는 이사야서의 한 본문을 우연히 발견했다. 그것은 영적 훈련을 어떻게 하고 어떤 목적을 위해 하는지에 대해 정말로 깊이 생각할 수 있게 해 주었다.

목소리를 크게 내어 힘껏 외쳐라. 주저하지 말아라.
   너의 목소리를 나팔 소리처럼 높여서
나의 백성에게 그들의 허물을 알리고,
   야곱의 집에 그들의 죄를 알려라.
그들이 마치 공의를 행하고
   하나님의 규례를 저버리지 않는 민족이나 되듯이
날마다 나를 찾으며
   나의 길을 알기를 좋아한다.
그들은 무엇이 공의로운 판단인가를 나에게 묻고
   하나님께 가까이 나아가기를 즐거워한다고 한다.
주님께서 보시지도 않는데, 우리가 무엇 때문에 금식을 합니까?
   주님께서 알아주시지도 않는데, 우리가 무엇 때문에 고행을 하겠습니까?
너희들이 금식하는 날, 너희 자신의 향락만을 찾고,
   일꾼들에게는 무리하게 일을 시킨다.
너희가 다투고 싸우면서, 금식을 하는구나.
   이렇게 못된 주먹질이나 하려고 금식을 하느냐?
너희의 목소리를 저 높은 곳에 들리게 할 생각이 있다면,
   오늘과 같은 이런 금식을 해서는 안 된다.
이것이 어찌 내가 기뻐하는 금식이겠느냐?

이것이 어찌 사람이 통회하며 괴로워하는 날이 되겠느냐?
머리를 갈대처럼 숙이고
  굵은 베와 재를 깔고 앉는다고 해서
어찌 이것을 금식이라고 하겠으며,
  주님께서 너희를 기쁘게 반기실 날이라고 할 수 있겠느냐?

내가 기뻐하는 금식은,
  부당한 결박을 풀어 주는 것,
  멍에의 줄을 끌러 주는 것,
압제받는 사람을 놓아 주는 것,
  모든 멍에를 꺾어 버리는 것, 바로 이런 것들이 아니냐?
또한 굶주린 사람에게 너의 먹거리를 나누어 주는 것,
  떠도는 불쌍한 사람을 집에 맞아들이는 것이 아니겠느냐?
헐벗은 사람을 보았을 때에 그에게 옷을 입혀 주는 것,
  너의 골육을 피하여 숨지 않는 것이 아니겠느냐?
그리하면 네 빛이 새벽 햇살처럼 비칠 것이며,
  네 상처기 빨리 나을 것이다.
네 의를 드러내실 분이 네 앞에 가실 것이며,
  주님의 영광이 네 뒤에서 호위할 것이다.
그때에 네가 주님을 부르면 주님께서 응답하실 것이다.
  네가 부르짖을 때에, 주님께서 "내가 여기에 있다" 하고 대답하실 것이다.
네가 너의 나라에서 무거운 멍에와
  온갖 폭력과 폭언을 없애 버린다면,

네가 너의 정성을 굶주린 사람에게 쏟으며,
　불쌍한 자의 소원을 충족시켜 주면,
너의 빛이 어둠 가운데서 나타나며,
　캄캄한 밤이 오히려 대낮같이 될 것이다.
주님께서 너를 늘 인도하시고,
　메마른 곳에서도 너의 영혼을 충족시켜 주시며,
　너의 뼈마디에 원기를 주실 것이다.
너는 마치 물 댄 동산처럼 되고,
　물이 끊어지지 않는
　샘처럼 될 것이다.
너의 백성이 해묵은 폐허에서 성읍을 재건하며,
　대대로 버려두었던 기초를 다시 쌓을 것이다.
사람들은 너를 두고 "갈라진 벽을 고친 왕!"
　"길거리를 고쳐 사람이 살 수 있도록 한 왕!"이라고 부를 것이다.
　(사 58:1-12)

여기에서 무슨 일이 일어나고 있는가? 본질적으로 하나님은 이스라엘 사람들에게 오늘날 우리가 '영적 훈련'이라고 부를 만한 것을 그들이 실천하면서도 이기적이었다고 말씀하시고 있다. 어떤 의미에서 그들은 마땅히 할 일을 하고 있었다. 그들은 지금까지 이런 훈련들을 해 왔다. 그들은 그들의 삶을 훈련시켜 왔다. 하지만 다른 의미에서 그들은 옳은 일은 아무것도 하지 않고, 모든 일을 다 잘못 행했다. 이 본문을 보면서 나는 궁금한 생각이 들었다. 영적 훈련이란 무엇이며 왜 우리는 그런 훈련을 해야 하는가? 왜 우리는 그런 훈련을 하는가? 왜 하나님은 우리가 그런 훈련을 하기 원하시는가? 그런 훈련으로부터 얻을 수 있는 것은 개인적 유익과 지적 선뿐인가? 그런 훈련으로부터 실제로 이런 것들을 얻을 수 있는가? 우리는 기분이 더 좋아지기 위해 그런 훈련을 실천할 수 있으며, 실천해야 하는가? 그런 훈련들은 우리를 하나님께 더 가까이 가도록 하려는 것인가? 그런 훈련들은 단지 하나님을 경험하고 하나님과 친밀하게 되는 일에 대한 것일 뿐인가? 그런 훈련들은 실제로 우리를 하나님께 더 가까이 가게 할 수 있는가?

우리 중 많은 사람들은 영적 훈련이 '영적 성장'을 촉진하고 우리가 예수 그리스도에 대한 지식과 믿음 안에서 성장하도록 돕는 수단이라고 배웠다.[6] 우리는 이런 훈련들을 부활하신 주님을 경험하고 그분을 더 깊은 차원에서 아는 방법으로 보도록 배웠다. 우리는 그리스도를 이해하고 알고 경험하기 위해 그런 훈련들을 했다. 하지만 고대 이스라엘 사람들처럼, 아마 우리 중 상당히 많은 사람들은 그 과정에서 우리가 이웃을 한두 명 혹은 수없이 억압했다는 사실을 알아차리지 못한다. 우리는 하나님을 추구하고 그분의 도를 기뻐했으나, 우리 자신의 이익을 구했다. 우리는 금식했고 하나님께 가까이 갔으나 우리 주위, 옆, 아래에 있는 사람들을 억압했다. 우리는 자신을 낮췄지만 낯선 사람들과 다투고 싸웠다. 우리는 음식을 금했으나 그것을 가난한 사람들이나 궁핍한 사람들과 나누지 않았다. 우리는 소비주의에 저항했으나 구멍 난 겉옷을 입은 노숙자를 지나쳐 갔다. 우리는 하나님을 찾

---

6   Richard J. Foster, *Celebration of Discipline: The Path to Spiritual Growth*, 3rd ed. (1978; San Francisco: HarperSanFrancisco, 1998). 『영적 훈련과 성장』(생명의 말씀사).

았으나 우리 이웃을 버리고 돌보지 않았다. 우리는 하나님을 추구했으나 다른 사람들을 핍박했다. 우리의 예배는 악의 매개물이 되었다. 우리의 영적 형성은 이기적 관행을 위한 촉매가 되었다.

우리 앞에 살았던 고대 이스라엘 사람들처럼, 우리 중 많은 사람들은 이 훈련들과 관련해서 길을 잃었다. 사실상, 우리는 심지어 우리 중 많은 사람들이 이 훈련들에서 자기 자신을 잃었다고까지 말할 수 있다. 우리는 어떻게, 왜, 언제 그런 훈련들을 하는가와 관련해 궤도에서 다소 벗어났다. 우리는 이 훈련들이 절대 제공할 수 없을 '한 방'을 추구해 왔다. 우리는 열심히 노력했으나 못 미쳤다. 요구한다고 해서 하나님이 주시지 않는 그런 경험들을 추구해 왔다. 이것은 실망스럽고 화나는 일이었다. 하지만 진짜 위험한 것은 우리가 이런 식으로 그런 훈련들을 해 왔다는 점이 아니다. 물론 우리가 원하는 결과들을 절대 얻지 못하기 때문에 그것들은 우리를 실패로 이끌고 또 심지어는 믿음의 위기를 가져올 수 있다. 하지만 진짜 위험한 것은 이 이사야서 본문에서 보는 것처럼, 우리가 그 과정에서 이웃에게 행한 일이다. 또는 좀더 잘 표현하자면, 진짜 위험은 그 과정에서 이웃을 위해 해야 하는 일을 소홀히 했다는 것이다. 우리는 하나님을 사랑하려 애쓰면서, 이웃에게 해를 끼치고 있었다.

영적 훈련의 이 '수직적' 차원은 당신에게 새로운 소식일 수도 있다. 그리고 그것이 **복된** 소식(good news)이기를 바란다. 하지만 그것은 방정식의 한쪽일 뿐이다. 영적 성장 및 하나님과의 친밀함을 이렇게 강조하는 것은 전체의 한 부분일 뿐이다. 그리고 하나님께 적어도 그것은 심지어 방정식의 가장 중요한 측면도, 혹은 전체의 가장 중요한 부분도 아닌 듯하다. 성경과 교회 역사를(그리고 우리 자신의 경험까지도) 면밀히 살펴볼 때, 이 훈련들에는 우리가 간과해 온 또 다른 측면이 있다. 우리가 그런 훈련들을 하면서 한 번도 알아차리지 못했던 다른 관점이 있다. 그런 훈련에는 강단에서 선포되는 설교에서 들어 보지 못했던 또 다른 차원이 있다. 이런 훈련들에 대해 공부하는 소그룹에서, 그리고 우리가 읽은 책이나 들은 강사의 말에서 우리가 소홀히 여겼던 또 다른 측면이 있다. 중요한 무언가가 열외로 취급되었다. 그리고 그것은 하나님께 대단히 중요한 것이다.

그 과정 어딘가에서 이 훈련들의 '수평적' 차원이 간과되고 무시되고 잊혀졌다. 내내, 이웃에 대한 초점 및 이 훈련들이 이웃에게 주는 유익은 열외로 취급되었다. 그리고 이제 그것을 상기하고 탐구하고 발전시킬 때가 무르익었다. 이 책을 통해 알게 되겠지만, 우리보다 먼저 있던 그리스도인들은 이 훈련들을 주로 혹은 오로지 그것이 각 개인에게 주는 지적 유익만을 위해 연습한 것은 아니었다. 그런 훈련들은 실제로 우리를 위해 연습된 것이 전혀 아니었다. 오히려, 그 훈련들은 다른 사람들을 위해 연습되었다. 그것은 다른 사람들을 돕고 그들에게 유익을 주기 위해 연습되었다. 그 훈련들은 세상에 생명과 건강과 활력을 가져다주는 이웃에 대한 사랑의 행동으로 여겨졌다. 그 훈련들은 이웃의 삶에 긍정적 영향을 미치고 우리가 속한 공동체의 행동을 구체적으로 변화시키는 훈련으로 여겨졌다. 그 훈련들은 다른 사람들과 공유하는 공간에서 행하면 좋은 것으로 여겨졌다.

한 걸음 물러서서 영적 훈련들을 이런 식으로 생각할 때, 즉 그 훈련들을 옆에서 바라보고 이런 수평적 차원에 주의를 기울일 때, 우리로 하여금 하나님께 더 가까이 가도록 돕는 외견상 임의적이고 이상한 몇 가지 훈련 너머를 보게 된다. 우리가 보는 것은 실제로 동시적이고 체계적인 삶의 방식, 그리고 매일 일상적으로 하는 기본 활동들을 개혁시키는 방식이다. 우리는 소유하고, 생각하고, 먹고, 교제하고, 말하고, 일하고, 쉬는 일상 활동들에 자유와 치유를 가져오는 방식들을 본다. 우리가 살도록 만들어진 일관되고 통합된 삶의 방식 및 하나님이 우리를 부르시고 명하시는 삶의 방식을 본다. 우리는 일상 활동들이 건전하고 하나님께 영광을 돌리는 방식으로 행해지는 것을 본다. 하지만 가장 중요한 것으로, 우리는 일상 활동들이 우리 이웃을 돕고 다른 사람들(즉, 가족, 친구, 이방인, 원수들)—다른 동물들 및 세상을 포함해서—과의 관계를 치유하고 세상을 조화시키는 방식으로 행해지는 것을 본다. 간단히 말해, 우리는 예수님의 방식을 본다.

   그리스도인의 삶은 개인적 만족이 넘쳐흐르거나 '긍정적인' 느낌을 듬뿍 누리는 삶이 아니다. 그것은 자극이나 흥분의 세례를 받는 삶이 아니다. 그것은 '황홀감'과 '한 방'이 연속되는 삶은 확실히 아니다. 오히려, 그것은 성부의 계획, 성자의 모범, 성령의 인도를 따라 살아가는 개혁되고 변혁된 생활 방식이다. 그것은 화해와 회복과 갱신의 삶이다. 그것은 우리 이웃을 우리 자신처럼 사랑하는 삶이다. 그것은 우리가 매일 반복하는 소유하고, 생각하고, 먹고, 교제하고, 말하고, 일하고, 쉬는 것 같은 활동들을 다른 사람들에 대한 사랑을 보이고 세상에 생명을 가져오는 방식으로 행하는 삶이다. 그리고 앞으로 보겠지만, 이것은 바로 우리가 영적 훈련에 의해, 그 훈련 안에서, 그리고 그 훈련을 통해 살아가는 삶이다. 외견상 임의적이고 이상한 것처럼 보이는 이런 훈련들은 실제로는 일상 활동들을 성화되고 새롭게 된 방식으로 행하는 것이다.

어쩌면 당신도 나처럼 영적 훈련 학교를 오래전에 중도 하차했으며, 아무 문제없이 잘 지내고 있을 수도 있다. 당신은 이 훈련들이 목사, 교육가, 혹은 영적 지도자들-하나님과 그들의 관계를 정말로 매우 진지하게 여기며 그런 활동들을 위해 시간을 내는 사람들-에게 적절하고 가치 있는 것이지만, 지극히 평범한 '보통' 그리스도인인 당신에게는 그런 것들을 할 만한 시간이나 에너지가 없다고 생각한다. 당신에게는 정말로 그런 것들이 필요하지 않다. 기도하는 것과 아침에 성경 읽는 것으로 충분하다. 왜냐하면, 솔직히 말해서 이 훈련들은 우리의 스케줄에 끼워 넣고 실천하기에 너무나 불편하기 때문이다. 그것들은 여러 번 우리를 '실망시켰으며', 솔직히 말해서 우리는 그 훈련들을 해야 할 필요나 긴급함을 정말 느끼지 못한다. 우리는 그런 훈련들을 하라고 '명령받지' 않는다. 그런 훈련들은 세상을 변화시키지 않는다. 그런 훈련을 하지 않아도 우리는 하나님 나라에 갈 것이다. 당신이 그렇게 생각했다면, 나도 마찬가지였다. 백분 이해한다.

당신이 바로 이런 사람이라면, 이 책은 더 큰 프로젝트가 진행 중임을 보도록 도와줄 것이다. 그것은 당신이 영적 훈련을 다시 한 번 시도하도록 동기를 부여해 줄 것이다. 당신이 미용사, 기업가, 보험 회계사, 혹은 주부로서 바쁜 삶을 살아가는 중이라면, 특히나 그 훈련들을 다시 시도해 보기를 소망한다. 아니면 전에 그런 훈련들을 한 번도 해 보지 않았다면, 처음으로 해 보기를 바란다. 당신이 듣고 보게 될 것처럼, 영적 훈련은 세상 안에 사는 예수 그리스도의 제자들-단지 세상에서 벗어나고 싶어 하는 정말로 헌신된 사람들만이 아니라―을 위한 것이기 때문이다. 그들은 모두 땅끝까지 자기 선생이신 예수님을 따르기 원하는 제자들이다. 그 훈련들은 당신을 위한 것이며 나를 위한 것이다―죽음을 통해 하나님 나라에 가려는 열망에 가득 찬 천사들이 아니라, 눈코 뜰 새 없이 분주한 삶을 살아가는 인간들을 위한 것이라는 말이다. 그 훈련들은 지금 여기에서 우리 주님이자 구세주를 따르고, 우리 자신을 사랑하는 것처럼 이웃을 사랑하기 원하는 사람들을 위한 것이다.

일반적으로, 많은 사람들은 우리 개인의 영적 형성이 주위 사람들에게 어떤 영향을 끼치는가 하는 점을 간과하거나 심지어 경시하는 경향이 있다. 우리는 하나님이 이웃을 사랑하라고 우리를 부르시고 명하신다는 것을 안다. 그리고 기본적 차원에서 우리와 하나님과의 관계가 다른 사람들을 포함한다는 것을 안다. 하지만 우리는 아마 우리가 하나님과 교제를 하고 관계를 맺는 방식에 다른 사람들이 연관되어 있다는 점을 알지 못하거나 깨닫지 못한다. 우리와 하나님의 관계는 하나부터 열까지 공적인 문제다. 그것은 세상에서 일어나는 문제다. 우리와 하나님과의 관계는 우리 주위의 모든 사람들의 삶과 생계에―우리가 원하든 원하지 않든―영향을 끼치고 감화를 준다. 그리고 나는 우리가 그것을 원하기를 바란다. 그리스도인의 삶은 만물을 그리스도 아래로 가져오는 것, 그리고 성령이 우리의 죄를 깨닫게 하시고 매일 세상에서 행해지는 활동 가운데 우리를 인도하시도록 하는 것이다. 성령은 주위 사람들에게 영향과 감화를 끼치는 영적 훈련들을 통해 이런 일을 하신다. 우리가 소유하고, 생각하고, 먹고, 교제하고, 말하고, 일하고, 쉬는 습관과 관행들이 변화되면, 우리 이웃의 삶과 생계에 영향을 끼친다. 이웃은 이런 일들을 다른 방식으로 행하는 것을 경험하고 그 방식에 대해 깨우친다. 이것은 이웃에게 교훈과 유익을 준다.

하나님은 일상의 사소한 일들에 관심이 많으시다. 변혁은 일상적 일들 속에 잠복한 채 기다리고 있다. 우리 구세주의 구속하시는 손길은 백방으로 뻗치며, 그분의 새롭게 하시는 시선은 구석구석 빠짐없이 미친다. 구세주는 제자들인 우리에게 그분을 따르라고 부르시며, 구세주 안에서 산다는 것은 우리가 하는 **모든** 일에서 그분을 예배한다는 의미다. 옆에서 바라볼 때, 영적 훈련은 단지 일상 활동들을 다른 방식으로 하는 것이 아니라, 그 활동들을 성화되고 새롭게 된 방식으로 하는 것이다. 그것은 하나님 안에서 사는 방식이다. 우리가 성화되는 것과 만물이 새롭게 되는 것은 하늘에서 뚝 떨어지지 않으며, 성부와 성자와 성령께서 매일의 일상 활동들 및 그 활동들에 근거한 관계, 관행, 제도들을 개선하시고 새롭게 하심으로써 이루어진다.

1장

《 영적 훈련과 사랑의 방식 》

옛날 옛적에, 멀고 먼 나라에서 한 그리스도인 수사가 책을 한 권 써서 한 주교에게 헌정했다.[1] 수사의 이름은 요한 카시아누스였으며, 그 책에는 그가 몇몇 이집트 수도원을 방문해 관찰한 내용이 기록되어 있었다. 그 책에서 카시아누스는 자신이 이 수도원들에서 마주한 일상생활을 주교에게 묘사했으며, 또 수사들이 어떤 일들을 어떤 이유로 행하는지 설명했다. 카시아누스는 수사들의 일상생활을 관찰한 내용을 수사들이 마땅히 살아야 하는 방식으로 살지 못하게 하는 여덟 가지 악을 중심으로 정리했으며, 이런 악들에 대항하기 위해 해야 하는 훈련들을 제시한다(여덟 가지 악한 생각은 이집트 수사 에바그리우스 폰티쿠스가 앞서 수사들에게 가르친 내용이다.―역주). 카시아누스는 수사들이

1　John Cassian, *The Institutes*, trans. Boniface Ramsey (Mahwah, NJ: Paulist Press, 2000).

이런 악들을 바로잡기 위해, 또는 그 악들이 그들의 삶에서 자라나지 못하도록 하기 위해 매일 그 훈련들을 하라고 분명히 밝혔다.

우리는 이 '악'(vice)이라는 단어에 그리 익숙하지 않을 수도 있다. 하지만 그 단어는 기독교에서 중요한 단어다. 그것은 라틴어 비티움(vitium)에서 나온 것으로, 이 라틴어는 잘못, 결점, 흠, 불완전, 부패, 악함과 같이 다양한 의미를 취할 수 있다. '방식'(way)이라는 단어는 비타(vita)에서 나오는데, 그것은 이 단어 비티움과 같은 어족(語族)에 속한다. 악(비티움)은 어떤 일을 결함 있는 혹은 불완전한 방식(비타)으로 행하는 것이다. 그것은 어떤 활동에 잘못된 방식으로 관여하는 것, 혹은 잘못된 방식으로 행동하는 것이다. 이 개념을 정확히 포착하는 다른 단어는 '기형적'(malformed)이라는 말이다. 악은 기형적 방식으로 어떤 일을 행하는 것, 어떤 일을 행하는 나쁘거나 악한(mal) 방식이다. 이 책의 처음부터 끝까지 나는 '악'이라는 단어 대신 '기형적'이라는 단어를 사용한다. 이 수사들과 마찬가지로 우리도 대단히 기본적인 몇몇 활동들을 잘못된 방식으로 한다는 개념을 전달하기 위해서다. 우리는 그런 활동들을 나쁘게, 그리고 때로는 심지어 악하게 행한다.

카시아누스가 길게 논하는 여덟 가지 주된 악은 폭식, 간음, 탐욕, 분노, 슬픔, 나태, 허영, 교만이다. 그 수사들은 먹을 때 게걸스럽다. 소유할 때 탐욕스럽다. 생각할 때 교만하다. 일할 때 게으르다. 그들은 그렇게 살아서는 안 된다. 카시아누스가 이 여덟 가지 주요한 (다른 '파생적 악'을 일으키는) 악들을 다루는 것을 보면, 그것들은 분명히 삶의 방식을 구성하는 요소다. 그 악들은 한 꾸러미와 같다. 혹은 한꺼번에 같이 온다고 말할 수도 있다. 각 악들은 함께 작용한다. 악들 간에는 연속성이 있어서, 각 악이 다른 악을 촉발하거나 다른 악을 기초로 한다. 예를 들어, 폭식은 간음을 부추기며, 허영은 교만을 불러 일으킨다. 카시아누스는 그 모든 악이 다 나쁘지만 그중 일부는 다른 악보다 더 파괴적이라고 말한다. 어떤 악들은 일상생활에서 쉽게 표현되며 다른 악들보다 더 처참한 영향을 끼친다. 이는 어떤 악들이 다른 악보다 통제하고 뿌리 뽑기가 더 어렵다는 의미다. 예를 들어, 교만은 폭식보다 더 뿌리 뽑기 어렵다. 너무 많이 먹는 일을 그만두는 일이 자신을 너무 높게 생각하기를 그만두는 일보다 더 쉽다. 각 악은 서로에게 기초를 두고 있기 때문에, 카시아누스는 수사가 그 악들을 한꺼번에 맞서 싸워야 한다고 말한다. 다시 말해, 그들은 단지 몇몇 일들을 다르게 **행할** 것이 아니라, 다르게 **살아야** 한다.

아주 상세한 해설 가운데, 카시아누스는 그 감독에게 수사의 일상 활동에서 어떻게 이 악들이 나타나며 또 어떻게 공동체 내의 특정한 '규칙들'과 '교정책들'을 통해 이 악들을 바로잡을 수 있는지 설명했다. 카시아누스가 말하는 '규칙'(institutes)과 '교정책'(remedies)은 규정과 연습을 의미한다. 그래서 본질적으로 그는 일상 활동을 하는 기형적 방식들을 바로잡도록 수사 공동체―혹은 수도원―가 특정한 규정과 연습들을 시행할 것을 제안한다. 그리고 그들은 반드시 공동체로서 함께 이 일을 해야 한다. 그들은 함께 규정들을 준수하고 관행들을 도입해서 이런 활동들을 올바른 방식으로 수행할 수 있도록 해야 한다. 수사들이 스스로 이런 악들을 제거하기 위해 실천한 교정책들이 바로 오늘날 우리가 영적 훈련이라고 부르는 것들이다. 그들은 침묵, 고독, 금식과 잔치, 안식일 준수, 묵상, 단순함 등을 실천한다. 그들은 옷을 입고, 소유하고, 생각하고, 먹고, 교제하고, 말하고, 일하고, 쉬는 방식을 바꾼다. 영적 훈련들은 그들의 습관과 관행들을 바로잡아 주고, 공동체에서 또는 함께 공유하는 공간에서 마땅히 살아야 하는 방식으로 살도록 해 줄 것이다.

나는 개신교 복음주의자로 자랐기 때문에, 수사들(그리고 수녀들)이 세상에서 벗어나 하나님과 개인적 친밀함을 누리기 위해 수도원에 가기로 서원한다고 생각하곤 했다. 세상의 순수하지 않음에 진저리가 나서, 세상을 떠나 자신이 순수함을 유지할 수 있고 주님이 다시 오실 때까지 삶의 성가신 일들로 방해받지 않을 수 있는 저 먼 곳 구석에 숨는다고 생각한 것이다. 이것은 언제나 나에게 다소 이기적이고 비겁한 일로 보였다. '삶의 온갖 성가신 일들과 지하철의 짜증 나는 이 단자들로부터 벗어나 평화와 고요함을 누린다면 분명 멋질 거야'라고 나는 혼자 생각했다. 하지만 카시아누스의 발언들이 분명히 보여 주는 것같이, 이처럼 사실과 거리가 먼 것은 없다.[2] 수사들과 수녀들은 **은둔처**가 아니라 **공동체**에 가기로 서원한다. 그리고 그들은 세상으로부터 **도피하기** 위해서가 아니라 다른 세상을 **무대에 올리기** 위해 그리한다. 그들은 다른 사람들과 함께 살기로, 그리고 그들과 더불어 다르게 살기로 헌신한다. 그들은 일상 행동들을 훈련하는 일에 전념한다. 그들 자신을, 그리고 다른 사람들을 위해서다. 그들은 공동체 안에

---

[2] 심지어 사막의 수사―은자 혹은 은둔자―라도 세상으로부터 멀어지기 위해 자신을 감추지 않는다. 그는 실제로 세상에 있는 특정 공동체와 교제를 나누는 일에 헌신한다. 그들보다 앞서 간 사람들 그리고 그 주위의 다른 피조물들과 말이다. 그가 자신의 골방 혹은 동굴로 가는 것은 자신을 감추기 위해서가 아니라, 친교를 나누고 그가 사는 방식을 바꾸기 위해서다. 그 역시 자신이 매일 하는 일상 행동을 훈련하고자 한다. 참고. Thomas Merton, *Thoughts in Solitude* (New York: Farrar, Straus & Giroux, 1999). 『고독 속의 명상』(성바오로).

서 사는 것을 매우 진지하게 여긴다—이사야서에서 본 것처럼, 하나님이 하시는 방식으로 산다.

어떤 사람들은 "옛날 옛적, 멀고 먼 나라라는 말이 맞다! 이것은 수도원 공동체다! 카시아누스는 4세기 수사였다! 그는 수사들에 대해 말하고 있다! 그것도 주교에게 말하고 있는 것이다! 하지만 나는 마트 계산원이다. 나는 광야에서 살지 않는다. 나는 어떤 서원도 하지 않았다. 나는 다른 사람들과 의도적으로 공동체를 이루어 살지 않는다. 나는 16평 아파트에서 혼자 산다! 카시아누스와 우리는 시공간적으로 아주 동떨어진 삶을 산다. 이것이 과연 나에게 무엇을 의미할 수 있는가? 4세기 이집트가 21세기 엘파소(El Paso)와 무슨 관계가 있는가?"라고 생각할지 모른다. 우리의 삶은 서로 외형도 다르고 각자 나름의 우여곡절도 있을 수 있다. 하지만 계산원과 수사, 헤지 펀드 투자자와 은둔자, 수녀와 간호사는 그리 다르지 않다. 예수님을 따르는 자들로서 우리는 모두 같은 것으로 부름받는다. 하나님과 그분의 나라의 시민이 되라는 것이다. 우리는 모두 자아 전체와 삶의 모든 측면을 우리의 왕이 되시는 분의 능력과 영향 아래 두도록 부름받는다.[3] 우리는 모두 큰 일뿐 아니라 작은 일들도 그분의 통치 아래 두도록 명령받는다. 우리 앞에 살았던 고대의 형제자매들처럼, 우리는 일상 행동들을 훈련하도록 부름받으며, 또한 이웃을 우리 자신처럼 사랑하도록 부름받는다.

---

3   카시아누스 같은 고대 그리스도인들은 수사의 삶을 그리스도인이 살 수 있는 가장 일관되고 통합된 삶으로 보았다. 이 점에 대해 알기 쉽게 설명한 책들은 다음과 같다. Hans Urs von Balthasar, "Philosophy, Christianity, Monasticism", in *Spouse of the Word: Explorations in Theology*, vol. 2 (San Francisco: Ignatius Press, 1991), pp. 333-372; Jean Leclercq, *The Love of Learning and the Desire for God*, trans. Catherine Mishrahi (New York: Fordham University Press, 1982).

나는 개혁주의 신학자 클라스 스킬더(Klaas Schilder, 1890-1952)의 다음과 같은 표현을 좋아한다.

우리는 하나님을 섬겨야 한다. 가죽 앞치마를 입고서든 학위 가운을 입고서든, 모든 사람이 자신만의 방식으로 섬겨야 하는 것이다-별 차이가 없다. 고무장화를 신고 있든, 휘발유 통을 운반하고 있든, 망치와 낫 표식을 갖고 있든(망치와 낫은 우리의 것이다), 향로 대신 화가의 팔레트를 들고 있든 모든 사람은 하나님을 섬겨야 한다. 우리는 하나님을 섬겨야 한다. 모두가 하나님이 새롭게 창조하신 공동체 안에서 그에게 부여된 위치에서.[4]

우리는 4세기 수도원의 형제자매들로부터 제자도에 대해 그리고 제자에게 요구되는 훈련에 대해 한두 가지를 배울 수 있다. 그들과 마찬가지로, 우리도 날마다 기본적이고 평범한 활동들을 한다. 우리는 옷을 입고, 물건을 사서 집으로 가져오며, 생각하고, 먹고, 친구들과 시간을 보내고, (많이) 말하고, (많이) 일하고, 쉰다. 하지만 이런 활동들을 이기적이고 악한 방식으로 하는 경향이 있다는 것을 우리는 깨닫지 못한다. 우리는 이런 일들을 이웃(그리고 우리에게 유익하지 않은 사람들)에게 상처를 주는 방식으로 행한다. 그리고 그렇게 하고 있다는 사실을 꿈에도 모른다. 어릴 때부터 이런 식으로 행동해 왔기 때문이다. 그리고 설상가상으로 이런 식의 행동은 문화와 사회에 의해 은연중에 강화된

---

4   Klaas Schilder, *Christ and Culture*, trans. G. van Rongen and W. Helder (Winnipeg: Premier, 1979), 24 (섹션 번호). 『그리스도와 문화』(지평서원).

다-누구나 이것을 하며, 누구나 이런 식으로 한다! 하지만 이 수사들의 삶은, 우리가 어떻게 인간이 되어야 하며 또 하나님이 대단히 기본적인 인간적 차원에서 우리가 어떻게 살고 행동하도록 하셨는지 다시 배워야 한다는 것을 보여 준다. 우리는 지성-지적 능력이 아니라 생각-을 사용하는 법을 다시 배워야 한다. 먹는 법-식기 사용이 아니라 소비 수준-을 다시 배워야 한다. 교제하는 법-미래의 일자리를 위해 서로 연락을 취하고 정보를 교환하는 것이 아니라 사람들에게 여유를 부여하는 것-을 다시 배워야 한다. 우리는 날마다 행하는 일들을 훈련해야 한다.

일상 행동 훈련하기

요한 카시아누스가 제대로 본 것처럼, 오늘날 영적 훈련이라고 부르는 것은 공동체가 함께 삶의 방식-개인의 생각, 태도, 습관, 관행, 행동, 일반적 생활 방식 혹은 공동체가 살아가는 방식-을 개혁하는 것이다. 이런 실천들은 공유 공간에서 긴장히고 조화로운 방식으로 교제하는 공동체를 **위한** 것이다. "우리는 이런 고투들에 스스로 반감을 품는다"고 카시아누스는 말한다.[5] "우리"라는 말에 주목하라. 이 "우리"는 개인들의 모임이 아니라 한 무리다. 이 수사들은, 함께 교제하며 사는 것에 거스르는 잡초 같은 악들을 제거해 버리기 위해 함께 일하

---

5   Cassian, *Institutes*, p. 117 (5.1).

는 사회적 조직체로 자신들을 보았다. 그들은 함께 일상 행동들을 훈련했다. 그들은 자신을 위해, 또한 서로를 위해 그들의 행동을 개선했다. 공동체를 위해 그리고 그들의 공동생활을 위해 자신들을 바로잡았다. 아주 단순한 일이다. 공동체 안에 살기 위해 그리고 심지어는 공동체 안에서 연명하기 위해 우리는 생활 방식을 바꿔야 한다는 것이다. 그저 원하는 대로 살 수는 없다. 그저 이기적으로 살 수는 없다. 어느 정도는 훈련을 해야 한다. 적어도 아주 조금은 우리 삶을 훈련해야 한다.

많은 사람들은 '훈련'(discipline)이라는 이 단어를 싫어한다. 그 말은 우리를 불편하게 하고 심지어 불쾌하게 만든다. 그 말은 부정적 함의들을 지니고 있다. 우리는 종종 그 말을 처벌 혹은 보복과 연관시킨다. 훈련한다는 말은 벌을 준다는 말이지 않은가? 아이가 뭔가 잘못을 했을 때 우리는 그 아이를 훈육하고(discipline) 잠시 격리시켜 반성하도록 타임아웃을 갖게 한다. 그 아이는 자신이 저지른 잘못에 대한 벌로 타임아웃을 갖는다. 그 아이는 집 안에서 어떤 규칙을 어겼으며, 그 '범죄'를 바로잡기 위해 우리는 그 아이에게 타임아웃을 갖게 한다. 그리고 때때로 나중에 간식을 주지 않겠다고 말한다. 우리는 그 아이를 훈련하고 있으며, 벌을 주고 있다. 현대인들의 생각에 그 두 가지는 똑같다. 하지만 이런 혼란은 매우 유감스러운 것이다. 훈련과 벌은 같은 것이 아니다. '훈련'이라는 말의 어근은 벌보다 훨씬 더 호의적인 함의를 지니고 있다. '훈련'은 교훈을 의미한다. 훈련시킨다는 것은 가르친다는 것이다. 그리고 훈련받는다는 것은 교훈을 받는 것이다. 벌이 대가를 치르는 것 혹은 저지른 잘못을 보상하는 것이라면, 훈련은 일들을 바로잡는 것이다. 다시 제자리로 돌아오는 것이다. 일을 수습하는 것이다. 문제를 해결하는 것이다. 지켜지지 않은 합의나 약속을 잘 회복시키는 것이다. 우리가 계속해서 전진할 수 있도록 화해하는 것이다.

'제자'(disciple)라는 말이 이 똑같은 어근에서 나왔다. 예수님이 "너희는 내 제자다"라고 말씀하실 때, 이 말씀은 예수님이 선생이시며 우리가 그분에게서 배워야 한다는 의미다. 예수님은 그분의 삶의 방식을 우리에게 가르치시며, 우리는 그것을 실행한다. 예수님은 우리가 가야 할 길을 지시하시며, 우리는 그 길을 간다. 예수님은 앞서 가시며 우리는 따른다. 하지만 이것은 우리가 올바른 길 위에 있지 않다는 점을 암시한다. 우리는 전부를 깨우치고 있지 않다. 우리의 생활 방식은 옳지 않다. 제자로 훈련받는다는 것—제자가 되는 것—은 우리가 제대로 하고 있지 않다는 점을 암시한다. 우리는 제대로 이해하지 못한다. 잘못하고 있다. 선생이신 예수님이 뜻하시고 바라시는 방식으로 사는 법을 알지 못한다. 그래서 그분으로부터 배워야 한다. 우리는 예수님에게 교훈받고, 바로잡아지고, 훈련받아야 한다. 그것이 예수님을 선생 혹은 주님이라고 부르는 것, 그리고 예수님이 우리를 그분의 제자 및 따르는 자라고 부르시는 것의 의미다. 이것은 **훈련**(discipline) **없이 제자**(disciple)**가 있을 수 없다는 의미다. 가르침 없이 참으로 하나님의 형상을 지닌 존재**(image bearer)**가 있을 수 없다.** 예수님을 따르는 것의 끝은 회심자와 고백자가 되는 것이 아니라 그분 나라의 시민과 관리인이 되는 것이다.

많은 사람들이 오랫동안 예수님을 따르면서 알게 된 것처럼, 우리는 예수님의 직무들 및 담당하시는 역할들의 숫자만큼이나 예수님으로부터 그리고 우리 삶의 훈련으로부터 배울 것이 있다. 예수님은 모든 피조물의 맏아들이시며 두 번째 아담이시기 때문에, 우리는 예수님으로부터 어떻게 피조물, 인간, 혹은 하나님 아버지의 아들이나 딸이 될지 배워야 한다. 예수님은 우리의 구세주이시며 구속자이시기 때문에, 우리는 예수님으로부터 어떻게 우리 자신의 의제를 희생하고 사랑으로 다른 사람들을 위해 살지 배워야 한다. 예수님은 우리의 선지자이시기 때문에, 우리는 예수님으로부터 진리를 듣고서 어떻게 확신을 품고 친절하게 그 진리를 증거할지 배워야 한다. 예수님은 우리의 제사장이시기 때문에, 우리는 예수님으로부터 다른 사람들을 용서하고 가난한 사람과 과부와 고아를 위해 중보하는 법을 배워야 한다. 예수님은 세상의 심판자이시기 때문에, 우리는 예수님의 방식과 통치에 더 조화를 이루어 사는 법을 배워야 한다. 예수님은 곧 오실 우리의 왕이시기 때문에, 우리는 예수님으로부터 어떻게 그분의 나라의 시민과 관리인이 될지 배워야 한다.

우리의 제자도와 일상 행동에 대한 훈련에서 삼위일체 구조가 드러나야 한다. 예수 그리스도로부터 우리는 성부 하나님이 본래 우리에게 주신 소명을 어떻게 받아들이고 성취할 것인지 배운다. 우리 그리스도인들은 성부 하나님이 성자와 성령을 통해 천지를 창조하셨다는 것을 믿는다. 이는 사물의 영적 측면과 물리적 측면이다(창 1:1). 두 측면 모두 한 창조, 한 세상을 구성한다. 우리가 사는 세상이다. 모든 피조물 중에서, 우리 인간들은—우리는 영적·물리적 측면을 모두 지니고 있기 때문에—이 창조 질서를 잘 다스리고, 지키고, 강화하도록 부름받았다(창 1:28). 우리는 하나님께로 향하도록, 그리고 돌보도록 우리에게 주어지고 우리의 능력 안에 있는 모든 것들을 하나님 아래로 가져가도록 부름받았다. 우리는 이 세상을 하나님이 거하실 수 있는 곳으로, 그분의 선하심과 영광이 빛날 수 있는 곳으로 만드는 일을 촉진하고 기여하도록 부름받았다. 이것이 피조물로서, 인간으로서 우리가 받은 소명이다. 그리고 이것은 태초부터 우리의 소명이었다.

성자로부터 우리는 새로운 위임을 받는다. 예수님은 우리를 그분의 제자로 지목하여 그분을 따르고 복종하게 하신다. 예수님은 우리를 그분으로부터 배우도록, 또 그분이 하신 것처럼 그리고 원래 만물이 타락하기 전에 우리가 해야 했던 것처럼(창 3장) 우리 삶을 훈련하도록 가르치신다. 그러고서 예수님은 우리를 세상으로 보내셔서, 다른 사람들에게 세례를 주고 이런 생활 방식을 가르치게 하신다. 예수님은 우리가 그분의 계명들을 가르치도록 그리고 더 많은 사람들을 예수님을 따르는 제자로 삼도록 위임하신다(마 28:16-20). 예수님은 우리가 세상에서 새로운 인간들이 되도록 인도하신다. 일상 활동들을 하나님 아버지의 계획, 예수님의 모범, 성령의 인도에 따라 행하는 삶으로 인도하신다. 그리고 다른 사람들의 삶을 해방하고 능력을 부어하고 풍성하게 하며, 창조물이 온전하게 잘 성장하게 돕도록 행동하는 삶으로 인도하신다. 예수님은 우리가 희생을 통해 자유의 삶을 살도록 도전하신다. 우리는 희생하는 삶을 통해 생명을 발견하게 되기 때문이다. 예수님 안에서 비로소 우리 자신을 발견하는 것과 마찬가지로, 우리는 다른 사람들을 위해 사는 삶에서 비로소 우리의 생명을 발견한다(마 16:25; 요 15:13; 골 3:3-4). 예수님은 우리가 우리 자신 이상의 어떤 것을 위해 지음 받았음을 보여 주신다.

예수님으로부터 배우고 예수님 안에서 살 때, 우리는 예수님이 하신 것처럼 새롭게 된 피조물에, 그리고 성령 안의 삶에 참여한다. 예수님은 성령 안에서, 성령 아래서, 성령과 함께 살아가셨다. 사도 바울이 로마서에서 포착하는 것과 마찬가지로, 우리가 예수님을 따를 때 예수님은 우리를 바로 이곳으로 인도하신다. 예수님은 우리가 몸(soma) 혹은 창조 질서의 어떤 다른 물리적 측면도 거부하도록 인도하지 않으신다. 그런 것들은 삼위 하나님이 선하게 창조하셨으며 예수님이 구속하신 것들이다. 오히려 예수님은 우리가 육적인(sarx) 방식으로 사는 것에 저항하도록 인도하신다. 예수님은 우리가 죄와 이기심으로부터 멀어지도록 인도하신다. 우리를 성령 안에서 사는 삶으로 인도하신다. 예수님은 생명의 능력과 원천이신 성령의 인도와 지시 아래 삶 전체를 두도록 권하신다. 성령과 함께 행하라(롬 8:2-4). 성령의 인도를 받으라(8:14). 성령의 일을 생각하라(8:5-8). 성령이 우리가 행동하고(8:13), 소망하고(8:23-25), 기도하고(8:26-27), 섬기고(8:6; 15:16), 사랑하는(15:30) 방식을 바꾸시게 하라. 하나님 안에 살고 그분 안에 거하라. 예수님 안에서 우리는 참으로 삶을 살아간다.

예수님이 보여 주셨듯이, 삶은 성령의 능력을 통해 모든 것을 하나님 아버지의 통치 아래로 가져오는 것이다. 그것은 모든 일을 하나님과 함께, 하나님을 위해, 하나님 안에서 하는 것이다. 때로 우리는 삶의 다른—우리가 '영적 삶'이라고 부르는—측면에 대해 말한다. 하지만 우리가 예수님께 의지하며 정말로 그 측면을 생각한다면, 우리 삶에서 다른 모든 것과 별개로 '영적'이라고 부를 만한 부분은 없다. 유일한 선택은 성령 안에서 살 것인가 육체 안에서 살 것인가 하는 것뿐이다. '영적 삶'은 없다. 성령 안의, 성령과 함께 하는, 성령으로 말미암은 삶이 있을 뿐이다. 하나님은 성령이신 그분과 우리 삶의 모든 부분이 조화를 이루어 살도록 하셨다(요 4:24). 예수님의 제자인 우리는 예수님으로부터 성령의 능력과 인도를 따라 사는 피조물, 인간이 되는 법을 배운다.[6] 우리는 어떻게 하나님이 의도하신 대로 지혜롭게, 순종하며, 책임 있게 사는지 배운다. 우리는 어떻게 일상적·인간적 활동들을 원래 우리가 창조된 방식대로 하는지 배운다.

영적 형성은 그저 우리 삶의 한 구성 요소가 아니다. 심지어 그것은 그저 우리 삶의 한 측면도 아니다. 이를테면 신학, 윤리학, 심리학, 또는 경제학과 분리할 수 있는 기독교 학문의 한 분야도 절대 아니다. 성령에 의해 영적 형성은, 성령 안에서 성령과 함께 성령으로 말미암아 사신 그리스도의 형상으로 우리 삶의 모든 측면을 온전히 형성한다(고후 3:18). 그것은 예수님이 하셨던 것처럼, 인간적인 모든 것—우리의 생각, 태도, 습관, 관행, 행동, 생활 방식—을 하나님의 권능과 영향 아래 두는 것이다.[7] 예수님이 하셨던 것처럼, 하나님 안에서 하나님과 함께 하나님을 위해 사는 것이다. 예수님이 하셨던 것처럼, 모든 면에서 하나님 나라를, 그리고 모든 생명을 위한 하나님의 목적들을 증거하는 방식으로 행동하고 존재하는 것이다. 그리고 아주 아주 중요

---

[6] 성령에 대한 책들 중 내가 읽은 가장 보람 있는 하나이자 이런 식의 사고를 분명히 설명하고 있는 책은 Jurgen Moltmann, *The Spirit of Life: A Universal Affirmation* (Minneapolis: Fortress, 1992)이다. 『생명의 영』(대한기독교서회).

[7] 가톨릭 신학자 Hans Urs von Balthasar(1905-1988)는 이 영적 형성을 우리가 그리스도를 경험하는 방식과 아름답게 엮어 놓았다. Hans Urs von Balthasar, *Prayer* (San Francisco: Ignatius Press, 1986), pp. 277-293.

한 점은, 영적 형성−성령 안에서의 삶−이 예수님이 하셨던 것처럼 삶의 아주 작은 것들을 바로잡아서 그것들을 하나님 나라의 규칙과 규정과 리듬에 맞추는 일이라는 것이다. 우리가 날마다 하는 행동들을 훈련하는 것이다.

예수님의 방식이 복잡하고도 통합된 삶의 방식이라는 것을 독자들이 분명히 깨닫기 바란다. 창세기에 나오는 우리의 소명, 신명기에서 우리가 받은 계명들, 마태복음에 나오는 우리의 위임령, 요한계시록에서 우리를 기다리고 있는 새 창조 사이에는 어떤 단절도 없다. 우리가 인간으로서 성부 하나님께 처음에 받은 소명은 하나님이 그분의 백성인 우리에게 주신 계명들과 결합되어 있다. 이 계명들은 예수님이 그분의 제자인 우리에게 주신 계명들 및 위임령들과 결합되어 있다. 이 계명들과 위임령들은 또한 우리의 죄를 깨닫게 하시고 우리를 그리스도의 형상으로 창조하시는 성령님과 결합되어 있다(롬 13:9). 하나님이 우리에게 살게 하신 삶에는 일관성과 일치가 있다. 성경의 이야기에는 틈이나 공백이 없다. 하나님의 계획 혹은 묘사에는 사소한 문제들도 없다. 창조와 구원과 종말은 하나의 움직임이다. 이 이야기에 오래된 것과 새 것은 있을지 모르지만, 단 하나의 생명과 하나의 계획만이 있다.

영적 훈련은 이런 틀 안에서 보아야 한다. 그런 훈련들은 누군가가 무심하게 오래전에 만들어 내고 그리스도인들이 아무 생각 없는 얼간이들처럼 오랜 세월 동안 아무런 의심도 없이 실천해 온 임의적이고 이상한 관행들이 아니다. 오히려, 그리스도인들이 삶을 변화시키기 위해 의도적으로 실천해 온, 매일 기본 활동들을 하는 독특하고 대안적인 방식들이다. 이는 중요한 통찰이다. 이 훈련들이 우리가 매일 하는 일상 활동에 추가로 행하는 어떤 일이 아니라는 것이다. 오히려, 우리가 이미 하고 있는 일들을 하는 대안적 방식들이다. 사실상, 이런 일들을 행하는 새롭게 된 방식들이라고 보는 편이 가장 좋다. 카시아누스 및 다른 사람들이 분명하게 밝힌 것처럼, 각 훈련은 서로 다른 기본 인간 활동에 주의를 기울이고 이 활동을 하는 기형적 방식을 바로잡는다. 예를 들어, 묵상은 생각을 새롭게 하고, 금식과 잔치는 먹음을 새롭게 하고, 고독은 교제를 새롭게 하고, 침묵은 말함을 새롭게 하고, 단순함은 소유를 새롭게 하고, 섬김은 일을 새롭게 하며, 안식일 준수는 쉼을 새롭게 한다.

이런 기본 인간 활동들을 바로잡음으로써, 영적 훈련들은 우리가 원래 설계된 방식으로 살아가도록 인도한다. 그 훈련은 동시적이며 조직적으로 예수님의 방식을 구현한다. 그것은 예수님이 사신 방식이다. 그것은 인간인 우리에게 주시는 하나님의 소명, 그분의 백성인 우리에게 주시는 하나님의 계명들, 그분의 제자들인 우리에게 주시는 그분의 위임령들, 그리고 새 창조 안에서 우리가 지금 그러나 미래에(now-but-future) 누릴 삶이다. 그 훈련을 통해 우리는 우리 삶을 거룩하게 하시고 주위의 모든 삶을 새롭게 하시는 성령께 마음을 연다. 이런 훈련은 삶의 방식이기 때문에, 각 훈련은 각각 다른 활동에 주의를 기울이기 때문에, 카시아누스 및 다른 사람들이 분명히 말한 것처럼 그 훈련들은 전부 한꺼번에 연습할 필요가 있다. 그저 우리가 좋아하거나 하기 쉬운 한두 가지 훈련만 골라서 할 수는 없다. 자신에게 솔직하다면, 그리고 우리가 날마다 하는 일상 행동을 면밀하게 살펴본다면, 아마 누구든 먹고 생각하고 나누고 주고 소유하고 쉬고 일하는 습관과 관행들에서 뭔가를 조정하고 바로잡을 수 있을 것이다. 우리는 삶의 모든 영역과 활동들을 약간 교정하고 새롭게 할 수 있을 것이다.

어떤 사람들에게는 영적 훈련이 매우 어렵다. 우리는 그런 훈련에 의해 불편을 느끼거나 그런 일을 행하는 것에서 극심한 불쾌함을 느낀다. 하지만 이것은 이전에 한 번도 해 본 일이 없는 것을 하고 있기 때문이 아니라, 언제나 해 왔던 일을 다른 식으로 하고 있기 때문이다. 우리는 먹고, 생각하고, 나누고, 주고, 소유하고, 쉬고, 일하는 것을 오랫동안 같은 방식으로 해 왔다. 우리는 이런 식으로 하는 데 익숙해졌다. 변화는 하루아침에 일어나지 않는다. 그리고 이런 훈련들이 우리의 이기적 경향들을 바꾸고 있기 때문에 저항은 한층 격렬해진다. 그런 경향들은 우리가 자신에게 솔직하다면 정말로 포기하고 싶지 않은 것들이다. 사회적 제도들과 문화적 관행들은 우리가 먹고, 생각하고, 나누고, 주고, 소유하고, 쉬고, 일하는 방식을 형성해 왔다. 우리는 이런 식으로 행하는 것이 옳고 정상적(즉 우리가 따라야 될 규범)이라고 당연하게 생각했으며, 그저 기계적으로 그렇게 해 왔다. 하지만 문제는 그것이 옳지 않다는 것이다. 그리고 하나님 나라에서, 이기심과 이웃에게 해를 끼치는 것은 절대 정상이 아니다. 이것이 바로 우리 **모두가** 영적 훈련을 해야 하는 이유다.

영국의 범죄 드라마 텔레비전 시리즈 〈루터〉(*Luther*)에서 주인공 존 루터(이드리스 엘바 분)는, 세상에서 예수님의 방식을 증거하면서 지혜롭고 순종적이고 책임 있게 사는 일에 신경을 쓰는 모든 그리스도인들에게 신랄한 실존적 질문을 던진다. "알지 못한 채 당신이 악마의 편에 서 있지 않은가 염려해 본 적이 한 번도 없습니까?" 이 말은 죄의 본질에 대해 중요한 무언가를 포착하는데, 이는 죄가 판에 박힌 일상 안에 자신을 숨기기를 좋아한다는 것이다. 죄는 배후에서 작용하면서 사람들 눈에 띄지 않는 것을 좋아한다. 죄는 그처럼 나서기를 꺼려한다. 악도 마찬가지다.

우리가 진정 죄와 악에 대해 생각할 때, 그것들은 판에 박힌 일상적 일들의 지극히 평범한 순간들 속으로 숨어 버린다. 우리가 습관과 일상이라는 거미줄이 처진 어둡고 잊힌 장소들 안에 있을 때, 그리고 기본이 되는 문화적 관행들과 생활 방식 안에 있을 때, 우리는 가장 이기적이고 자기중심적이게 된다. 우리가 예수님을 필요로 한다는 것 (그리고 이웃을 사랑할 필요가 있다는 것)을 잊어버리는 때는 일상적 행동을 하고 있을 때다. 우리는 도덕적 원리들과 정치적 정책들 안에서 성령을 분별하고 예수님을 따르려고 너무나 많은 시간을 들이는 나머지, 예수님이 우리의 일상생활의 가장 기본적인 습관들에 대해 신경을 쓰신다는 점을 잊어버린다. 우리는 생각하기, 먹기, 말하기, 혹은 소유하기 등을 포함한 모든 것들에 대해 한 가지 목적을 갖고 계신 창조주가 있다는 점을 잊어버린다. 생각, 충동, 말, 지갑 같은 모든 것들을 회복하고 치유하고 계신 구속자가 있다는 점을 잊어버린다. 만물을 새롭게 하고 계시며 하나님이 만물―심지어 우리가 매일 행하는 가장 작은 일들―안에 거하실 공간을 만들고 계시는 성화시키는 이가 있다는 점을 잊어버린다.

어제 당신은 무엇에 대해 가장 많이 생각했는가? 어디에 전력을 다 했는가? 당신의 마음을 차지하고 있던 것은 무엇인가? 당신은 어떻게 먹었는가? 무엇을 먹었는가? 누구와 함께 먹었는가? 얼마나 많이 말했는가? 누구에게 말했는가? 소셜 미디어에 무슨 내용을 올렸는가? 얼마나 많은 사람이 그것을 보았는가? 그들에게 당신이 어떤 인상을 주었다고 생각하는가? 직장에서 잠시 짬이 날 때 혹은 직장에서 휴가를 얻었을 때 무엇을 했는가? 어디에 갔는가? 도움을 필요로 하는 누군가를 보았는가? 도와주겠다고 말해 보았는가? 어제 무엇을 했는가? 어떻게 살았는가? 나의 말하는 습관과 실제로 하는 말은 당신보다 더 기형적일 수 있다. 당신의 휴식 습관과 관행은 나보다 더 기형적일 수 있다. 나의 먹는 습관은 나의 휴식 습관보다 더 기형적일 수 있다. 당신의 일하는 습관은 당신의 휴식 습관보다 바로잡을 필요가 더 클 수 있다. 그럼에도 불구하고, 우리 둘은 다 이 모든 활동들에서 고침과 치유가 필요하다. 우리는 그것들을 할 수 있을 만큼 희생적이고 사랑하는 태도로 행하지 않는다. 우리는 그런 일들을 보다 잘 할 수 있다.

나 자신의 삶 가운데 본 것처럼, 죄는 먹고, 생각하고, 나누고, 주고, 교제하고, 소유하고, 휴식하고, 일하는 사이사이의 빈틈에 침투하고 작업을 시작하고 오랫동안 곪아 터진다. 우리는 이런 가장 기본적인 활동들에서 가장 많이 변형되어 있고 파괴적이다. 바로 이런 것들, 곧 우리가 매일 하는 가장 기본적이고 평범한 활동들에서 우리는 가장 하나님 앞에 눈을 감아 버리고 가장 이기적으로 행동하지만, 또한 하나님은 우리의 눈을 열고 우리의 희생을 통해 치유를 가져오기 바라신다. 바로 이런 평범한 일상 활동들 안에서 우리의 선지자는 진리를 말하기 원하시고, 우리의 제사장은 죄 사함을 베풀기 원하시며, 우리의 왕은 다스리기 원하신다.

기독교의 제자도는 혼전 성관계, 음주, 추잡한 말, 마약, '불경한' 영화, 성적 지향, 특정 정당에 투표하기 같은 명목적인 도덕적·정치적 관심사를 엄격하게 고수하는 일보다 훨씬 더 많은 일들을 포함한다. 예수님은 이보다 훨씬 더 많은 것들에 관심 갖고 계신다. 예수님은 이보다 훨씬 더 많은 것들을 위해 죽으셨다. 예수님은 우리에게 이보다 훨씬 더 많은 것들을 보여 주셨다. 예수님은 이보다 훨씬 더 많은 것들로 우리를 초대하신다. 예수님의 제자가 된다는 것은 단지 추상 개념들이나 시나리오들에 대한 관점을 갖는 것뿐만 아니라, 또한 우리의 구체적 습관들과 상황들을 잘 이해하는 것을 의미한다. 예수님을 따른다는 것은 가장 기본적인 차원에서 매일 행동하는 방식을 바꾸는 것을 의미한다. 예수님으로부터 배운다는 것은 작은 일들에서 순종함, 모든 일에서 신실하게 됨, 그리고 가장 특별하게는 모든 것 안에서 모든 것을 통해 모든 것과 함께 하나님께 영광을 돌리고 다른 사람들을 사랑함을 의미한다. 예수님의 제자가 된다는 것은 예수님의 가르침과 그분의 생활 방식 전체를 통해 훈련받는 것이다.

사랑을 삶으로 나타내기

그리스도인의 삶의 궁극적 목표는 신성한 것들에 대한 손쉬운 황홀감, 또는 심지어 '의미 있는' 혹은 '성취된' 삶을 사는 것이 아니다. 그것은 또한 '선한 사람이 되는 것' 그리고 우리 행동을 바로잡아 하나님과의 친밀하고 인격적인 관계의 범위 안에서 선한 양심을 갖고 사는 것도 아니다. 그것은 예수님의 방식이 아니다. 예수님은 우리를 궁극적으로 그분 자신에게로, 즉 궁극적으로 사랑으로 인도하신다. 우리는 예수님이 사랑하셨던 것처럼 사랑하라는 부르심을 받는다. 그것이 우리의 위치다. 그것이 우리의 목표다. 하지만 우리 자신의 힘으로는 예수님이 사랑하셨던 것처럼 혹은 예수님이 모두를 사랑하시는 것처럼 사랑할 수 없다. 그래서 우리는 예수님의 사랑을 실천함으로써 그분의 사랑을 통해 사랑한다. 예수님의 사랑을 통해, 우리는 사랑할 힘과 에너지와 동기를 발견한다. 예수님의 사랑은 우리의 사랑을 전달한다. 그리고 예수님은 사랑이시기 때문에, 그리고 우리의 생명은 예수님 안에서 발견되기 때문에(골 3:1-3), 우리의 삶은 사랑이 될 것이며 사랑은 우리의 삶이 될 것이다.

　예수님의 방식은 사랑의 삶이다. 그리고 실제로 참으로 우리가 예수님의 제자임을 보여 주는 것은 우리의 사랑 및 우리가 사랑하는 방식이다. 우리가 다름은 사랑을 하기 때문이며 다르게 사랑하기 때문이다. 우리는 세상이 사랑하지 않을 때 사랑할 것이다. 다른 사람들이 사랑할 수 없을 때 사랑할 것이다. 우리의 온 존재를 다해 사랑할 것이다. 그리고 가장 사소한 방식들로 사랑할 것이다. 우리는 사랑을 삶으로 표현할 것이다. 그리고 우리의 사랑은 다른 사랑들을 넘어설 것이다. 그리스도인의 사랑은 다른 종류의 사랑과 다르다. 그것은 가장 세밀하고, 온유하고, 사소한 방식으로 사랑하기 때문이다. 그리스도인―예수 그리스도의 도를 따르는 사람―은 온 존재를 다해 사랑하는 사람이다. 그 사람의 삶의 방식 전체가 사랑이다. 그 사람은 자신의 선생으로부터 배웠기 때문이다. "네 이웃을 네 몸과 같이 사랑하라"는 말은, 네 이웃에게 고통을 주는 방식이 아니라 유익을 주는 방식으로 모든 것을 하라는 의미다.

이제 나는 너희에게 새 계명을 준다. 서로 사랑하여라. 내가 너희를 사랑한 것같이, 너희도 서로 사랑하여라. 너희가 서로 사랑하면, 모든 사람이 그것으로써 너희가 내 제자인 줄을 알게 될 것이다. (요 13:34-35)

사랑하는 여러분, 서로 사랑합시다. 사랑은 하나님에게서 난 것입니다. 사랑하는 사람은 다 하나님에게서 났고, 하나님을 압니다. 사랑하지 않는 사람은 하나님을 알지 못합니다. 하나님은 사랑이시기 때문입니다. 하나님의 사랑이 우리에게 이렇게 드러났으니, 곧 하나님이 자기 외아들을 세상에 보내 주셔서 우리로 하여금 그로 말미암아 살게 해 주신 것입니다. 사랑은 이 사실에 있으니, 곧 우리가 하나님을 사랑한 것이 아니라, 하나님이 우리를 사랑하셔서, 자기 아들을 보내어 우리의 죄를 위하여 화목제물이 되게 하신 것입니다. 사랑하는 여러분, 하나님께서 이렇게까지 우리를 사랑하셨으니, 우리도 서로 사랑해야 합니다. 지금까지 하나님을 본 사람은 없습니다. 그러나 우리가 서로 사랑하면, 하나님이 우리 가운데 계시고, 또 하나님의 사랑이 우리 가운데서 완성된 것입니다. 하나님이 우리에게 자기 영을 나누어 주셨습니다.

   이것으로 우리가 하나님 안에 있고, 또 하나님이 우리 안에 계시다는 것을 우리는 압니다. 우리는 아버지께서 아들을 세상의 구주로 보내신 것을 보았고, 또 그것을 증언합니다. 누구든지 예수를 하나님의 아들로 시인하면, 하나님이 그 사람 안에 계시고, 그 사람은 하나님 안에 있습니다. 우리는 하나님이 우리에게 베푸시는 사랑을 알았고, 또 믿었습니다.

하나님은 사랑이십니다. 사랑 안에 있는 사람은 하나님 안에 있고 하나님도 그 사람 안에 계십니다. 사랑이 우리에게서 완성되었다는 사실은 이 점에 있으니, 곧 우리로 하여금 심판 날에 담대함을 가지게 하려는 것입니다. 우리가 이렇게 담대해지는 것은, 그리스도께서 사신 대로 또한 우리도 이 세상에서 그렇게 살기 때문입니다. 사랑에는 두려움이 없습니다. 완전한 사랑은 두려움을 내쫓습니다. 두려움은 징벌과 관련이 있습니다. 두려워하는 사람은 아직 사랑을 완성하지 못한 사람입니다. 우리가 사랑하는 것은 하나님이 우리를 먼저 사랑하셨기 때문입니다. 누가 하나님을 사랑한다고 하면서, 자기 형제자매를 미워하면, 그는 거짓말쟁이입니다. 보이는 자기 형제자매를 사랑하지 않는 사람이 보이지 않는 하나님을 사랑할 수 없습니다. 하나님을 사랑하는 사람은 자기 형제자매도 사랑해야 합니다. 우리는 이 계명을 주님에게서 받았습니다.

(요일 4:7-21)

그것을 피할 방법은 없다. 사랑은 그리스도인의 삶의 진수다. 그것은 미지의 요인, 비밀 재료, 마법의 약이다. 우리는 예수 그리스도의 제자로서 부름받은 모든 일들 중에서, 궁극적으로 사랑으로 부름받는다. 우리가 예수님을 따를 때, 우리를 규정할 만한 모든 특징 중에서 사랑은 가장 두드러지는 특징이다. 예수님은 우리를 규정하는 모든 특성들 중 사랑이 가장 유력하고 영속적인 것이 되리라고 말씀하신다. 우리는 정치 정책들이나 도덕 원리들에 대해 다른 사람들을 (심지어 다른 그리스도인들까지) 분류하고 판정하고 평가할지 모르지만, 자연과 역사의 주님—미래를 보시며 아시는 분—은 세상이 완전히 다른 어떤 것을 통해 우리를 알아볼 것이라고 말씀하신다. 그것은 바로 우리의 사랑이다.

그리스도인으로서 우리는 예수님의 말과 행동으로부터 사랑에 대해 이해하게 된다. 우리는 사랑이 참으로 무엇을 의미하고 어떻게 나타나는지 알기 위해 예수님을 의지한다. 예수님의 말씀과 사랑의 방식에서 분명한 것이 하나 있다면, 그것은 예수님이 다른 사람들을 위해 희생하셨다는 것이다. 그리고 예수님은 자신의 희생을 통해 다른 사람들을 치유하시고 자유롭게 하시고 능력을 부여하셨다. 예수님의 사랑과 희생의 삶은 그분을 즉시 십자가로 이끌었다. 예수님의 사랑의 궁극적 표현은 다른 사람들을 위해 기꺼이 죽으신 것이었다. 예수님은 사랑의 가장 큰 표현이라고 자신이 말씀하신 그 일을 하셨다. 자신의 생명을 버리신 것이다(요일 3:16). 우리는 예수님의 제자로서, 예수님을 따르고 그분으로부터 배우도록 부름받은 자들로서, 그분과 비슷한 행동을 하도록 부름받고 명령받고 위임받는다. "네 마음을 다하고 네 목숨을 다하고 네 힘을 다하고 네 뜻을 다하여, 주 너의 하나님을 사랑하여라.…네 이웃을 네 몸같이 사랑하여라"(눅 10:27).

우리는 모두 이웃을 사랑하는 일 중에 그 이웃을 위해 희생하는 일이 포함된다는 것을 안다(마 5장). 이웃이 얼굴을 때리면 맞받아 그의 얼굴을 때리는 것이 아니라 다른 뺨을 돌려 댄다. 그 이웃이 우리로부터 무엇을 가져가면, 다른 것을 가져가도록 내준다. 그 이웃이 우리로 하여금 먼 길을 걸어가게 하면, 우리는 훨씬 더 멀리까지 걸어간다. 이웃이 구하면, 우리는 준다. 뭔가를 빌려 가기 원하면 그렇게 하도록 한다. 그 이웃이 우리의 원수이면, 우리는 그를 위해 기도해야 한다. 우리는 이웃을 위해 겉옷, 혹은 심지어 우리가 마시려 했던 물 한 잔 같은 것들을 포기하도록 부름받고 명령받고 위임받는다. 무려 이웃을 위해 죽는 데까지 이를 수도 있다. 하지만 우리가 예수님 안에서 보는 희생은 이보다 더 깊이 나아간다. 예수님은 다른 사람들을 위해 죽기만 하신 것이 아니다. 그분은 그들을 위해 사셨다. 예수님은 그들을 위해 그분의 삶을 내려놓으셨다. 그리고 단지 골고다에서 나무에 달리실 때만 그렇게 하신 것이 아니라, 매일 성읍을 다니시면서 그렇게 하셨다. 예수님의 희생은 깨어 있는 삶의 모든 측면을 다른 사람들을 위해 내려놓는 것이었다.[8] 이것은 예수님 평생의 프로젝트였다. 다른 사람들을 위해 살고 그들에게 맞서서 살지 않는 것 말이다. 예수님의 삶을 바라보고 예수님이 우리의 삶에 말씀하시는 것을 들어 보면, 예수님은 우리를 이기적이거나 자기중심적인 삶으로 초대하지 않으신다. 오히려 예수님은 끊임없이 다른 사람들을 위해 희생하도록, 그리고 그분이 우리의 일상생활을 거룩하고 새롭게 하실 수 있게 하라고 초청하신다. 예수님은 성령을 통해 우리가 이웃을 향한 사랑의 삶을 살라고 초청하신다.

    이것은 보기보다 훨씬 더 어렵다. 다른 사람을 위해 사는 것에 비하면 다른 사람을 위해 죽는 것은 상당히 쉽다. 그리고 사랑하는 사람을 위해 사는 것은 낯선 사람을 위해 사는 것보다 훨씬 더 쉽다. 하

---

8 Friedrich Nietzsche(1844-1900)의 모호한 발언은 도발적이다. "유일한 기독교적 실천, 십자가에서 **죽으신** 분이 사셨던 것과 같은 **삶**만이 기독교적이다"(나의 강조). Friedrich Nietzsche, *The Antichrist*, §39. 『반 그리스도』(청하).

지만 예수님은 두 가지를 다 하셨다. 그리고 우리에게도 똑같이 하라고 명하신다. 매일 우리는 하찮아 보이는 일들을 한다. 우리는 저녁 식사 자리에 앉는다. 버스를 타고 집에 오는 길에 우리의 하루를 반성해 본다. 파티에서 낯선 사람과 이야기를 나눈다. 엄마에게 전화를 한다. 마감이 지난 보고서를 완성한다. 그런 단순하고 평범한 활동들을 한다. 이 중 많은 것들은 예수님도 하신 일이다. 하지만 우리는 이런 활동들을 통해 우리가 어떻게 이웃을 억압하거나, 무시하거나, 업신여기고 있는지 깨닫지 못할 수 있다. 우리는 우리 자신과 이런 기본적이고 일상적인 활동들에 너무 집중한 나머지, 그 일들을 어떻게 하고 있는지 그리고 그 일들을 하는 방식이 주위 사람들에게 어떤 영향을 미치는지 전혀 생각하지 않는다.

면밀하게 행간을 살펴보면, 예수님은 이런 기본 인간 활동들을 조금 다르게 행하셨다. 예수님은 자기중심적이고 이기적인 방식으로 그런 일들을 하지 않으셨다. 예수님은 다른 사람들을 비방하기 위해서가 아니라 간음한 자를 바로 세우기 위해서 자신의 말씀을 사용하셨다(요 8:1-11). 예수님은 자신이 가진 자원들을 쌓아 놓으시지 않고 병든 자들과 함께 식사를 나누셨다(막 2:13-17). 예수님은 억압받는 자들과 교제하셨다(마 9:9-13). 예수님은 주린 자들에게 베푸셨다(마 14:13-21). 예수님은 구체적이고 명확하게 자기 이웃을 사랑하는 방식으로 먹고, 생각하고, 나누고, 주고, 소유하고, 교제하고, 휴식하고, 일하셨다. 우리가 금요일 저녁마다 무료 급식소에서 봉사하고, 주일 예배를 위해 교회 시설을 준비하고, 주중 성경 공부 때에 친구를 위해 기도하는 것은 칭찬할 만한 일이다. 하지만 우리는 주중의 나머지 날들에 어떻게 사는가? 삶의 다른 영역들에서 우리는 무엇을 하는가? 우리는 다른 활동들을 하면서 다른 사람들을 어떻게 사랑하는가? 우리 삶의 다른 측면은 어떤가? 마음과 몸의 다른 '부분들'은 어떤가? 우리의 삶 전체가, 우리의 몸 전체가 다른 사람들을 섬기는가? 우리는 묵상, 침묵, 단순함, 금식, 잔치, 안식, 고독으로 섬기는가?

우리는 머리와 생각, 배와 충동, 혀와 말, 그림자와 실재, 주머니와 소유, 손과 일, 엉덩이와 휴식으로 무엇을 하는가? 주중의 나머지 날들에 다른 사람들을 사랑하기 위해 그것들을 사용하는가? 이런 것들로도 다른 사람들을 위해 사는가? 우리가 하는 기본 인간 활동들을 통해 다른 사람들을 사랑하는가? 수도원에서 은둔 생활을 하고 있지 않을지라도 우리는 모두 모종의 공동체(들) 안에서 산다-우리는 모두 공유 공간 안에서 산다. 이런 공유 공간들의 환경과 상태에 면밀히 주의를 기울인다면, 우리가 생각하고 먹고 말하고 교제하고 소유하고 일하고 휴식하는 것에 이웃들의 생계가 어느 정도 달려 있다는 점을 알게 될 것이다. 우리가 이런 일들을 어떻게 행하는가 하는 것은 매일 다른 사람들과 함께 하는 일상생활과 관련이 있다. 하지만 더욱 중요한 점은, 우리가 이런 일들 안에서, 이런 일들을 가지고, 이런 일들을 통해 이웃을 사랑할 수 있다는 것이다.

우리는 매일 하는 일상 행동들을 통해 우리 자신을 높일 수도 있고, 아니면 그 일들을 통해 이웃을 사랑할 수도 있다. 우리는 그 일들을 이기적으로 할 수도 있고 희생적으로 할 수도 있다. 이런 활동들로 다른 사람들을 도울 수도 있고, 무지하거나 소홀하거나 억압적인 방식으로 이런 일들을 함으로써 이웃에게 해를 끼칠 수도 있다. 이웃과

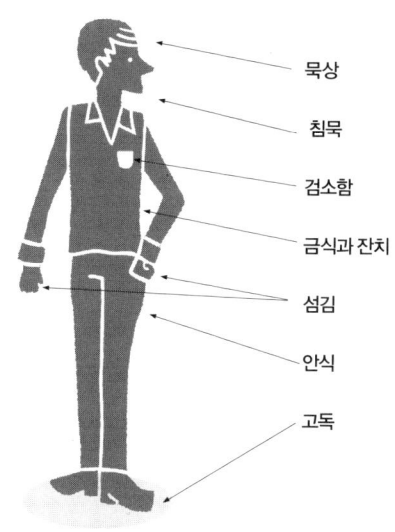

공유하는 세계에 긍정적 영향을 미칠 수도 있고 부정적 영향을 미칠 수도 있다. 이런 일들을 우리에게 유익이 되는 방식으로 할 수도 있고 의도적으로, 전략적으로, 창의적으로 이웃에게 유익한 방식으로 그 일들을 할 수도 있다. 엉뚱한 꿈처럼 들릴 수도 있지만, 습관과 관행을 간단하게 변화시켜서 우리가 이웃을 사랑하고 세상에 생명을 가져올 수 있다고 나는 믿는다. 일상 활동들을 조정하고 바로잡음으로써 우리는 이웃의 삶 및 우리가 함께 공유하는 세계의 사회적·정치적·경제적·생태학적 전망을 구체적이고 상당하게 바꿀 수 있다. 일상 행동을 훈련하는 것 같은 간단한 일들을 함으로써 우리는—부모, 배우자, 연인, 친구, 동료, 또는 낯선 사람일 수도 있는—이웃과의 관계에 치유와 화해를 가져올 수 있다. 우리는 삶의 사소한 순간들과 움직임들에서 우리 이웃을 사랑할 수 있다. 이것이 예수님이 하신 일이며, 이것이 예수님이 우리에게 명하시는 일이다. 이것이 우리가 정말로, 진실되게 예수님을 따르는 방식이다.

이런 식으로 볼 때, 즉 측면에서 볼 때, 영적 훈련을 목사나 기독교 교육가나 영적 책임자 같은 영적 엘리트들을 위한 특별한 실천으로 여겨서는 안 된다. 오히려 그 훈련들은 모든 신자들을 위한, 그리고 세상에서 우리가 공유하는 삶을 위한 귀중하고 지극히 중요한 실천이다. 그 훈련은 우리를, 곧 하나님의 형상을 지닌 자이자 예수 그리스도의 제자이며 우리가 하는 일상적 일들을 통해 이웃을 사랑하기 원하시는 성령의 대행자인 우리를 거룩하게 하고 치유하는 실천이다. 그리스도인이여, 이웃을 사랑하기 위해서는 권세 있는 지위나 두툼한 지갑이 필요하지 않다. 예수님에겐 그 두 가지가 다 없었다. 이웃을 사랑하기 위해 콜카타에 가서 가난한 사람들을 섬길 필요는 없다. 이웃을 사랑하기 위해 신생 기업, 책 계약서, 화려한 언변, 황금 시간대에 방송되는 인터뷰, 연례 선교 여행 등이 필요한 것은 아니다. 투박하지만 진실되게 말하자면, 당신의 집의 안락함으로부터 이웃을 사랑할 수 있다. 사실상, 이왕 이웃을 사랑하기 원한다면, 집에서(그리고 다른 곳에서) 매일 하는 일들의 방식을 바꿔야 한다. 이웃을 사랑하고 구세주를 따르고자 한다면, 우리의 일반적 생활 방식의 음침하며 잊힌 곳들을 바꿔야 한다. 먹고, 생각하고, 나누고, 주고, 소유하고, 교제하고, 휴식하고, 일하는 방식들을 바꿔야 한다.

뒤에 나오는 장들에서 이런 훈련들의 수평적 차원에 대해 다룰 때, 다음 표가 도움이 될 것이다. 영적 훈련에 대한 전형적 견해와, 내가 회복하고 발전시키고자 하는 수평적 견해를 나란히 비교하는 표다.

이 표는 우리의 시야를 확장하고 이 훈련들의 더 큰 프로그램을 보도록 돕기 위한 것이다.

현대 그리스도인의 견해	수평적 견해
영적 훈련은 개인의 유익을 위한 것이다.	영적 훈련은 이웃의 안녕을 위한 것이다.
영적 훈련은 영적 문제들(예를 들어, 의심, 절망)에 대한 정서적 혹은 지적 치료책이다.	영적 훈련은 기본적인 인간의 활동(예를 들어, 먹기, 휴식하기, 일하기)에 대한 행동적 치료책이다.
영적 훈련은 신자들의 믿음을 고취하거나 바로 세운다.	영적 훈련은 신자들의 정신적·육체적 습관들을 개혁한다.
영적 훈련은 개인이 선택할 수 있는 개별적 연습들의 모음이다.	영적 훈련은 한꺼번에 채택해야 하는 생활 방식이다.
영적 훈련은 기존의 스케줄이나 생활 방식에 통합시켜야 하는 연습들이다.	영적 훈련은 기존의 연습, 스케줄, 생활 방식으로부터 개발된다.
영적 훈련은 일시적으로 혹은 절기 때에만 연습하면 된다.	영적 훈련은 앞으로 평생 규칙적으로 날마다 연습해야 한다.
영적 훈련은 일상 활동과 별개이며 구분될 수 있는 특별한 연습들이다.	영적 훈련은 일상 활동을 행하는 대안적 방식이며, 우리는 그 방식으로 일상 활동들을 실행함으로써 성부를 영화롭게 하고 성자로부터 배우며 성령을 따른다.
영적 훈련은 개별 신자들이 행하는 것이다.	영적 훈련은 개별 신자들, 제도적 교회, 세상에 있는 다른 공동체들이 문화와 사회를 새롭게 하기 위해 행하는 것이다.

옆으로 한 걸음: 사랑의 방식으로서 영적 훈련

각 장의 끝에는 "옆으로 한 걸음"이라는 부분을 보게 될 것이다. "옆으로 한 걸음"은 내가 말하는 영적 훈련에 대한 수평적 논의와 그 훈련들을 옆에서 보는 것의 중요성을 이용한 언어유희다. 이 마무리 부분에서 나는 두 가지를 제시한다. (1) 특정 실천에 대한 장을 읽는 주간 동안 그 훈련에 대해 할 수 있는 기도, 그리고 (2) 그 장에서 다루는 영적 훈련을 실천하기 위한 간단한 제안들이다. 궁극적으로 이 "옆으로 한 걸음"은 운전대를 돌려 **당신이** 매일 하는 일들을 통해 이웃을 어떻게 가장 잘 사랑할 수 있는지 결정할 수 있도록 하려는 것이다. 이 제안들을 지침이 아니라 인도자로—규칙이나 규정이 아니라 권고로—여기라.

기도

하나님 아버지, 하나님은 의식과 목적과 통찰을 가지고 우리를 창조하셨습니다. 성령의 재촉하심을 통해, 우리가 분주한 스케줄 안에서 삶에 주의를 기울일 순간들을 주십시오. 아들이신 예수님의 가르침을 통해, 우리가 어디에서 잘못해 왔고 이기적으로 살아 왔는지 살펴보고 평가하는 힘과 정직함을 주십시오. 건전하지 못하고 해로운 습관들을 바꿀 능력을 주셔서, 우리가 진실함과 자비와 섬김으로 살아가도록 해 주십시오. 하나님 나라의 영광을 위해, 그리고 우리 이웃의 안녕을 위해. 예수님의 이름으로 기도합니다. 아멘.

기초적 질문들

매일 행하는 실천들 중 일부를 훈련하기 시작할 때, 이 부분을 자주 다시 참조하고 이 기초적 질문들을 스스로 던져 보라

- 나는 먹음, 생각, 나눔, 줌, 소유, 교제, 휴식, 일을 가지고 정확히 어떻게 이웃에게 유익을 주는가? 내가 이런 것들을 다른 사람들보다 더 잘 하는 방식이 있는가?
- 나는 이런 활동들을 할 때 어떤 경향, 습관, 선호, 혹은 충동들을 가지고 있는가? 그중에 '나쁜' 것이 있는가? 왜 내가 이런 것들을 가지고 있다고 생각하는가? 그런 것들을 촉진하는, 혹은 계속 그렇게 하지 않을 수 없게 만드는 어떤 것이 있는가?
- 이 훈련은 중대한 노력을 요구하는가? 왜 그런가? 너무 많은 것을 하려 애쓰고 있는가? 포기하기가 내키지 않는 것이 있는가?
- 내가 날마다 지키는 스케줄에서 먹고, 생각하고, 나누고, 주고, 소유하고, 교제하고, 휴식하고, 일하는 방식을 바꾸지 못하게 막는 것은 무엇인가? 무엇이 그것을 어렵게 하는가? 무엇이 그것을 더 쉽게 만들겠는가?
- 나의 삶에는 바로잡을 필요가 있는 다른 '2급' 활동들이 있는가? 옷 입는 것? 노는 것? 통근하는 것? 손님을 접대하는 것? 내가 이런 활동들을 덜 자기중심적이고 더 이웃 중심적으로 바꾸면 어떤 모습이 될까?

2장

《 "네게 있는 것 중에 팔지 아니한 것이 무엇이냐?" 》

단순함과 새롭게 된 소유

옛날 옛적에, 은행업계에서 일하는 아버지를 둔 한 그리스 철학자가 있었다.[1] 그는 월가의 늑대는 아니었지만, 분명 돈은 좀 갖고 있었다. 나이를 먹어 이 그리스 철학자는 자기 아버지처럼 은행업에 몸담았다. 어느 정도 시간이 흐른 후, 유감스럽게도 약간의 부정행위가 있었고, 그 철학자는 모든 것을 잃었다. 그는 자신의 범죄 때문에 기소되었으며, 그가 받은 벌은 고향에서 추방당하는 것이었다. 더 나빠질 수 없는 지경이었다 – 실제로 더 나빠졌지만 말이다. 이야기는 흘러 결국 이 철학자는 해적들에게 잡히고 노예로 팔렸다.

시노페의 디오게네스(Diogenes of Sinope, 주전 약 400-약 325), 일명

---

[1] 디오게네스의 삶에 대한 익살스럽고도 재미있는 이야기가 James Miller의 탁월한 책 *Examined Lives: From Socrates to Nietzsche* (New York: Farrar, Straus & Giroux, 2012)에 나온다.

견유학파 디오게네스(Diogenes the Cynic), 일명 개 디오게네스(Diogenes the Dog, 내 생각에 웨스트코스트 래퍼 스눕 독, 일명 스눕 도기독과는 아무 관계가 없다)는 급진적으로 살았으며, 누군가는 미치광이처럼 살았다고 말할 것이다. 다른 사람들이 사회에서 살아가는 삶에 반드시 필요하다고 생각하는 것들을 디오게네스는 그리 필요하다고 생각하지 않았다. 디오게네스는 생존과 필요의 경계와 한계를 시험했다. 집이라고 부를 만한 곳이나 머리 둘 곳이 없던 그는 아무 데서나 먹고 잤다. 그는 방랑자이자 거지인 것으로 유명했다. 아마도 자신에게 일어난 일 때문에, 디오게네스는 돈을 멸시했으며 물질적 소유로부터 완전한 독립과 자유를 추구했다. 전설에 따르면 디오게네스의 유일한 소유는 그가 낮에 굴리고 다니다가 밤에 기어들어가 자던 커다란 원형 통뿐이었다고 한다. 그것이 그의 침실이었다.

디오게네스는 (다른 무엇보다도) 이처럼 금욕적이고 터무니없이 단순한 삶을 산 것으로 유명했기 때문에, 또 다른 유명한 그리스 철학자 플라톤(Plato, 주전 약 429-약 347)은 디오게네스를 "미친 소크라테스"라고 불렀다고 한다. 아테네 사람들은 디오게네스의 생활 방식이 통제 불능이라고 생각했다. 그것은 급진적이고 무모하며 심지어 우스꽝스러웠다. 디오게네스는 자신이 사는 방식대로 살고자 하는 일에 문자 그대로 미쳐 있었다. 하지만 단지 재미 삼아 또는 이름을 날리려고 그런 식으로 산 것은 아니었다. 그는 고대 그리스인들이 기형적 소유—자원을 얻고, 소유하고, 소비하는—관행을 갖고 있다고 확고하게 믿었다. 그리스인들은 실제로 사람들을 악하고 불행하게 만드는 인위적이고 피상적인 것에 탐닉하고 있었다. 그래서 디오게네스는 다르게 삶으로써 뭔가를 말하고 있었다. 그는 사람들이 잘못 살고 있다는 것을 보여주기 위해 지순하게 살았다.

고대 그리스가 현대의 북미 민주주의 사회와 무슨 관계가 있느냐고 당신은 물을지도 모른다. 내 생각에는 많은 관계가 있다. 우리는 디오게네스가 어떤 것도 소유하지 않았기 때문에 디오게네스야말로 기형적 관행을 지니고 있었다고 말할지 모르지만, 너무 빨리 판단해서는 안 된다. 디오게네스가 비판했던 고대 그리스인들과 마찬가지로, 아마 우리도 획득하고 소유하고 소비하는 일에서 기형적 관행을 지니고 있을 것이다. 필요한 것보다 더 많이 사는 경우가 우리에게 얼마나 많은가? 신용카드를 최대한도까지 긁는 사람이 얼마나 많은가? 빚을 지고 있는 사람이 얼마나 많은가? 우리를 기쁘게 해 줄 것이라고 생각하면서 어떤 물건을 사고 난 후에 그 물건을 절대 사용하지 않는 경우가 있지 않은가? 우리의 냉장고에는 다 먹어 치울 수 없어서 썩어 가는 것들이 얼마나 많은가? 우리는 매주 얼마나 많이 낭비하는가? 사용하지 않는 것들을 얼마나 많이 갖고 있는가?

우리는 모두 뭔가를 소유하고 있다. 소유는 인간됨에, 그리고 어떤 경제적 형태를 지닌 사회에서 살아가는 데 기본이다. 우리는 늘 뭔가를 획득하고 소유하고 소비한다. 이런 것들이 우리가 매일 하는 일상 활동이다. 그리고 인간적인 모든 일들과 마찬가지로, 소유하는 것은 공동체 안에서 그리고 공동체의 도움을 받아 일어난다. 우리가 획득하고, 소유하고, 소비하는 대상은 십중팔구 다른 누군가의 손에서 나온 것이다. 우리는 우리가 사용하는 랩톱컴퓨터, 시리얼, 은 식기, 셔츠, 자동차 등을 만들지 않는다—다른 누군가가 만든다. 우리가 매일 창조하거나 만들거나 하는 것은 다른 누군가의 손에 들어갈 것이다. 혹은 우리가 그것을 소유함으로써 다른 사람들이 유익을 얻을 것이다. 한 룸메이트가 소유하고 있는 텔레비전은, 그가 그것을 공유한다면 그 집에 사는 모든 사람들에게 유익을 줄 수 있다. 우리가 어떻게 소유하고 무엇을 소유하는가 하는 것은 다른 사람들의 자원 및 창의력에 의해 형성된다. 그리고 역으로, 우리가 어떻게 소유하고 무엇을 소유하는가 하는 것은 주위 사람들에게 정보를 주고 영향을 미친다.

우리가 소유하는 방식을 솔직하고 면밀하게 살펴본다면-어떻게 물건들을 획득하고, 소유하고, 소비하는지 가까이서 조목조목 들여다보면-우리 중 다수가 자신의 소유 습관과 관행에 이기적이고 기형적인 경향이 있음을 인정할 것이다. 우리는 남의 것을 탐내고, 우리의 자원들을 우리의 유익과 즐거움만을 위해 소유하는 경향이 있다. 종종 우리는 소유에 강한 집착을 품는 경향이 있다. 이렇게 할 때 우리는 어느 정도 이웃들에게 상처를 주고 그들의 생계에 부정적 영향을 미친다. 우리의 소유는 사소한 것처럼 보일지 모르지만, 우리와 공유 공간에서 사는 사람들에게 영향을 미친다. 이웃의 태도, 기대, 환경들을 볼 때 그러함을 알 수 있다.

기형적 소유: 낭비하며 살기

옛날 옛적에 또 다른 그리스 철학자가 있었다. 이 철학자는 디오게네스보다 조금 앞서 살았다. 그는 매우 유명했다-디오게네스보다 더 유명했다. 그리고 바로 디오게네스가 그의 열렬한 팬이었다. 이 철학자의 이름은 소크라테스(Socrates, 주전 469-399)다. 소크라테스는 너무나 유명해서(혹은 악명이 높아서) 시인들은 그를 조롱하는 시를 썼고, 철학자들은 그를 '주연으로 출연시킨' 대화록을 썼으며, 초대 그리스도인들은 그가 자기들 같은 그리스도인이라고 주장했다. 실제로 이 초대 그리스도인들 중 일부는 그를 "그리스도 이전의 그리스도인"이라고 말하기까지 했다.² 그 말은 뭔가 시사하는 바가 있다! 소크라테스는 많은 세대의 사람들에게 영감을 주었다. 특히 아테네의 판테온 앞에서 열린 재판에서 그가 한 말이 그랬다. 그것은 "검토되지 않은 삶은 살 만한 가치가 없다"라는 말이다.³ 소크라테스는 자신의 삶을 검토하기를 좋아했다. 소크라테스의 바로 그런 점을 디오게네스는 퍽 좋아한 것이다. 소크라테스는 정직하고 통합된 삶을 살았다. 그는 자신이 올바르게 그리고 그에게 행복을 가져다줄 만한 방식으로 살고 있는지 결정하기 위해 계속해서 자신의 삶을 검토했다.

한 번은 소크라테스가 글라우콘(Glaucon)이라는 사람과 대화를 나누고 있었다. 그들은 정의로운 도시를 만드는 데 무엇이 필요한지 토론하고 있었다. 그들은 다음과 같은 식으로 생각하고 있었다. "처음부터 다시 시작해서 밑바닥부터 도시를 건설할 수 있다면 어떨까? 어떻게 하면 이 도시를 정의롭게 만들 수 있을까? 어떻게 하면 이 도시

---

2   예를 들어, Justin Martyr(100-165), *The First Apology*, chap. 46: "그리스도 전에 세상 안에 있던 말씀." 고대 그리스도인 저자 시리즈 중에 있는 Leslie William Barnard의 번역서에서 좋은 번역과 유용한 서론을 찾아볼 수 있다: St. Justin Martyr, *The First and Second Apologies* (Mahwah, NJ: Paulist Press, 1997).
3   Plato, *Apology*, 38a.

가 선한 도시가 될까? 사람들이 의롭게—마땅히 그렇게 해야 하는 대로—살도록 하기 위해, 그리고 그들이 행복을 발견하도록 돕기 위해 우리는 무엇을 해야 할까? 어떠한 교육을 실시할 필요가 있을까? 전반적으로, 어떤 것들이 없어도 될까?" 시민들이 선한 성품을 배우고 소중히 여기는 데 필요한 교육에 대해 논의하기 한참 전에, 그들은 이 도시에서 모든 사람에게 필요한 것이 무엇인지에 대해 논의하기 시작했다. 특정 물질들과 자원들은 그런 도시를 만드는 데 필수적일 것이다. 소크라테스는 먼저 모든 사람이 살아남기 위해 정말로 필요한 것은 의식주가 전부라는 말로 시작했다.

글라우콘은 이런 생각을 비웃었으며, 소크라테스에게 자신들은 "돼지들을 위한 도시"가 아니라 인간을 위한 도시를 건설하고 있다고 말했다.⁴ 글라우콘은 의식주만 갖는 것은 인간에게 너무 금욕적이며 간소하다고 주장했다. 사람들을 돼지우리에 집어넣고 진흙 속에 던지는 편이 나을 것이다. 글라우콘은 인간은 의식주보다 더 품위 있고 편안한 것들을 필요로 한다고 믿었다. 의식주는 오히려 기본으로 전제된 것들이다. 그것들은 필수 중의 필수이지만 인간에게는 훨씬 더 많은 것이 필요하다. 그러나서 글라우콘은 소크라테스에게 필수적 문화 설비들을 열거하기 시작했다. 그중 몇 가지는 오늘날의 소파, 식탁, 산해진미, 화장품, 고급 창부, 배우, 시인, 금은 등에 준하는 것이었다. 글라우콘의 주장은 인간들에게 이런 것들이 **필요하다**는 것이었다. 그것들을 제거할 수는 없으며 제거해서도 안 된다.

이 논의의 핵심에는 사치(luxury, *luxus*)와 낭비(lavishness, *laute*)의 본질에 대한 더 깊고, 미묘한 뉘앙스를 지닌 대화가 있다. 안락하게 사는 것과 무절제하게 사는 것 사이에 차이가 있는가? 아니면 그 둘은 똑같은 것인가? 무절제하지 않으면서 안락한 생활이 가능한가? 혹은 그렇게 하려면 우리에게 필요한 것 이상을 소유해야 하는가? 무소유에서 사치를 발견할 수 있는가? 단순한 삶에서 사치를 발견할 수 있는가? 아니면 이와 관련해서, 우아하게 살려면 사치스럽게 살아야 하는가? 유행에 맞고, 세련되고, 품위─글라우콘에 따르면, 돼지가 아니라 사람에게 어울리는 특징들─를 갖추기 위해 정말 값비싼 것들을 많이 소유해야 하는가? 아니면 단순함에서, 그리고 심지어 금욕에서도 우아함을 발견할 수 있는가?

낭비란 사치스럽거나 화려한 삶이다. 감당할 수 있는 수준 이상을 사는 것이다. 물질 자원과 재화를 지나치게 취하고 소유할 때 우리는 낭비하는 삶을 산다. 그것은 너무 많은 것을 취하고 너무 많은 것을 소유하는 때다. 우리는 필요한 것보다 많이 취한다. 생존하기 위해, 그리고 심지어 안락하게 살기 위해 필요한 것 이상을 취한다. 낭비하는 삶을 살 때, 우리는 우리에게 적절한 만큼보다 그리고 우리의 필요를 채우는 것보다 훨씬 더 많이 취한다. 우리가 감당할 수 없는 만큼 취하기 때문에, 낭비는 종종 사재기라는 결과를 낳는다. 그것은 낭비하는 사람이 살아가는 습관을 면밀히 살펴보면 알 수 있다. 낭비하는 사람은 자신이 필요한 것 이상으로 너무 많은 물품과 자원을 획득하고 저장해 두어서, 그것을 모두 사용할 수도 없으며 사용하지도 않는다. 사용하기에는 그저 너무나 많아서, 많은 것들을 남긴다.[5] 그 사람은 보통 그

---

4 Plato, *Republic*, 369a-373e.
5 저장강박은 이를테면 야구 카드를 수집하는 취미와 매우 다르다. 어린아이가 매주

것을 나눠 주지 않으므로, 낭비하는 사람은 대개 뭔가를 계속 획득하는 한편 이렇게 남아도는 자원들은 쓰레기통으로 들어가 버린다.

우리가 계속 지나치게 많이 소비하는 것은 어쩌면 우리가 가진 풍성한 물건들을 바라보는 일에서 만족을 얻기 때문일 것이다. "와, 내가 가진 이 모든 대단한 물건들을 봐!" 경쟁심에서 그렇게 하는지도 모른다. "하나님은 스스로 돕는 자를 도우신다!"라면서 말이다. 의지할 만한 것을 수없이 많이 가진 데서 오는 안정감이 필요한 것인지도 모른다. 또는 더욱 치명적으로, 우리는 다른 사람들이 자신을 시샘하거나 부러워하거나 탐내기를 바라기 때문에 그렇게 하는지도 모른다. 하지만 낭비하는 삶이 꼭 대단한 사건일 필요는 없다. 많은 사람의 경우, 무절제한 삶은 극단적으로 표현되지 않는다. 4천 달러를 풍선에 매달아 공중에 날려 보내는 식으로 표현되지 않는다. 집 여섯 채(그중 두 채는 결코 사용하지 않는다)와 롤스로이스 자동차 넉 대를 소유할 정도까지 이를 필요는 없다. 과도함은 작은 사이즈로도 나온다. 직장에서 하루 종일 걸어 다니기 때문에 편안한 운동화가 한 켤레 필요할 수 있다. 그런데 그저 믿을 만한 상표의 운동화를 한 켤레 사는 대신, 에어 조던 운동화를 세 켤레 사 들고 쇼핑몰을 나선다. 낭비는 우리 자신의 위치와 생활 수단에 따라 사람마다 고유하게 나타난다.

낭비는 소유의 한 유형이 아니라—즉, 소유의 참된 표현이 아니라—소유의 기형적 방식이다. 그것은 예수님이 소유하시던 방식이 아

가게에 가서 다른 야구 카드를 고르는 것은 저장하는 것이 아니다. 그 아이는 취미 활동을 하는 것이다. 야구 카드는 소비하거나 사용하기 위한 것이 아니다. 그것은 수집하기 위한 것이다. 다른 한편 집, 차, 랩톱 컴퓨터, 시계, 운동화, 음식 등은 수집하기 위한 것이 아니다.

니며, 예수님이 우리에게 부르시고 명령하시고 위임하신 소유의 방식도 아닌 듯하다―그것은 이기적 소유 방식이기 때문이다. 우리는 지갑과 우리가 쌓아 놓은 것들로 이웃을 사랑할 수 있으며 사랑해야 한다. 이웃이 궁핍한 가운데 있는데 물질 재화와 자원을 쌓아 놓고 낭비하는 것은 우리의 지갑으로 이웃을 사랑하는 것이 아니다. 낭비하면서, 그리고 쌓아 두면서 사는 것은 이웃을 무시하고 그 이웃이 처한 상황을 모르는 체하는 것이다. 이웃은 고난을 받고 있고 우리는 호화로이 살고 있는데 어떻게 우리가 이웃을 사랑하고 있다는 것인가? 이웃은 빵 부스러기를 집어 먹고 있고 우리는 값비싼 방식으로 살고 있는데 어떻게 우리가 이웃을 사랑하고 있다는 것인가?

기형적 소유: 부를 탕진하기

소유에는 대단히 기본적인 세 가지 측면이 있다. 획득하거나 구매하는 것, 차지하거나 갖는 것, 소비하거나 사용하는 것이다. 이미 말했듯이, 낭비는 물건을 획득하고 차지하는 기형적 방식이다. 그것은 소유의 첫 두 행동을 잘못된 방식으로 하는 것이다. 탕진은 또 다른 기형적 소유 방식이며, 소유의 세 번째 측면―물건을 소비하고 사용하는 것―을 행하는 이기적 방식이다.

성경은 우리가 가진 모든 것이 하나님이 주신 선물이라고 말한다(대상 29:11-16; 시 24:1; 전 5:18-6:2; 딤전 6:17). 그 무엇도 엄밀히 말해 우리 것이 아니다―그것은 모두 하나님께로, 그리고 우리가 어떤 것을 가질 수 있도록 하나님이 행하신 어떤 일로 거슬러 올라간다. 우리가 구입한 땅 위에 있는 우리 집, 하나님 것이다(레 25:23). 우리의 서랍 속에 있는 보석, 하나님 것이다(학 2:8). 우리 집의 래브라도 개 '찰리', 하나님 것이다(시 50:10-11). 이 모든 것들은 엄밀히 말해 하나님의 것이다. 좋고 완전한 선물들은 모두—생명 자체도 포함해서(고전 6:19-20)—하나님으로부터 온다(약 1:17). 우리의 모든 소유물은 하나님의 선물로, 건설적이고 유용한 목적을 위해 사용될 수 있으며, 사용되어야 한다. 그것들은 가능한 최선의 목적을 위해 보존 또는 유지되고 사용되어야 한다.

탕진하는 것은, 이 소유물들을 마치 하나님의 선물이 아닌 것처럼 무모하고 어리석게 소비하거나 사용하는 것이다. 탕진하는 사람은 자신의 미래 상태, 현재 환경, 혹은 주위 사람들의 안녕이나 환경은 전혀 고려하지 않고 소유물을 사용한다. 자신이 받은 선물들을 내버리거나 헛되이 낭비한다. 아니면 최소한 그 선물들이 지닌 최대 잠재력을 발휘하게끔 사용하지 않는다. 즉 현재 당면한 문제를 바로잡기 위해 혹은 어려운 형편에 처한 다른 사람들을 돕기 위해 그것들을 사용하는 대신, 그 사람은 어설프고 이기적인 결정을 내려 자신이 갖고 있는 자원을 변변치 못한 목적에—그저 자신의 향락을 위해서처럼—사용한다. 일반적으로 우리는 돈이 탕진된 일들에 대해 이야기한다. 하지만 우리의 소유물 중 훨씬 더 많은 것들이 분별없이 어리석게 사용될 수 있다. 예를 들어, 우리는 음식, 시간과 에너지와 심지어 생각까지도 탕진할 수 있다.

탕진하는 사람들과의 경험을 면밀히 살펴보면, 탕진과 낭비는 종종 관련되어 있음을 볼 수 있다. 낭비하며 사는 사람들—즉 과도하게 소유하는 사람—은 너무 많은 것을 소유하고 있어서, 자신의 소유물 중 일부 혹은 전부를 분별없이 어리석게 사용할 수 있고 그렇게 사용한다. 그 사람은 매우 많은 자원을 가지고 있어서 그중 일부 혹은 전부를 마치 아무것도 아닌 것처럼 허공에 날려 버릴 여유가 있다. 자신의 자원을 사용하는 것에 대해 신경 쓰지 않는다. 신경 쓸 필요가 없기 때문이다—그 사람은 자원이 매우 많다! 탕진하는 것은 무엇이든 바로 대체할 수 있다. 탕진하는 것은 그 사람에게 정말로 큰 문제가 아니다. 너무 많은 것을 갖고 있어서 경솔한 구매나 잘못된 결정 몇 번 정도로는 별 타격을 받지 않는다.

  탕진하는 것은 소유의 한 형태가 아니라, 기형적 소유 방식이다. 그것은 예수님이 자신의 자원을 사용하신 방식이 아니며, 예수님이 우리에게 자원을 사용하라고 부르시고 명령하시고 위임하시는 방식이 아니다. 낭비하는 삶을 사는 것과 마찬가지로, 탕진하는 것은 이기적인 소유 방식이다. 우리는 우리의 주머니와 지갑으로 이웃을 사랑해야 한다. 하지만 우리가 가진 자원을 탕진할 때 우리는 그렇게 사랑하지 않는 것이다. 다른 사람들을 돕도록 하나님이 우리에게 주신 것을 어리석고 분별없이 사용하는 것은 우리의 주머니로 이웃을 사랑하는 것이 아니다. 우리의 소유물을 주로, 그리고 오로지 자신의 향락이나 개인적 만족의 수단으로 삼는 것은 우리의 지갑으로 이웃을 사랑하는 것이 아니다. 탕진하게 되면 우리의 소유물과 자원을 가지고 할 수 있는 만큼 이웃을 사랑하지 못하는 위치에 놓이게 된다. 그것은 이웃을 고려 대상에서 제외하는 것이다. 이웃에게 아무것도 주지 않으면서 혹은 우리가 소유한 것으로 이웃을 축복하지 않으면서 어떻게 이웃을 사랑할 수 있는가? 하찮은 것들에 우리의 돈을 날려 버리고 이웃은 거리에서 구걸을 하고 있는데 어떻게 우리가 이웃을 사랑하고 있다는 것인가? 우리의 자원을 분별없이 다 써 버리고 이웃은 쓰레기통을 뒤지고 있는데 어떻게 우리가 이웃을 사랑하고 있다는 것인가?

단순함과 새롭게 된 소유

내가 계단 아래쪽에 서 있을 때 엄마가 말했다.

"데이브, 카일을 거기 데려다주고 등록 좀 해 줘요." 그렇게 말하면서 엄마는 아빠에게 눈짓을 했다.

마뜩치 않을 때면 아빠의 오른쪽 입꼬리는 언제나 축 처진다. 아빠의 속내가 드러난다. 자기 판단을 이기고 동의할 때면 그 입꼬리가 다시 올라 붙어 제자리로 돌아간다. 그것을 알아채는 데는 그리 오랜 시간이 걸리지 않는다―누구든 그것을 볼 수 있고, 대부분은 나의 아빠가 지혜로운 사람이라는 것을 안다. 아빠는 엄마에게 입을 맞추고, 아빠와 나는 문밖으로 걸어 나왔다.

로베르타―아빠가 카펫을 설치할 때 주에 6일은 사용하는 짙은 남색 시보레 밴―는 겨우 몇 미터 떨어져 있었다. 그 차는 오늘 주행거리 8만 킬로미터를 막 돌파할 참이었다. 아빠는 그날을 열렬히 기다렸다. 사실 그 차도 아마 이 날을 기다려 왔을 것이다. 우리는 차에 뛰어올라 안전벨트를 맸다. 오늘 이 차에서는 독특한 향기가 났다―마른 풀

냄새, 새 플라스틱 냄새, 그리고 바나나 향 사탕 냄새가 약간 났다.

시동을 걸기 위해 열쇠를 꽂아 놓고, 아빠는 숨을 내쉬더니 내 쪽을 돌아봤다.

"너 이거 정말 하고 싶니?" 아빠는 다시 숨을 내쉬었다. 나는 아빠가 물어보고 있는 것과 내가 바라며 요청하는 것이 주는 무게를 느꼈다. 마지못해, 그리고 죄책감을 가지고 나는 아빠에게 속삭였다. "네, 그런 것 같아요."

아빠는 차에 시동을 걸었고 우리는 길을 떠났다.

그 봄날의 토요일 오전 11시 직전, 뉴욕 페어포트에서 아빠는 그 주일에 쓸 마지막 60달러를 사용했다. 내가 봄철 야구단 활동을 할 수 있도록 하기 위해서였다. 리틀 리그였다. 내가 선수 가족들만 관람할 수 있는 스포츠를 할 수 있도록 아빠의 마지막 60달러를 사용한 것이다. 현재의 욕망과 평판 외에는 보지 못하는 순진하고 자기중심적인 열 살짜리 사내아이에게 아빠는 가진 마지막 60달러를 주었다. 그럼에도 아빠는 그 돈을 주었다.

다른 무엇보다, 나의 부모님은 희생의 중요성을 가르쳐 주셨다. 그분들이 나를 위해 희생하셨기 때문에, 나는 부모님의 희생을 직접 보았다. 나는 부모님이 분명 형편이 좋지 않을 때도 가진 것을 주고 나누시는 것을 보았다. 그럼에도 불구하고 부모님은 주셨다. 나는 그것이 그분들에게 어떤 영향을 미치는지 보았다. 그것은 나에게도 영향을 미쳤기 때문이다. 우리는 주중에 가루우유, 라면, 핫도그를 먹고 살았다. (가루우유를 먹어 본 적이 있는가? 먹지 말라.) 수년이 지나서야 나는 부모님이 내게 훨씬 더 많은 것을 보여 주셨다는 점을 깨달았다—내가 어린 시절의 대부분 동안 간과한 것, 바로 단순하게 사는 것이었다.

단순함에 대한 올바른 관점

우리는 종종 단순함의 본질과 목적을 오해한다. 즉 단순함이 무엇인지, 또한 왜 그것을 연습해야 하는지 오해한다. 일반적 오해는 아마 단순함을 연습하는 것이 우리가 이 장 처음에 만난 디오게네스가 살았던 방식과 매우 비슷하다는 것일 테다. 우리는 일반적으로 단순함을 우리가 소유한 모든 것을 내주는 것, 혹은 잃는 것으로 생각한다. 자기 것이라고 부를 만한 장소는 거의 없다. 먹을 음식이 없을 때도 있다. 그리고 심지어 이따금 낯선 곳에서 잘 수도 있다. 그것은 우리가 거리로 나가 구걸을 할 수밖에 없는 뜨내기가 되든지, 더 유유자적하게 살기 위해 숲으로 들어가는 진보주의자나 히피가 되는 것을 의미한다.

명확하게 해 보자. 무엇보다도, 단순함은 물질 재화를 포기하는 것이 아니다. 단순하게 산다는 것은 물질 재화를 거부하고, 그런 재화를 갖고 있는 사람들을 정죄한다는 의미가 아니다. 우리는 사회적 삶을 떠나거나 각종 편의 시설들을 포기하지 않는다. 단순하게 산다는 것은 금욕주의자처럼 더 이상 이런 종류의 것들에 돈을 쓰지 않는 게 아니다. 단순함은 금욕주의를 요구하지 않는다. 그리고 단순함이 필연적으로 금욕주의로 이어지지도 않는다. 단순한 삶과 궁핍한 삶은 서로 구분되는 두 가지 상황이다. 단순하게 산다는 것은 끊임없이 결핍

된 상태에 있다는 의미가 아니다.

때로 우리는 단순함을 절약과 혼동한다. 절약은 소유와 관련한 또 다른 용어다. 절약하는 사람은 돈과 음식을 두고 지혜로운 결정을 내리는 사람이다. 어머니들은 자기 자식이 집안일을 하고 받은 용돈을 지혜롭게 사용할 때 "그 애는 절약해서 소비해"라고 자랑스럽게 말하곤 한다. 단순함은 절약과 비슷하다. 경제적이고 알뜰하게 소유하는 것을 포함한다는 점에서 그렇다. 단순함을 연습하는 사람은 종종 자신이 가진 것을 절약한다. 하지만 단순함은 한 가지 중요한 점에서 절약 이상이다. 단순함은 생활 방식이고 절약은 행동이다. 절약은 어떤 생활 방식에도 적용될 수 있는 행동 방식이다. 하지만 단순함은 절약하는 행동을 낳는 생활 방식이다. 낭비하는 사람도 분명 자기가 가진 자원을 절약하고 그것을 매우 알뜰하게, 심지어 인색하게 사용할 수도 있다. 하지만 낭비하는 삶을 사는 사람이 단순하게 살 수는 없다. 단순함은 그가 사는 방식과 정반대의 삶일 테니 말이다. 단순하게 사는 것은 낭비하지 않는 삶을 사는 것이다.

가장 기본적인 차원에서, 단순함은 삶의 한 방식이다. 그것은 단순히 어떤 행동 또는 습관이 아니라 자신이 감당할 수 있는 생활을 하는 방식이다. 단순함의 특정 행동과 연습을 내보일 수는 있지만, 그런 것들은 더 기본적인 생활 방식을 살아가는 데서 나오는 것이다. 단순하게 사는 사람은 생존하기 위해 필요한 만큼, 그리고 아마 조금 안락하게 살기에 충분한 만큼 필요에 따라 획득하고 소유하고 소비하는 일의 방향을 결정한다. 너무 많이 소유하는, 또는 심지어 너무 적게 소유하는 문제가 아니다. 단순하게 사는 사람은 자신의 생활비를 초과하지 않는다. 자신이 필요한 것 이상을 획득하거나 보관하거나 사용하지 않는다. 그는 자신이 사용할 수 있는 것과 사용해야 하는 것들로 산다. 자신이 감당할 수 있는 것들로 살 뿐이다. 자신이 처한 고유한 환경과 조건에 필요한 것만 소유한다. 다시 말해, 그 사람은 자기 이웃의 사정이 아니라 자신의 사정이 허락하는 한도 안에서 단순하게 산다. 단순함은 자신을 위한 단순함이다. 하지만 상황이 어떻든지 간에 그 사람에게 과잉은 없다.

우리의 주머니와 소유로 이웃을 사랑하기

우리 중 기독교 전통에서 자란 사람들은 아마 단순함을 별도의 영적 훈련으로 소개받지 않았을 것이다. 단순함에 대해 들어 보았을 수는 있지만, 결코 그것을 정말로 영성과 연결지어 생각하거나 영적 훈련으로 동일시하지는 않았다. 하지만 우리는 사도행전 2장 같은 성경 본문들을 보면서, 단순함이 우리에게 좋은 관행이라고 추론했을 것이다. "믿는 사람은 모두 함께 지내며, 모든 것을 공동으로 소유하였다. 그들은 재산과 소유물을 팔아서, 모든 사람에게 필요한 대로 나누어 주었다"(행 2:44-45). 아마 우리가 깨닫지 못했던 것은, 혹은 강단에서 설교된 적 없는 것은 현대 문화에서 이 훈련을 실천하는 일이 지닌 가치 및 그것이 지닌 수평적 유익일 것이다. 소유 습관과 관행─구매 및 소비─을 약간 조정함으로써, 우리는 이웃을 도울 수 있고 어쩌면 심지어 이웃을 축복하기까지 할 수 있다.

수년 전에 나는 일상생활의 경제적 측면을 예민하게 인식하게 되었다. 아내와 딸과 나는 막 로스앤젤레스에서 뉴저지로 이사 왔으며, 화가 잔뜩 난 허리케인 샌디가 우리를 맞이할 참이었다. 아내와 나는 이 3급 허리케인에 대비해 물건을 사 두려고 가게로 향했다. 동네 식료품 가게에 도착했을 때, 생수 한 통도, 손전등용 배터리 하나도 남아 있지 않았다. 우리는 다른 가게로 갔다. 그리고 또 다른 가게로. 또 다른 가게로 갔다. 애석하게도 아무것도 없었다. 가는 곳마다 눈에 보이는 것이라고는 고객 센터 앞에 길게 줄을 서서 물품들이 언제 또 도착할지 묻는 사람들의 모습뿐이었다.

2012년에 허리케인 샌디가 강타했을 때, 우리가 살던 도시는 물에 잠겼다. 두 블록만 빼고—우리 블록과 바로 북쪽 블록—모두 정전되었다. 우리가 살던 건물 밖에 나가 도로의 피해 상황이 어떤지 살펴보던 기억이 난다. 건물 문을 밀어서 열었는데 사람들 약 서른 명이 몸을 웅크리고 있는 것이 보였다. 그 가운데에는 유모차 2대도 섞여 있었다. 좌우를 둘러보니 1층에 사는 이웃들이 창문으로 전선을 매달아 휴대전화를 충전할 수 있도록 해 놓은 것이 보였다. 그들은 또한 사람들이 전화기를 충전하고 가족들에게 전화를 걸 때 집어먹을 수 있도록 쿠키를 구워서 내놓았다. 그해에 나는 대단히 구체적이고 실제적인 방식으로, 우리의 소유 습관과 관행이 공유 공간에 사는 다른 사람들에게 영향을 미친다는 점을 깨달았다. 이런 일은 미미한 규모로 일어날지도 모른다. 하지만 그럼에도 불구하고 중대한 것이다. 우리가 자원을 어떻게 획득하고 소유하고 소비하는가 하는 것은 우리의 이웃과 이웃의 생계에 직접 영향을 미친다.

허리케인에 대비해 식료품 가게 선반에서 생수를 몇 통씩 꺼내면, 우리 이웃이 선반에서 꺼낼 생수가 남지 않는다. 자연 재해에 대비해 건전지를 싹쓸이할 때, 어쩌면 다른 사람들은 하루 혹은 한 주 동안 건전지 없이 지내야 한다. 이것은 어떻게든 우리 이웃과 그들의 생계에 그다음 며칠, 몇 주, 혹은 어쩌면 그 이상의 기간 동안 영향을 미칠 것이다. 우리가 낭비하면서 살고 필요 이상으로 취할 때, 우리는 공동 자원을 독차지한다. 우리는 우리 이웃의 것을 취한다.[6] 물건들을 쌓아 놓을 때, 우리는 이웃에게 필요한 것들을 붙잡고 있는 것이다. 우리의 돈이나 소유를 탕진할 때 우리는 이웃이 사용할 만한, 그리고 소중히 여기고 지혜롭게 사용할 만한 것들을 어리석고 분별없이 사용한다. 우리는 이것에 대해 생각해 보아야 한다. 구체적인 일일 단위에서, 우리가 습득하고 소유하고 소비하는 습관과 관행은 이웃과 그들의 삶에 상당한 영향을 끼친다. 획득할 때, 우리는 이웃의 것을 획득한다. 소유할 때, 우리는 이웃의 것이 될 수도 있는 것을 소유한다. 그것은 **우리에게는** 하찮아 보일지 모르지만, 우리 이웃에게는 명백히 중대하다.

소유는 좋은 것이다. 우리는 생활을 유지하고 편안하게 살고, 심지어 이 재화들을 누릴 수 있기 위해, 물질적 재화와 자원을 획득하고 소유하고 소비한다. 우리는 살기 위해 소유한다. 소유하는 것에는 아무 잘못이 없다. 문제는 소유한다는 것이 아니라 어떻게 소유하는가

---

[6] 영국 철학자 John Locke(1632-1704)는 이 개념을 더욱 통렬하게 표현한다. "만일 [그 제품이] 제대로 사용되지 않고 [어떤 사람이] 소유하고 있다가 썩어 버린다면, 그 사람이 소비하기 전에 과일이 상하거나 사슴 고기가 부패한다면, 그는 자연의 관습법을 어긴 것이며, 벌을 면할 수 없다. 그는 이웃의 몫을 침범했다. 그에게는 자신에게 요구되는 **쓰임새 이상의 권리**가 없으며, 그것들은 그에게 삶의 편의를 제공하는 데 기여했을 것이기 때문이다"(*Second Treatise on Government*, chap. 5, sec. 37, 강조 원문). 『통치론』(까치).

하는 것이다. 우리는 어떻게 물건을 획득하는지, 그리고 얼마나 많이 획득하는지 숙고해야 한다. 우리는 어떻게 물건을 소유하는지, 그리고 얼마나 꼭 붙들고 있는지 생각해야 한다. 우리는 어떻게 물건을 소비하는지, 그리고 그것을 어떻게 사용하는지 알아야 한다. 우리는 이기적 방식으로 획득하고 소유하고 소비하는가? 우리의 소유는 어떤 식으로 우리 이웃을 희생시키면서 치러지는가? 우리의 소비는 직접적으로 혹은 간접적으로 이웃을 억압하고 무시하는가?

중세 도미니쿠스회 수사인 토마스 아퀴나스(Thomas Aquinas, 1225-1274)는 주기도문, 특히 네 번째 간구("오늘 우리에게 일용할 양식을 주시고")에 대한 주석에서, 몇 가지 방식으로 우리의 소유 습관이 이기적이고 나쁜 것이 될 수 있음을 지적한다.[7] 아퀴나스의 논의는 사물을 올바른 관점에서 보도록 도와준다. 그는 우리가 다음과 같을 때 소유하는 가운데 이기적이고 나쁘게 된다고 말한다. (1) 우리 삶의 상태 및 조건을 넘는 것들을 바랄 때, (2) 이런 물건들을 취득하면서 다른 사람들을 학대하고 속일 때, (3) 가진 것으로 절대 만족하지 않고 더 많이 가져야 할 때, (4) 여러 날 동안 쓸 수 있는데 하루 만에 소비하거나 너무 많이 지출할 때, (5) 우리가 소유한 것들에 오만해지고 그것들이 하나님으로부터 왔음을 잊어버릴 때다.

이 훈련의 핵심에는 우리가 한 가정, 바로 하나님의 창조물이라는 가정의 일원이라는 관념이 있다. 우리의 삶과 소유물들은 청지기로서 잘 관리하고 다른 사람들과 나누기 위해 주어진 것이다. 우리의 주머

---

[7] Thomas Aquinas, *The Three Greatest Prayers: Commentaries on the Lord's Prayer, the Hail Mary, and the Apostle's Creed* (Manchester, NH: Sophia Institute Press, 1990).

니와 지갑 안에 뭔가가 있는 것은 다른 사람들과 나눌 수 있기 위해서다.[8] 하나님은 그분이 우리에게 주신 것들을 다른 사람들과 나누도록 부르시고, 명하시고, 위임하시고, 자각하게 하신다. 하나님은 우리가 쌓아 두거나 다른 사람들로부터 숨기도록 하기 위해 뭔가를 주지 않으신다. 하나님은 우리가 다른 사람들에게 사랑과 생명을 가져다줄 수 있게 하기 위해 우리로 하여금 소유하도록 하신다. 하나님은 우리가 주위 사람들에게 복을 줄 수 있도록 하기 위해 우리를 축복하신다. 우리는 우리의 영광이 아니라 하나님의 영광을 위해 우리의 지갑과 주머니를 사용해야 한다. 우리의 경제는 하나님의 경제와 일치해야 하며, 그 경제 안에서 성부와 성자와 성령은 사시고 나누시고 주신다.[9] 하나님이, 하나님을 닮도록, 하나님을 위해 만드신 존재인 우리는 하나님이 하시는 것처럼 받고 주고 나누어야 한다.

우리가 우리 것이라고 생각하는 지적·물질적 재화는 무엇이든 하나님으로부터 나온 것이며 언젠가 하나님 앞에 다시 바쳐질 것이다(계 4:10). 어떤 의미에서 그것들은 우리에게 빌려주신 것이다. 하나님은 그것을 우리에게 주셨다. 하지만 언젠가 우리는 그것을 다시 돌려드릴 것이다. 하나님은 이런 선물들을 탕진하는 것이 아니라 청지기로

---

8 "사랑은…아래로부터의 혁명이다. 그 혁명이 더 심오할수록 '내 것과 네 것' 간의 구분은 완전히 사라지며, 사랑은 더 완전해진다." Søren Kierkegaard, *Works of Love*, trans. Howard V. Hong and Edna H. Hong (Princeton: Princeton University Press, 1995), p. 266.
9 현대 시인이자 저술가인 Wendell Berry는 그것을 이렇게 표현한다. "인간의 경제가 좋은 경제가 되려면 내부적으로 조화롭게 어울려야 하며 위대한 경제(Great Economy)와 일치되어야 한다. 중요한 방식으로, 그것은 위대한 경제와 유사한 것이 되어야 한다." "Two Economies", in *The Art of the Commonplace: The Agrarian Essays of Wendell Berry*, ed. Norman Wirzba (Washington, DC: Counterpoint, 2002), p. 223. Matthew C. Halteman은 그가 저술한 *Compassionate Eating as Care of Creation* (Washington, DC: Humane Society of the United States), 특히 p. 10에서 이런 관심사 중 일부에 대해 분명히 설명한다.

서 관리하도록 우리에게 맡기셨다. 하나님은 그것들을 쌓아 놓거나 낭비하며 살라고 명하신 것이 아니며 그것들을 통해서, 그리고 그것들로 다른 사람들을 사랑하라고 명하셨다. 신약에는 이런 말이 일관되게 나온다. "나는 모든 일에서 여러분에게 본을 보였습니다. 이렇게 힘써 일해서 약한 사람을 도와주는 것이 마땅합니다. 그리고 주 예수께서 친히 '주는 것이 받는 것보다 더 복이 있다' 하신 말씀을 반드시 명심해야 합니다"(행 20:35). "선을 행함과 가진 것을 나눠 주기를 소홀히 하지 마십시오. 하나님께서는 이런 제사를 기뻐하십니다"(히 13:16).

우리는 기하급수적으로 산업 생산성이 향상되고 과학기술이 발전하는 사회에 산다. 우리는 많은 것을 만들며, 가능성에 끝이 없다고 스스로 말한다. 우리는 언젠가 모든 것을 무한히 공급받을 수 있을 것이라고 믿는다. 그렇게 생산성이 높고 빠르게 발전하는 사회에서는 우리 자신을 속이기 쉽다. 환상을 현실로 잘못 생각하기 쉽다. 우리는 이 세상이 유한하며 제한되어 있다는 점을 잊어버린다. 무한한 공급이란 없다. 우리를 압도하고 고무시키는 방대한 기회와 재화가 있을 뿐이다. 이런 상황들을 바꿔 보려는 모든 시도에도 불구하고, 우리는 무한한 자원의 세상에 살지 않는다 지연 자원(즉, 물)이나 인공 자원(즉, 자동차)이나 마찬가지다. 식물은 시든다. 피클은 상한다. 동물은 멸종한다. 물은 오염된다. 장난감은 재고가 동난다. 음식은 부족해진다. 기금은 불충분해진다. 아파트 공급은 부족하다.

우리가 제한된 자원을 가지고 사는 이 세상은, 다른 사람들과 공유하는 세상이다. 이 세상에 살고 있는 사람들은 우리만이 아니다. 우리는 공용 자원과 물질 재화를 다른 사람들과 나눈다. 우리가 나무에서 사과를 하나 딸 때, 즉시 다른 사과가 하나 다시 달리지 않는다. 우리가 식료품 가게에 가서 과자를 싹쓸이할 때, 가게 주인이 뒤쪽 창고에 과자를 또 한 상자 갖고 있지 않을 수도 있다. 물품들은 바닥이 난다. 자원은 고갈된다. 다른 사람들은 기다려야 한다. 우리 이웃이 기회를 빼앗길 수 있다. 그런 세상에서, 우리가 가진 것을 보존하고 유지하고 관리하는 것은 대단히 중요하다. 그런 세상에서, 자신에게 필요한 것만으로 살아가는 사람들은 매우 귀중하며 유용하다.

그런 세상—회사의 급여 보너스, 바닷가에 있는 집 여러 채, 포도주 저장실 여러 칸마저 포함하는 세상—에서 단순함의 실천은 이웃을 향한 사랑의 행동이다. 그것은 이기적 소유에 저항한다. 우리가 사는 세상에서 물건을 획득하고 소유하고 소비하는 방식을 훈련하게 한다. 이런 질문들을 던지게 한다. "정말 이것이 필요한가? 아니면 그저 이것을 원할 뿐인가?" "이것 없이도 살 수 있는가?" 그것은 우리가 구입하고 소유할 때 신중하고 절도 있게 하도록 만든다. 우리는 소비할 때의 신중함을, 그리고 생존하기 위해 정말로 필요한 것이 무엇인지를 배운다. 그것은 우리가 결코 쓰지 않을, 혹은 결코 쓰지 않는 소유물들을 관대하게 기부할 기회를 준다. 단순함은 우리의 이기적 습관들과 소유 관행들을 치유하고 새롭게 한다. 그것은 우리가 가진 것 안에서 살도록, 필요한—우리의 필요 이상(풍요)도, 필요 이하(빈곤)도 아닌—것만 소유하도록 훈련시킨다.

단순함은 개인, 가정, 공동체의 필요를 해결하기 때문에, 그 실천은 반드시 상황에 맞게 행해야 한다. 우리는 우리가 누구이며 무엇을 할 수 있는지에 민감해야 한다. 무엇이 단순한 삶으로 여겨지는가 하는 것은 우리의 나이, 성별, 삶의 질, 삶의 조건에 따라 다르게 보일 것이다. 공동체에서, 우리는 각자 우리에게 단순한 삶이 어떤 모습인지 분별하고 발견해야 할 것이다. 다시 말해, 소셜 미디어로 새로이 떠오른 백만장자가 단순하게 사는 것은 세 아이를 둔 블루칼라 카펫 설치공이 단순하게 사는 것과 다른 모습일 것이다. 교수의 단순함은 전문 운동선수의 단순함과 다를 것이다. 공동체의 필요들 역시 한 부분을 담당할 것이다.

우리는 단순함을 실천으로서 말하고 있지만, 그것은 사실 생활양식이다. 사실상 그것은 이 책 나머지 부분에서 논의하는 다른 영적 훈련들의 기초다. 그렇기에 단순함을 제일 먼저 다루었다. 단순함은 소유를 주로 다루지만, 그것은 우리가 논의할 다른 모든 활동들을 형성한다. 다른 훈련들은 단순함을 먹고 산다. 단순함은 훈련이라는 나무의 몸통이며 다른 훈련들은 가지다.

많은 사람들은 자선 기관, 선교 단체, 지역 교회와 어쩌면 거리의 노숙자들에게도 기부를 한다. 이것은 모두 대단하고 칭찬할 만한 일이다. 이런 기부 활동을 계속해야 한다. 하지만 그러고 나서 지갑이 계속해서 두툼해지는 것과 주머니가 넘쳐흐르는 것은 전혀 문제가 아닌 것처럼 그냥 놔둔다. 우리는 우리의 소유 습관과 관행을 인식하지 못한다. 우리의 욕구와 구매에 이의를 제기하지 않는다. 우리는 풍부한 재원을 가진 재벌들이 어떻게 이웃을 망치는지 알고 있다. 하지만 우리의 지갑과 주머니로 이웃에게 해를 끼치는 방식들에는 부주의하거나 무관심하다.

참으로 이웃을 우리 자신처럼 사랑하기 원한다면, 매일 물건을 사고 소유하고 사용하는 방식을 바꿀 필요가 있다. 우리 중 다수에겐 단지 이웃과 나누고 이웃에게 줄 필요가 있다. 우리는 충분히 그렇게 하지 않는다. 우리는 우리가 지닌 것으로 이웃을 사랑해야 한다. 그렇다. 하지만 또한 우리에게 필요하지 않으며 실제로 사용하지 않을 것들을 손에 넣는 일을 자제함으로써 이웃을 사랑해야 한다. 이것은 이웃을 사랑하는 또 다른 방법이다. 모든 것을 우리가 지니고 있으면 이웃을 참으로 우리 자신같이 사랑하지 않고 있는 것이다. 우리가 할 수 있는 작지만 중대한 한 가지 방식은, 날마다 하는 일상 행동과 매일의 소유 방식을 바꿔서 어떻게 그리고 무엇을 획득하고 소유하고 소비할지 신중하게 생각하는 것이다. 일관되게 꾸준히 이렇게 사는 것은 훨씬 더 깊은 차원에서 이웃을 사랑하도록 도와줄 것이다.

옆으로 한 걸음: 단순함

기도

하나님 아버지, 하나님이 창조하신 세상은 생명과 가능성으로 가득 차 있지만 자원과 소유는 제한되어 있습니다. 하나님은 우리를 만족하고 신중하도록 부르시고 명하셨습니다. 하나님의 아들 예수 그리스도를 통해, 어떻게 하면 적게 취하고 많이 주는 데서 평강과 기쁨과 만족을 발견할 수 있을지 가르쳐 주십시오. 성령의 능력을 통해, 어떻게 하면 단순하게 살 수 있는지 조언해 주십시오. 궁핍한 자들을 돕도록 깨우쳐 주십시오. 궁핍한 자들에 대해 불쌍히 여기는 마음을 주십시오. 다른 사람들에게 줌으로써 우리 자신이 궁핍하게 된다면 우리를 위로해 주시고 보호해 주십시오. 모두 하나님 아버지의 영광과 우리 이웃의 유익을 위하여. 아멘.

단순함을 연습하는 간단한 단계들

- 당신의 구매 습관에 주의를 기울여 보라. 당신은 대량 구매를 하는가? 충동구매를 하는가? 언제 쇼핑할 필요를 느끼는가? 대량으로 구매한다면 한 주 동안 필요한 물건만 사도록 노력해 보라. 시행착오를 통해, 정말로 한 주에 필요한 양이 얼마인지 살펴보라. 충동구매를 한다면, 그 충동에 불을 붙일 만한 것들로부터 떨어져 있으라. 무엇이 쇼핑할 필요를 느끼게 만드는지 안다면, 건설적이고 건전한 방식으로 그것에 저항하도록 애쓰라. 밖으로 나가서 달리거나 당신의 구매 습관을 책임지도록 지켜 줄 친구에게 전화하라.

- 얼마나 자주 쓰레기를 버리는지는 우리가 얼마나 시용하고 소비하는지 그리고 어쩌면 얼마나 낭비하는지 나타내는 표시다. 얼마나 자주 쓰레기를 내버리는지 기록해 보라. 그렇게 하는 것이 효과가 있다면, 달력에 표시해 보라. 불규칙한 패턴을 보인다면, 그리고 휴가로 집을 떠나 있거나 파티를 주최한 일 때문에 그런 것이 아니라면, 뭔가가 잘못되어 있다는 확실한 표시다. 우리 집에서 그것은 보통 우리가 냉장고를 구석구석 뒤져서 상한 음식을 대량으로 내버

렸다는 의미다. 이런 훈련은 그 물건들을 얼마나 자주 구매할 필요가 있는지에 대해 다시 생각해 보도록 도와준다.

- 집안의 각 방에 들어가, 물건들을 하나씩 살펴보면서 "내가 이것을 마지막으로 사용한 것이 언제였지?"라고 자문해 보라. 물건에 따라서, 한동안 그것을 사용하지 않았다면, 필요하지 않은 것일 수 있다. 그 물건을 사용할 수 있을 만한 다른 사람에게 주라.

- 때로 우리는 자신을 속이며, 실제보다 더 많은 것을 필요로 한다고 자신에게 말한다. 하나의 공동체(가정, 사업체, 청년부, 스포츠 팀)로서, 우리는 단순함을 실천해야 한다 ─ 단지 개인적으로만이 아니다. 가족, 소그룹 구성원들, 친한 친구들, 그리고 어느 정도는 이웃집 사람들까지도 우리의 필요를 분별하도록 도울 수 있다. 당신이 진지하다면, 용기를 내어 그들에게 물어보라. "네가 보기에 이 중에서 나에게 필요하지 않은 것이 있니?" "내가 가진 것 중 너에게 필요할 만한 것이 있니?"

- '봄맞이 대청소'나 어떤 식으로든 당신이 사는 아파트나 주택을 청소할 때마다, 그 기회를 이용해서 어떻게 하면 단순하게 살 수 있을지 검토하고 평가해 보라. 나는 매년 앞으로 다시 읽지 않을 긴요하지 않은 책들을 정리하고 더 이상 맞지 않는 옷을 기증한다. 자주 정리하는 습관을 들이면 단순하게 사는 데 도움이 될 수 있다.

3장

(마음을 다스리는 법)

묵상과 새롭게 된 생각

내가 아는 모든 대학 교수들과 마찬가지로, 일 년에 두 번씩 나는 학생들이 학기말에 보내는 하소연 섞인 외침을 호기심 반 두려움 반으로 기대하며 메일함을 클릭한다. 그런 하소연들을 열어 보면서 조금 불편할 때도 있다. 하지만 언제나 그것들을 즐겁게 읽는 편이다. "교수님, 과제를 제시간에 제출할 수 없을 것 같아요. 기간을 연장해 주실 수 있나요?" "베넷 교수님. 학기말 시험을 정해진 날 볼 수 없을 것 같습니다―시험을 주말에 볼 수 있을까요?" 그러고서 학생들은 여러 가지 이유를 댄다. 보통 그 이유들은 상당히 재미있다.

하지만 2015년 가을 학기에는 상황이 좀 달랐다. 나는 두 학생에게서 이메일 두 통을 받았다. 장례식에 참석할 예정이라 과제를 제때 제출하지 못하겠다는 것이었다. 솔직히 인정하자면, 약간 의심스러웠다. 서로 관계가 없는 두 학생이 같은 장례식에 간다고? 훗, 그러시겠지.

하지만 소셜 미디어에 올라온 사진들과 추모하는 말들을 보았을 때, 그리고 결국 며칠 후 내 사무실 책상 위에 그들의 눈물이 떨어지는 것을 보았을 때, 나는 심장이 철렁했다. 정신이 번쩍 들고 낙담했다.

바로 그날 아침, 나는 한 청소년 남자아이가 "비극적 죽음을 맞이했다"는 뉴스를 들었다. 뉴스 진행자는 그 사건을 보도하면서 진행자들이 그런 때 종종 하는 말을 했다. "가족에게 심심한 위로와 기도를 보냅니다." 우리가 사는 세상에 비극이 닥칠 때 우리는 비슷한 행동을 한다. 친구나 사랑하는 사람(심지어 어떤 낯선 사람)이 그런 충격적인 소식을 전할 때, 우리는 일반적으로, "오, 안됐네" 혹은 "애도의 뜻을 표합니다"라고 말한다. 때로는 "당신을 생각할게요" 혹은 "당신과 가족을 생각하고 기도하겠습니다"라고 말한다.

"당신을 생각할게요." "당신을 생각하고 있습니다." 왜 우리는 이런 말들을 할까? 그 말의 의미는 무엇인가? 무슨 의미라도 있기는 한 건가? 그런 말은 우리가 그 말을 하는 이유와 상관없이 듣는 사람들에게 큰 유익을 준다. 괴로움을 겪는 사람은 지지받는다고 느낀다. 고통을 겪는 사람은 위로받는다고 느낀다. 가해를 당한 사람은 사랑받는다고 느낀다. 그들에게 이런 말들을 할 때, 그들은 이 비극적이고 불행한 사건 가운데 우리가 그들을 생각하고 있다는 것을 안다. 그리고 그것은 그들에게 의미가 있다. 우리가 그들을 생각하는 것은 중요하다.

생각하는 일은 인간됨과 인간으로 활동하는 것에 기본이다. 우리는 매일 계산하고, 판단하고, 숙고하고, 상상하고, 의문을 갖는다. 이런 것들은 우리에게 일반적인 활동이다. 그리고 인간적인 모든 일들과 마찬가지로, 생각하는 일은 공동체 안에서 공동체의 도움으로 행해진다. 생각하는 법을 배우도록 다른 사람들이 우리를 도왔으며, 또 다른 사람들은 우리가 생각하는 일을 계속해서 돕고 있다. 중학교 수학 교사들은 우리에게 계산법을 가르쳐 주었다. 대학교 철학 교수들은 (바라건대) 우리에게 깊이 생각하고 의문을 품는 법을 가르쳤다. 할아버지들은 우리에게 상상하는 법을 가르쳤다. 우리가 어떻게 생각하며 무엇을 생각하는지는 다른 사람들의 생각과 그들이 생각하는 방법을 통해 형성된다. 그리고 역으로, 우리가 생각하는 방법은 다른 사람들의 삶을 형성하고 그들의 삶에 영향을 끼친다.

우리가 어떻게 생각하는지 정직하고 면밀하게 들여다본다면 - 우리가 어떻게 판단하고 숙고하고 상상하고 의문을 갖는지, 그리고 무엇에 대해 그렇게 하는지 조목조목 살펴본다면 - 많은 사람들은 우리의 사고 습관과 관행에 이기적이고 자기중심적인 경향이 있다는 데 동의할 것이다. 우리는 주로 자신을, 혹 심지어는 오로지 자신만을 생각하고 다른 어느 누구에 대해서도 생각하지 않는 경향이 있다. 우리의 생각들은 자신의 안녕에 대한 관심으로 넘쳐흐르며, 머리에는 자신에 대한 생각들이 가득 차 있다. 사실상 우리는 자신의 머리가 자신의 것이라고, 그리고 그 머릿속에서 하는 것과 머리를 씨시 하는 것은 자기 개인의 일이라고 생각하는 경향이 있다. 북미 민주주의 문화의 사고 습관과 관행에서, 다소 우리 이웃에게 상처를 주고 이웃의 생계에 부정적 영향을 미친다고 생각하는 두 가지 이기적 경향을 지목하고자 한다. 이기적 생각은 사소한 것처럼, 그런즉 무해한 것처럼 보일 수 있지만, 우리 이웃에게 상처를 주고 공동체 안에서 이웃과 함께 하는 삶에 부정적 영향을 미친다.

기형적 생각: 자신에게만 몰두하기

우리의 사고에서 이기적 경향이 있는 방식 중 하나는 자신에게만 몰두하는 것이다. 우리 대부분은 아마도 이웃에 대해 악한 생각을 품지 않을 것이다. 우리는 이웃을 죽일 생각을 하지 않는다. 우리는 이웃의 이름을 역사의 기록에서 뿌리 뽑을 생각을 하지 않는다. 우리는 이웃의 무덤에 침을 뱉을지 깊이 생각하지 않는다. 물론, 이와 같은 **생각**들을 가끔 할지는 모르지만 그런 생각들을 마음에 품어 두지는 않는다. 그런 생각들을 오래도록 곱씹지 않는다. 그저 일축하고 계속 나아간다. 오히려 우리들 다수의 문제는 아마도 우리 이웃을 생각조차 하지 않는다는 점이다. 우리는 너무 바빠서 이웃에 대해 악한 생각을 품지 못한다. 너무 바빠서 이웃을 생각하는 일 자체를 하지 못하는데, 우리 자신에 대해 생각하느라 여념이 없기 때문이다.

자신에게 몰두하는 이유는 상당히 자명하다. 우리의 생각이 오로지 우리 자신에게만 향할 때 일어나는 일이다. 자신에게 몰두할 때, 우리는 언제나 우리 자신을 염두에 두고 있다. 하지만 자신에게만 몰두하여 생각하는 사람은 적극적으로 그렇게 하는 사람이다. 그 사람은 단지 자신과 자신의 관심사에 매몰된 것이 아니다. 오히려 자신에, 그리고 자신이 날마다 수행하는 과업이나 책임이나 평판에 너무 열중해 있고 마음을 빼앗겨 있어서, 의도적으로 생각을 자신에게 향하게 한다. 심지어 그렇게 함으로써 다른 사람들을 무시하거나 간과하거나 소홀히 한다는 것을 알 때도 그렇게 한다. 그 사람의 레이더에 다른 사람들은 잡혀 있지 않을 뿐 아니라, 그 사람이 절대 자신의 레이더에 그들이 잡히지 않게 한다. 다시 말해, 자신에게만 몰두해서 생각하는 사람은 자신에게 몰두하려고 적극적으로 애쓴다.

하지만 자신에게만 몰두해서 생각하는 것이 의도적이고 악의적일 필요는 없다. 그것은 우발적이고 순진무구할 수 있다. 예를 들어, 학기 중에 저술과 연구에 빠져 있는 대학교 교수는 아내에게 줄 결혼기념일 선물을 깜빡 잊을 수 있다. 아니면 도시로 들어가는 배를 놓치지 않으려고 속도를 내고 있는 젊은 기업가는 매일 아침 끼니를 구걸하는 노숙자를 의식하지 못할 수 있다. 주부는 산더미 같은 빨래를 끝내고 설거지를 하는데 너무 관심을 갖는 나머지 아이들과 놀아 주는 일을 소홀히 하고, 자기를 방해한다고 아이들에게 소리칠 수도 있다.

자신에게만 몰두해서 생각하는 것이 의도적이든 우발적이든 간에, 우리는 자신의 일과 관심사에 너무 사로잡혀서 다른 사람들과 그들의 일도 중요하다는 것을 잊어버린다. 미국의 시인 커밍스(e. e. cummings, 1894-1962)의 시구를 사용하자면, "그렇지만 우리는 염두에 둔다. 아직 깨어 있지는 않지만."[1] 우리는 생각한다. 하지만 다른 사람들에 대해서는 아니다. 우리는 이웃을 염두에 둔다. 하지만 그들에게 깨어 있지는 않다. 우리는 우리 자신을 염두에 두지만—대단히 염두에 누지만—아직 우리 주위 사람들의 존재와 필요에 깨어 있지는 않다. 우리는 자신과 자신의 모든 필요를 절실히 의식하고 있다. 하지만 이웃과 관련해서는 깊고 병적인 혼수상태에 빠져 있다. 이웃은 우리의 레이더에 잡

---

1 이것은 "voices to voices, lip to lip"에 나오는 구절이다. 최근에 나온 책 e. e. cummings, *Complete Poems*, 1904-1962, ed. George James Firmage (New York: Liveright, 2016)에서 찾아볼 수 있다.

히지도 않는데, 이는 우리의 머릿속에 이웃을 생각할 공간이 없기 때문이다. 이웃은 우리의 생각 속에 들어올 수 없는데, 이는 우리의 머릿속에 우리에 대한 생각이 너무 많이 들어 있기 때문이다!

자신에게만 몰두해서 생각하는 것은 생각의 한 유형이 아니라 — 즉, 사고의 참된 표현이 아니라 — 생각의 기형적 방식이다. 우리가 그런 생각을 하는 머릿속에 들어가 볼 수는 없다. 하지만 그것은 예수님의 생각이 작동하는 방식처럼 보이지 않는다. 그리고 그것은 예수님이 우리에게 생각하라고 부르시고 명하시고 위임하시는 방식처럼 보이지 않는다. 그것은 이기적인 생각 방식이다. 우리는 머리와 생각으로 이웃을 사랑할 수 있고 사랑해야 한다. 하지만 자신에게 몰두할 때 우리는 그렇게 사랑하지 않고 있는 것이다. 언제나 우리 자신에 대해서만 생각하는 것은 머리로 이웃을 사랑하지 않는 것이다. 언제나 우리 자신에게 관심을 갖는 것은 우리의 생각으로 이웃을 사랑하지 않는 것이다. 자신에게만 몰두해서 생각하는 것은 우리 이웃을 무시한다. 그것은 이웃을 묵살하고, 간과하고, 소홀히 한다. 이웃을 생각조차 하지 않으면서 어떻게 이웃을 사랑할 수 있는가? 이웃에게 마음을 돌리고 주의를 기울이지 않으면서 어떻게 이웃을 사랑할 수 있는가? 이웃의 생일을 잊어버리면서, 생일파티에 이웃을 초대하지 않으면서, 혹은 파티에서 이웃을 알아보고도 인사하지 않으면서 어떻게 이웃을 사랑할 수 있는가? 자신에게만 몰두하고 있으면서 어떻게 이웃을 사랑할 수 있는가?

기형적 생각: 다른 사람들에 대해 악의적으로 생각하기

우리의 사고 가운데 또 하나 이기적인 경향은, 다른 사람들에 대해 악의적으로 생각하는 것이다. '악의'(malice)라는 단어는 '나쁜'이라는 의미의 말(*mal*)에서 나온 것이다. 그 가장 기본적인 정의는 뭔가 나쁜 일이 누군가에게 닥치기를 바라는 것이다. 그것은 누군가가 악을 경험하기를 바라고 갈망하는 것이다.[2] 그것은 우리가 이웃에 대해 악하게 생각하는 때다. 우리는 이웃이 실직하거나 이웃의 배우자가 죽는 것을 상상한다. 그런 생각들은 그냥 이따금 마음에 떠오르는 것이 아니다. 우리가 그런 생각을 떠올린다. 그리고 그런 생각이 떠오를 때 그것을 품어 둔다. 그것을 부추긴다. 그런 생각에 물을 주어 그것이 더 심해지고 더 자라게 한다.

자신에게만 몰두해서 생각하는 것은 언제나 자신에게 초점을 맞추기 때문에 이웃을 간과하는 것인 반면에, 악의적인 생각은 우리 자신을 고려함에 따라 이웃에 대해 악하게 생각하는 것이다. 우리는 너무 바빠서 이웃에 대해 생각하지 못할 정도는 아니다―우리는 이웃을 생각하는 것과 그 사람에 대해 악하게 생각하는 것을 자기 일로 삼는다. 그렇게 하는 동기는 대개 우리 자신과 비교해서 이웃에 대해 별

---

[2] 엄밀히 말해서, 악의는 본질적으로 어떤 생각이 아니다. 그것은 의지의 성향이다. 그것은 뭔가 나쁜 일이 누군가에게 일어나기를 바라거나 뜻하거나 원하는 것으로, 누군가에게 일어나고 있는 나쁜 일에 대해 생각하는 것과 다르다. 악의는 우리의 생각을 사로잡을 수 있으며, 또 우리의 생각은 악의적 의지의 연장이 될 수 있다. 성향에 대해 이해하기 쉽고 분명하게 논의한 글은 Philip E. Dow, *Virtuous Minds: Intellectual Character Development* (Downers Grove, IL: InterVarsity, 2013)에서 찾아볼 수 있다. 더 상세하지만 여전히 매우 분명하고 통찰력 있는 논의는 Robert C. Roberts and W. Jay Wood, *Intellectual Virtues: An Essay in Regulative Epistemology* (New York: Oxford University Press, 2007)에서 찾아볼 수 있다.

로 마음에 들지 않는 무언가에 뿌리를 두고 있다. 이웃이 나보다 잘생겼다. 무엇을 나보다 더 잘한다. 우리보다 '더 나은' 생각을 한다. 우리가 좋아하지 않는 어떤 일을 우리에게 했다. 심지어 그것은 쇼핑몰에서 혼잡한 시간에 우리의 주차 공간에 먼저 차를 대 놓는 것 같은 사소한 일일 수도 있다.

하지만 악의적인 생각이 증오를 포함할 필요는 없다. 악의와 증오는 같은 것이 아니다. 그리고 그 둘이 언제나 결합되어 있지도 않다. 누군가에 대해 악의적으로 생각하기 위해 그 사람을 미워해야 하는 것은 아니다. 이웃이 몰락하는 것을 상상하고 그런 생각을 품기 위해 그 이웃을 멸시해야 하는 것은 아니다. 열정적으로 이웃을 혐오할 필요는 없다. 당신이 악의적으로 생각하는 사람이 꼭 당신이 미워하는 누군가일 필요는 없다. 길거리에서 당신에게 기분 나쁜 눈초리를 보낸 전혀 모르는 사람일 수도 있다. 그리고 그것이 5년간 그 사람을 해칠 음모를 꾸미는 결과를 낳을 필요도 없다. 그저 자주 일관되게 그 사람에 대해 악하게 생각하는 것일 수 있다. 생각은 나타났다가 사라졌다가 하겠지만, 악의적인 **생각**은 누군가에 대해 나쁘거나 악한 생각들을 자주 일관되게 붙들고서 그것을 의도적으로 유발하고, 품어 두고, 부추길 때 일어난다.

악한 생각은 우리가 생각하는 것 이상으로 해를 끼친다. 우리는 어느 날 이웃의 몰락을 생각했다가 그 다음날 그 이웃의 성공과 명성을 생각할 수는 없다. 우리 머리는 그런 식으로 작동하지 않는다. 우리의 사고는 이보다 더 뿌리 깊고 강력하다. 이웃의 몰락에 대해 일관되게 자주 생각하는 것, 혹은 단지 그 이웃에 대해 악한 생각을 하는 것은 우리의 전인격에, 그리고 이웃에 대한 우리의 대인관계에 영향을 끼친다.[3] 이런 생각들을 계속 키워 나가면, 그 생각들은 자라서 태도와 감정이 된다. 우리의 악한 생각들, 상상들, 기억들은 우리가 이웃과 함께하는 삶을 형성할 것이다. 악의와 적대감이 쌓일 것이다. 그렇게 되면 그것은 또한 다음에 그 이웃을 볼 때 그 사람에 대한 우리의 행동에 영향을 미칠 것이다. 전인적 존재는 머리와 생각을 그들 존재의 나머지 부분과 쉽게 나눌 수 없다.

악의적 생각은 생각의 한 형태가 아니라—생각의 참된 표현이 아니라—생각의 기형적 방식이다. 우리가 예수님의 머릿속에 들어갈 수는 없지만, 악의적으로 생각하는 것은 예수님의 인격과, 그리고 그분이 우리의 머리와 생각으로 하라고 명하시는 것과 양립할 수 없다. 자기에게만 몰두해서 생각하는 것과 마찬가지로, 악의적으로 생각하는 것은 자기중심적 생각 방식이다. 언제나 이웃에게 해를 끼치는 일에 대해서만 생각하는 것은 머리로 이웃을 사랑하는 것이 아니다. 언제나 이웃의 잘못과 그 이웃이 얼마나 나쁜가 하는 것만 생각하고 있는 것은 생각을 가지고 이웃을 사랑하는 것이 아니다. 악의적으로 생각하는 것은 이웃에 대해 생각하는 잘못된 방식이다. 우리는 이웃에 대해 나쁘게 생각할 때 참으로 혹은 진정으로 이웃을 사랑할 수 없다. 사랑은 누군가에게 상처 입히기를 간절히 바라는 것 혹은 그들이 고난받는 것에 대해 상상하는 것이 아니다. 머리로 이웃을 사랑하지 않는다면 참으로 이웃을 사랑하지 않는 것이며, 이웃에 대해 빈번히 지

---

[3] 이 점에 대해 Anthony J. Steinbock, *Moral Emotions: Reclaiming the Evidence of the Heart* (Evanston, IL: Northwestern University Press, 2014), pp. 11-17를 보라.

속적으로 나쁘게 악하게 생각할 때 우리는 삶의 다른 영역들에서 참으로 이웃을 사랑할 수 없다.

묵상과 새롭게 된 생각

프랑스 철학자 르네 데카르트(René Descartes, 1596-1650)의 저술들의 핵심에는 세상과 실재에 대해 상충되는 가설들을 향한 좌절이 있다. 데카르트는 삼십년전쟁이 일어나는 동안 생존해 있었으며, 충돌하는 확신들이 어떻게 고난과 다툼으로 이어질 수 있는지 직접 보았다. '모두가 다 옳을 수는 없다'고 그는 생각했다. 어떤 사람은 분명 옳고, 다른 사람은 분명 틀리다. 가톨릭교회가 옳든가 개신교 교회가 옳든가, 둘 중 하나다. 플라톤이 옳든가 아리스토텔레스가 옳든가, 둘 중 하나다. 그들이 모두 옳을 수는 없다. 하지만 그들은 매우 설득력이 있다! 그들이 잘못되었다면 왜 그렇게 많은 신봉자가 있는가? 데카르트는 이런 선택 및 그것들이 초래하는 계속된 갈등에 진저리가 나서, 완전히 처음부터 다시 시작할 것을 제안했다. 우리가 부모, 교회, 선생, 친구들로부터 들은 모든 것에 회의를 품고 원점에서부터 시작하면 어떨까? 우리 자신의 이성을 주의 깊게 사용하고—그리고 그것에 대해 플라톤이나 교수나 목사가 하는 말을 받아들이지 않고—우리 각자의 결론에 이르면 어떨까? 바로 그것이 데카르트가 한 일이었다. 혹은 하려고 한 일이었다.

데카르트는 그가 이성의 "자연적 빛"이라고 부른 것을 지침으로 사용해서, 자신이 도저히 의심할 수 없을 만한 어떤 것—확실한 기반이 될 만한 어떤 것—에 이르렀다고 만족할 때까지 세상과 자신에 대해 할 수 있는 모든 것을 의심했다. 그는 자신의 지식을 시작할 기반이 될 만한 뭔가가 필요했다. 그는 그것으로부터 자신과 세상에 대한 지식을 쌓아 나가기 시작할 것이다. 데카르트는 실제로 자신이 찾던 것을 발견했다고 한다. 그는 자신의 가장 유명한 저술인 『성찰』(Meditations on First Philosophy)에서 그가 확신할 수 있는 것이 두 가지 있다고 주장한다. 자신이 존재한다는 것과 하나님이 존재하신다는 것이다.[4] 자신과 하나님은 그가 의심할 수 없는 실재였다. 데카르트는 다른 저술인 『정신지도를 위한 규칙들』(Rules for the Direction of the Mind)에서 독자들에게 그가 이런 확신에 도달한 방법에 대한 '내부 정보'와 그들도 그렇게 할 수 있는 방법에 대한 설명서를 제공했다. 데카르트는 참되고 의심할 수 없는 지식을 발견하기 위해 머리를 사용하는 것에 대해—그에게는—간단하지만 혹독한 방법을 제안했다. 우리는 그가 제시한 21개 법칙(몇 가지가 더 계획되었지만, 그 저술은 마무리되지 않았다)을 따르기만 하면 된다.

데카르트는 진리를 알려면, 단지 탐구하면서 헛디디고 더듬거리다가 진리에 이를 수는 없다고 굳게 믿었다. 진리를 발견하기 위해서는 우리가 무엇을 찾고 있는지 알아야 한다. 그리고 우리는, 말하자면 그것을 받기 위해 '구비되어야' 한다. 데카르트에게 이것은 가장 기본적인 차원에서 생각하는 법을 알아야 하며, 무엇이 참되고 거짓된 것인

---

[4] 최고의 학자가 쓴 유용한 안내서로 John Cottingham, *How to Read Descartes* (London: Granta Books, 2009)가 있다.

지 효과적 판단을 할 수 있어야 함을 의미했다. 그의 『정신지도를 위한 규칙들』은 상당히 전문적이지만, 그는 아마 그것을 일종의 "머리를 고치는 법"의 안내서로 보았을 것이다. 그 당시의 근대 과학적 이상을 향한 데카르트의 확신(즉, 세상에 대한 모든 진리를 발견하는 단계별 방법이 있다는 것)에 대한 우리의 판단을 한쪽으로 제쳐 놓고, 그의 열망(어떤 의미이든, 우리가 사물에 대해 **확신**할 수 있다는 것)에 대한 판단 또한 한쪽으로 제쳐 놓으면, 대단히 기본적인 주장이 드러난다. 이는 세상에 대해 생각하고 세상을 알 수 있는 올바른 길이 있으며, 우리의 생각이 빗나갈 수 있다는 것이다. 하지만 우리의 생각을 다시 본 궤도에 올려놓을 수 있는 방법들이 있다.

묵상에 대한 올바른 관점

모세가 죽은 후에 하나님은 여호수아에게 이런 지시를 하셨다.

> 이 율법책의 말씀을 늘 읽고 밤낮으로 그것을 [묵상하여](meditate), 이 율법책에 씌어진 대로, 모든 것을 성심껏 실천하여라. 그리하면 네가 가는 길이 순조로울 것이며, 네가 성공할 것이다. (수 1:8)

이 말씀은 무엇을 의미하는가? 묵상이란 무엇인가? 묵상한다는 것은 무슨 의미인가? 하나님은 여호수아에게 지시하시고 있는 것은 무엇인가? 이것이 왜 모세가 죽은 후 하나님께 중요했는가? 묵상은 어떤 의미에서 여기서 말하는 것처럼 율법에 따르는 행동으로 이어지는가?

묵상에 대해 흔한 오해들이 꽤나 많이 있다. 어떤 사람들은 묵상을 어떻게 해야 하는 건지도 모른다. NBC 코미디 시리즈 〈팍스 앤 리크리에이션〉(*Parks and Recreation*) 속 인물 론 스완슨(닉 오퍼먼 분)과 같다. 론은 묵상 센터를 방문한 후에, "통틀어서, 우리는 거기에 여섯 시간 동안 있었어요. 그리고 저는 묵상을 하고 있지 않았죠. 단지 조용히 숨을 쉬면서 거기 서 있을 뿐이었어요. 머릿속에는 어떤 생각도 없었어요. 제 마음은 백지 상태였죠. 저는 이 별종들이 도대체 뭘 하고 있는 건지 알 수가 없습니다"라고 말한다. 아마 가장 널리 보급된 오해는, 묵상이 일종의 멍한 마음 혹은 모종의 '마음 비우기'라는 것이다. 묵상은 나쁜 생각들이나 긴박한 관심사들을 마음에서 쫓아 버리고 살아 있는 것에 초점을 맞추는 때 혹은 생명을 인식하게 되는 때다. 우리는 평화를 누리기 위해 묵상을 한다.

묵상은 생각의 부재가 아니다. 대신에 그것은 생각의 한 유형—생각들을 갖는다는 그리고 '이용한다'는 의미에서—이다. 성경적 의미에서 그리고 기독교 전통에서 말하는 묵상은 생각의 부재이기보다 생각을 바른 방향으로 향하게 하는 것이다.[5] 그것은 마음과 생각을 어떤 것으로 향하게 하는 행동 혹은 훈련이다. 묵상이 마음에서 생각을 비우는 것이라고 믿는 사람조차, 묵상을 하면서 생각을 쫓아 버릴 때 마음을 어떤 방향으로 향하게 하고 있는 게 아니라면 과연 무엇인가? 의식은 언제나 무엇을 향한다—즉 우리는 의식하고 있지 않더라도,

---

[5] John Cassian, *Conferences*, trans. Boniface Ramsey (Mahwah, NJ: Paulist Press, 1997), "Ninth Conference: On Prayer, Part 1", 그리고 "Tenth Conference: On Prayer, Part 2", pp. 323-393.

혹은 그 일에 집중하고 있지 않더라도 언제나 우리의 세상 속 어떤 것에 초점을 맞추고 있다.[6] 말하자면, 우리의 마음이 우리 대신 그렇게 한다. 묵상은 우리 손으로 의식을 붙잡아 어딘가로 이끌고 가서 '여기에 주의를 집중해!'라고 말하는 것이라고 이해할 수 있다.

우리는 묵상할 때, 집중하고 초점을 맞춘다. 그리고 뭔가에 우리의 마음을 향하게 한다. '묵상하다'(meditate)라는 말은 '돌보다'라는 의미의 헬라어 메데스타이(*medesthai*)와 '고찰하다', '숙고하다', '판단하다'라는 의미의 라틴어 메디타리(*meditari*)에서 나온 말이다. 이것은 묵상의 본질적 특징들을 파악하기 위한 보다 광범위한 관점을 제시해 준다. 묵상이 여러 형태의 생각하기 중에서 독특한 이유는 어떤 것에 대해 장기간에 걸쳐 판단하거나 따져 보도록 해 준다는 것이다. 우리는 묵상에 초점을 맞춘다. 그리고 묵상의 유용성과 가치를 받아들인다. 묵상은 길고, 조사를 동반하며, 집중된 사고의 방식이다. 우리의 마음은 장기간 그것을 향한다. 우리는 그것을 고찰하거나, 모든 각도에서 그것을 '본다.' 그것을 '바라볼' 때, 그리고 그것에 대해 생각할 때 우리는 그것의 무게, 깊이, 복잡성, 전체성, 가치, 의미 등을 측정한다. 주의가 흐트러지면 우리는 끊임없이 그것에 다시 주의를 집중하며, 그것을 우리 앞에 '붙잡아 둔다.'[7] 우리는 그것에 집중한다. 말하자면 우리는 그것을 '노려본다.'

---

6   프랑스 철학자 Maurice Merleau-Ponty(1908-1961)가 옳게 언급한 것처럼, 우리는 인식하기 전에 이미 "세상과 접촉하고" 있다. "세상은" 우리가 "어떤 가능한 분석을 하기 이전에 거기에 있다." *Phenomenology of Perception*, trans. Colin Smith (London: Routledge & Kegan Paul, 1962), pp. vii-xxi.
7   "갈망으로 고무된 주의력이 종교적 관행의 온전한 토대다." Simone Weil, *Waiting for God*, trans. Emma Craufurd (New York: HarperPerennial, 2009), p. 129. 『신을 기다리며』(지문사).

다른 형태의 사고 활동에는 추정, 숙고, 분별, 상상, 경탄, 숙고, 판단 등이 포함된다. 묵상은 이런 사고 활동의 유형들 중 하나다. 그리고 우리가 묵상을 통해 하는 일은 이런 다른 정신 활동과 다르다. 예를 들어 추정, 판단, 숙고 등은 문제 해결을 더 지향하는 반면, 묵상은 의식과 누림을 더 지향한다. 우리는 수학 문제를 묵상할 수 있다. 하지만 수학 문제를 묵상하는 것은 그것을 풀기 위해서가 아니다. 상상은 어떤 것을 분해해서 각 조각들에 달라붙는 경향이 있는 반면, 묵상은 어떤 것을 본래의 온전한 상태대로 그리고 그것이 순수하게 표현되거나 제시된 상태에서 고찰한다. 묵상은 사물을 주어진 대로 고찰한다. 경탄은 경외감에 뒤로 물러서는 것인 반면에, 묵상은 뭔가를 열정적으로 살피고 그 안에 몰두하는 것이다.

우리의 머리와 생각으로 이웃을 사랑하기

기독교 전통에서 자란 사람들은 아마 묵상이라는 영적 훈련이 하나님의 말씀을 관조하는 것을 포함한다고 배웠을 것이다(수 1:8; 시 1:2; 119:97). 관조는 보통 성경의 감춰진 진리를 숙고하고—'이 본문이 **정말로** 의미하는 것은 무엇일까'—하나님이 숨겨진 진리들을 신비하게 계시해 주실 것을 기다린다. 때로는 위기감에서 그렇게 하기도 하지만, 다른 많은 경우에는 단지 배우는 감격 때문에 그렇게 한다. 우리는 새로운 통찰 혹은 하나님을 아는 지식에서 자라 가는 것을 즐긴다. 우리는 새로운 통찰로부터, 혹은 하나님에 대해 그리고 세상을 위한 그분의 계획에 대해 하나님이 이미 계시해 주신 것을 보는 다른 방식들로부터 기분 좋은 자극을 받는다.

물론 하나님의 말씀과 그 말씀의 근본에 있는 깊은 진리들을 생각하는 것은 전혀 잘못이 아니다—이것은 우리가 반드시 해야 하는 것이다. 이는 우리가 하나님을 더 깊은 차원에서 알게 되는 방식이다. 우리는 하나님이 우리에게 말씀하신 것을 듣는다. 하나님이 그분에 대해, 그리고 우리를 위해 그분이 하신 일에 대해 말씀하시는 것을 듣는다. 그럼에도 불구하고, 나는 우리가 이 훈련을 그저 우리가 묵상을 통해 받는 무언가에 축소시켰으며, 그것을 실천하면서 뭔가 중요한 것을 간과했다고 생각한다. 묵상은 우리가 하나님으로부터 얻을 수 있는 것 이상, 혹은 우리가 하나님께 더 가까이 갈 수 있는 방법 이상을 제공한다. 우리는 이 훈련의 수평적 차원을 깨닫지 못하는 경향이 있다. 우리는 하나님의 말씀을 묵상하는 것이 이웃에 대해 생각하는 것을 포함한다는 사실을 깨닫지 못한다.

하나님이 우리에게 주신 열 가지 계명 중 여섯이 우리의 이웃을 다룬다(출 20:12-17). 그것을 조금 줄여서 말해 보자. 하나님이 단 열 번만 말씀하셨다면, 열 번 중 여섯 번은 "네 이웃에게 그것을 하지 말라"고 말씀하실 것이다. 네 번만 하나님은 "나에게 이것을 하지 말라"고 말씀하실 것이다. 하나님이 우리가 하나님을 대하는 방식보다 이웃을 대하는 방식에 더 많은 관심을 갖고 계시다고 생각하는가? 또는 우리가 하나님의 이름을 더럽힐 가능성보다 이웃을 학대할 가능성이 더 많다고 생각하는가? 우리가 그것을 어떻게 보든, 분명히 하나님은 우리가 이웃과 어떻게 교류하며 또 이웃을 어떻게 대하는지 관심을 보이신다. 명백히 하나님은 우리가 이웃과 이웃의 안녕을 고려하기 원하신다.

아직 확신하기에 충분치 않다면, 사도 바울이 이를 차고 넘치듯 분명하게 표현한다.

> 모든 율법은 "네 이웃을 네 몸과 같이 사랑하여라" 하신 한 마디 말씀 속에 다 들어 있습니다. (갈 5:14)

한 가지 법은 곧 네 이웃을 사랑하라는 것이다. 본질적으로 전부 이에 관한 것이다. 그것이 하나님이 우리에게 하라고 말씀하시는 한 가지다. 우리는 이웃을 사랑해야 한다. 그리고 특정한 방식들로 특정한 것들에서 이웃을 사랑해야 한다. 하지만 우리가 누군가를 계속해서 잊어버린다면 어떻게 그 사람을 사랑할 수 있는가? 우리가 주목하는 대상이 되지 않는 누군가에게 어떻게 관심을 가질 수 있는가? 우리가 집중하는 대상에서 벗어난 누군가를 어떻게 보살필 수 있는가? 이웃을 사랑하기 위해서는 이웃을 기억하고, 숙고하고, 생각해야 한다.

엄밀히 말해서, 우리가 하나님의 말씀(그리고 특히 그분의 율법)을 밤낮으로 묵상할 때(시 1:2), 우리는 이웃에 대해 묵상하는 것이다. 혹은 그러해야 한다. 어떻게 하나님의 율법을 묵상하면서 우리 이웃에 대해 깊이 생각하지 않을 수 있는가? 어떻게 이웃들을 다루는 여섯 계명에 초점을 맞추지 않으면서 십계명을 고찰할 수 있는가? 어떻게 우리 마음을 이웃에 향하게 하지 않으면서 하나님을, 그분의 이야기를, 우리에 대한 그분의 부르심을 상기할 수 있는가? 하나님의 율법에 대한 우리의 묵상이 실제로 하나님의 율법(우리가 숙고하고 고찰하고자 하는 것이 아니라)에 대한 묵상이 되려면, 우리의 묵상 시간에는 이웃에 대한 고려가 반드시 다소 포함되어야 한다.

묵상의 핵심은 우리의 전인―육체와 정신―이 하나님께 속해 있다는 개념이다. 우리의 욕망과 생각은 하나님께 속해 있다. 우리의 머리뿐 아니라 손 역시 하나님의 것이다. 하나님은 만물의 창조주, 구속자, 회복자시다. 그리고 하나님은 우리가 이웃을 높이고 사랑하며 이 세상을 치유하고 조화시키는 방식으로 이 선물들을 잘 돌보도록 명하시고, 위임하시고, 깨닫게 하신다. 우리는 자신의 목적이 아니라 하나님의 목적을 위해 우리의 머리와 생각을 사용해야 한다. 그것들은 진정 우리의 것이 아니며, 우리는 그것들을 우리 것인 양 취급하지 말아야 한다. 그것들은 우리가 다른 사람들의 유익을 추구하는 일을 돕기 위해 만들어졌다(고전 10:24). 그것들은 우리가 다른 사람들을 우리보다 더 낫게 여기며 우리의 유익이 아니라 다른 사람들의 유익을 추구할 수 있도록 만들어졌다(빌 2:3-4).

우리의 마음은 진리를 알도록―하나님과 그분의 방식들을 알도록―만들어졌다. 그 마음은 우리가 사는 세상의 실상, 세상에 대한 하나님의 계획, 그분이 만드신 것들에 대한 하나님의 관점을 이해하도록 만들어졌다. 이와 함께 이웃에 대한 진리도 깨달을 수 있다―이웃이 하나님의 형상으로 창조되었다는 것, 하나님의 아들을 통해 구속받는다는 것, 하나님의 영을 통해 위로를 받고 죄를 깨닫는다는 것이다.[8]

---

[8] 참고. Peter Ochs, "Morning Prayer as Redemptive Thinking," in *Liturgy, Time, and the Politics of Redemption*, ed. Randi Rashkover and C. C. Pecknold (Grand Rapids: Eerd-

이웃은 우리의 대적이 아니다. 경쟁자가 아니다. 이방인이 아니다. 이웃은 동료 인간이다. 하나님의 형상을 지닌 존재다. 하나님의 자녀다. 그리고 우리는 그리스도가 하시는 것처럼 우리 이웃을 바라보고 생각해야 한다.

우리가 이웃을 이기적인 악인으로 생각하면서 자란다면, 꾸준하고 빈번하게 이웃을 이기적인 악인으로 볼 것이다. 이것은 또한 이웃을 대하고 이웃에게 반응하는 방식을 형성할 것이다. 이웃이 쇼핑몰에서 주차 공간을 가로챌 때, 우리는 불쾌하다는 몇 가지 몸짓을 하고 나서 그 이웃이 예수님을 필요로 하는 이기적인 악인일 뿐이라고 자신에게 말한다. 우리는 짧은 생각을 계속 반복하면서(혹은 어쩌면 두고두고 숙고하면서) 그 이웃이 나쁜 사람이라고 마음속에 깊이 새긴다. 그리고 이런 생각들은 이웃이 우리에게 잘못을 하거나 불편을 끼칠 때 우리가 보이는 반응을 형성한다.

하지만 묵상을 통해 이웃이 우리와 마찬가지로 상하고, 방향을 잃고, 세상의 이기적 방식에 사로잡혀 있다는 사실을 일관되게 자주 상기하면, 불쾌하다는 몸짓을 하면서 한 번 해보자는 거냐고 혼잣말을 할 가능성이 적어질 것이다. 그 이웃이 하나님의 손에 "이렇게 빚어진 것이 오묘하고 주님께서 하신 일이 놀"랍다는 것을 상기한다면(시 139:14), 그 사람을 이기적인 악인이라고 생각할 가능성이 적어질 것이다. 그 이웃이 장차 그리스도 안의 형제자매가 될 가능성이 상당히 크다는 것을 기억한다면, 그 이웃을 판단할 가능성이 적어질 것이다. 묵

---

mans, 2006), pp. 50-90.

상을 통해 하나님이 그 이웃을 사랑하신다는 것과 우리가 그 이웃을 사랑하고 섬기기 위해 여기 있다는 것을 정기적으로 상기한다면, 감당할 수 없을 정도로 분노하고 좌절하고 격분할 가능성이 적어질 것이다.

이웃에 대해 역겨운 생각을 품기 바쁘거나, 이웃을 무시하거나, 자신에게 너무 몰두한 나머지 이웃에 대해 생각도 하지 않을 때, 우리는 하나님이 부르시고 명하시고 위임하신 방식대로 지성을 사용하지 않고 있는 것이다. 우리는 할 수 있는 만큼, 해야 하는 만큼 이웃을 사랑하지 않고 있다. 우리는 이웃을 무너뜨리고 상처 주고 공격하기 위해, 머리와 생각을 변칙적이고 반역적이고 우상숭배적인 방식으로 사용하고 있다. 일부 사람들은 이웃을 돕기 위해 지성을 사용하기를 요청받고 요구받는 멋진 직업을 갖고 있을 수도 있다. 이웃이 집과 사무실을 가질 수 있도록 아파트와 고층건물을 짓는 건축가일 수도 있다. 또는 이웃의 다음 세대를 교육하는 교사일 수도 있다. 또는 이웃의 소비를 위해 편리하고 가격이 적절한 새로운 프로그램을 개발하려 사업 계획을 세우는 기업가일 수도 있다.

하지만 이웃을 위해 **우리의 지성을 사용하는 것**과 **우리의 이웃을 생각하는 것**은 같은 것이 아니다. 우리는 이웃을 잊지 않아야 한다. 분주하고 혼잡한 삶 속에서, 우리는 머리와 생각을 제어할 수 없게 된다. 심지어 무얼 생각하고 있는지조차 알지 못하는 경우가 종종 있다. 우리는 그저 습관적으로 어떤 일을 하며, 생각은 사방으로 흩어져 있다. 하루를 마치며 생각들을 다 모아 보려 하면 그 생각들을 찾을 수 없는 것처럼 보이는데, 애초에 그런 생각들을 의식하지 않았기 때문이다. 대개 우리의 생각은 우리 자신과 우리의 유익에 관한 것일 때가 많다.

우리는 생각하는 데 몇 가지 지침을 사용할 수 있다. 머릿속으로 몇 가지 훈련을 사용할 수 있다. 우리에겐 사고 및 사고 유형들을 통제할 수 있도록 마음을 지도할 규칙이 필요하다. 다른 사람들 및 그들의 안녕을 더 의식하기 위한 방법이 필요하다. 우리는 이웃들을 기억하도록, 특히 일상 행동에서 그렇게 하도록 도울 뭔가를 사용할 수 있다. 묵상 훈련이야말로 우리에게 필요한 것이다. 이는 이웃을 생각하는 것이다. 이웃을 기억하게 되는 것이다. 이웃에 대해 건전하고 선하고 참되게 생각하는 것이다. 이웃에 대한 그릇되고 부정확한 생각들을 바로잡는 것이다. 머리로 이웃을 사랑하는 법을 배워서 남은 생애 동안 이웃을 사랑하도록 상기하거나 동기를 얻거나 유념하는 것이다.

묵상은 이기적 생각을 교정하고 새롭게 하는 것이다. 이는 단순한 시도가 아니라 연습이다. 우리가 자신을 더 나은 존재로 만들기 위해 하는 그 무엇이 아니라, 세상에서 행동하고 연습하는 한 가지 방식이다. 그것은 우리가 매일 해야 하는 일이다. 하나님의 말씀을 묵상하는 시간을 가짐으로써 그것이 이웃에 대한 어떤 형태의 생각을 포함한다는 점은 이미 살펴보았다—우리는 앞에서 논했던 기형적 형태의 생각을 밀어낸다. 우리는 자신에게만 몰두하기를 중단한다. 어떤 의미에서 우리는 그저 하나님께 돌이키는 것만으로, 자신에게만 몰두해서 생각하는 것에 저항한다. 그 다음에 하나님의 율법 및 복음에 대해 묵상하는 것은 우리 주위에 있는 대상들을 숙고하도록 촉진하고 자각시킨다. 그들은 가난한 사람, 과부, 고아, 이방인, 원수, 동물, 산림, 우리가 딛고 서 있는 땅 등이다. 묵상에서는 우리의 이웃과, 이웃을 잘 대하는 일의 중요성이 초점이 된다.

사람들이 도서관에서 다른 이들을 배려하지 않은 채 휴대전화를 사용하고, 영화관에서 떠들고, 자기 반려견의 배설물을 길에 둔 채 가 버리는 세상에서, 날마다 하는 묵상 훈련은 이웃에 대한 사랑의 행동이 되지 않을까? 그것은 우리의 마음이－**적어도** 열 번 중 여섯 번은－이웃을 향하도록, 그리고 빈번하고 꾸준하게 이웃을 생각하도록 훈련시킬 것이다. 이웃을, 그리고 하나님이 이웃을 어떻게 생각하시는지 우리에게 상기시킬 것이다. 하나님의 마음을 묵상함으로써, 우리는 이웃의 가치 및 우리가 이웃을 어떻게 대해야 하는지 끊임없이 대면하게 된다. 이는 우리가 이런 훈련을 매일 해야 하는 충분한 이유다. 우리는 날마다 우리 자신을 사랑한다－자신을 사랑하는 것처럼 이웃을 사랑하려면, 날마다 이웃을 생각해야 한다. 날마다 생각하는 습관과 관행을 약간 조정함으로써, 우리는 이웃을 우리 자신과 같이 사랑한다. 묵상 훈련을 날마다 하는 일과의 일부로 삼는 것으로, 우리는 이웃과 이웃의 안녕에 빈번하고 꾸준하게 초점을 맞춘다.

이웃을 유념하게 되면 우리는 이웃이 어떻게 지내는지 궁금해질 것이다. 그러면 우리는 현재 상황에서 이웃을 어떻게 도울 수 있을지 생각하고 검토하게 될 것이다. 그러면 우리는 이웃을 다르게 보고 다르게 대하게 될 것이다. 우리가 이웃을 유념하지 않는다면 우리의 시간, 에너지, 소유 및 우리가 이 책에서 논의하고 있는 다른 기본 활동들로 이웃을 사랑하기가 상당히 어렵게 될 것이다. 이웃에 대해 생각하는 것은 토대가 되어야 한다. 우리의 머리와 생각으로 이웃을 사랑하는 것은 이웃 사랑 자체에 필수적이다.

　이웃을 유념하는 것이 지닌 중요성을 과소평가하지 말라. 우리 중 많은 사람들은 결혼할 때까지 순결을 유지하고, 칵테일을 너무 많이 마시지 않도록 절제하고, 식이요법을 하고, 파티에서 마약을 정중히 사양한다. 우리는 몸을 정숙하고 순결하게 지킨다. 몸을 통제하기 위해 온갖 일을 다 한다. 사람의 몸이 곧 성전이라는 것을 알기 때문이다(고전 6:19). 이는 대단한 일이다. 하지만 우리는 마음이 미친 듯이 날뛰고 반역적으로 생각하는 것은 아무 상관없다는 듯이 그냥 놔둔다. 우리는 자신의 사고 습관과 패턴에 대해 생각하지 않는다. 우리 머릿속에 떠오르는 생각들에 이의를 제기하지 않는다. 우리는 우리 몸으로 이웃에게 상처를 주는 방식에 대해서는 잘 알고 있다. 예를 들어, 이웃을 주먹으로 때리거나 눈을 흘기거나 하는 식이다. 하지만 우리 마음과 생각으로 이웃에게 해를 끼치는 방식들은 염두에 두지 않는다. 정말로 이웃을 우리 자신처럼 사랑하고 싶다면, 우리는 이웃에 대해 생각하는 방식을 바꾸어야 한다.

옆으로 한 걸음: 묵상

기도

하나님 아버지. 하나님은 주의를 기울이고, 집중하고, 경탄하고, 마음에 품고, 상상하고, 성찰하고, 추정하고, 이해하고,

숙고하고, 검토하고, 판단할 마음을 갖도록 우리를 창조하셨습니다. 하나님은 우리 마음을 새롭게 하기 위해 당신의 아들을 보내셔서 우리가 생각하는 방식, 그리고 세상을 마음속에 그리는 방식 가운데 변화되도록 하셨습니다. 오늘 우리의 생각에 들어오셔서 그 생각들이 만물의 진리를 향하게 해 주십시오. 당신의 성령을 보내셔서 우리가 다른 사람들에 대해 생각하도록, 그리고 이웃을 우리 마음의 가장 중요한 위치에 놓도록 재촉하게 해 주십시오. 예수님의 이름으로 기도합니다. 아멘.

묵상을 연습하는 간단한 단계들

- 적당하고 가능한 대로 매일 15분씩 이웃을 묵상하고 생각하는 시간을 정하라. 그다음 며칠, 그리고 몇 주에 걸쳐 이 시간이 점점 더 규칙적인 일이 되고 쉬워지면, 30분 동안 해 보라. 그 다음에는 한 시간 동안 해 보라. 하지만 가장 중요한 것은 일관성과 규칙성임을 기억하라. 하루에 단 5분만 묵상할 수 있다면, 반드시 매일 그 5분 동안 묵상하라.
- 하루 중 언제 요리를 하며 무엇을 요리하는가에 따라, 요리 시간은 묵상하기에 대단히 좋은 때가 될 수 있다. 다지고 섞을 때, 의도적으로 생각의 방향을 정하라. 지난 아침 혹은 오후에 대해 곰곰이 생각해 보라. 당신의 생각들, 태도들, 행동들, 추구들을 깊이 생각해 보라. 당신은 이웃을 얼마나 자주 생각했는가? 뭔가 작은 것을

통해 이웃을 돕거나 사랑할 수도 있던 때가 있었는가?
- 장거리 통근을 하는가? 운전을 많이 하는가? 음악을 듣거나 라디오의 전화 토론 프로그램을 듣거나, 친구에게 전화를 하거나(혹은 그럴 일은 없겠지만, 문자 메시지를 보내거나!) 하는 대신에 당신의 생각의 방향을 바꾸는 데 시간을 들여 보라. 이것은 큰 훈련이 될 수 있다. 특히 도로 위의 자기중심적이고 거친 운전자들 때문에 정신이 산만해져 있다면 더욱 그렇다!
- 매일 아침 양치를 하거나 하루를 준비할 때, 어제 당신의 마음을 빼앗은 것이 무엇이었는지 천천히 주의 깊게 생각해 보라. 전날 일어난 일을 곰곰이 생각하는 습관이 몸에 밴 후에는, 그날 무엇을 생각할 것인지 생각들을 예비하기 시작하라. 자신에게 이웃에 대해 생각하라고 말하라. "좋아, 카일. 오늘은 마일스를 기억하도록 해 봐. 오늘 어떻게 그를 돕거나 사랑할 수 있지?" 며칠이 지나면 저녁때도 이렇게 해 보라. 잠자리에 들기 전에 생각하면 그것들을 더 잊지 않고 기억할 수 있다.
- 직장에 마음에 들지 않거나 함께 일하기 싫은 사람이 있는가? 잠자리에 들기 전에 전날 일어난 일들을 기억해 보고, 직상 동료가 뭔가 옳은 일을 했다면 그것에 감사하라. 그 다음에 이 사람에게서 찾아낼 수 있는 몇 가지 좋은 특성들을 곰곰이 생각해 보라. 아침에 차를 몰고 직장에 가는 길에 혹은 지하철을 타고 갈 때도 그렇게 해 보라. 그 다음 몇 시간 동안 이 사람을 만나는 것을 상상해 보라. 어떤 분위기를 만들 수 있을까? 무엇을 말할 수 있을까? 그것을 말하는 것을 상상해 보라. 직장에 도착했을 때, 실제로 그

렇게 말해 보라.

- 날마다 성경을 읽으라. 당신이 읽은 본문에서 하나님이 당신의 이웃을 사랑하고 변호하심을 보고 들으라. 마음에 와 닿는 본문들을 기록해 보라. 그것들을 기억하기 위해 거울에 적어 보라. 책상 혹은 현관 뒤쪽에 메모를 붙여 놓으라. 하나님이 이웃의 어떤 면에 역사하시는지 보도록 애쓰라. 당신의 이웃은 어떤 면에서 창의적이고 생산적인가? 그런 것들에 감사하라. 그 이웃은 삶의 어떤 부분에서 선하고 의로운가? 그런 것들을 인정하라. 그 이웃은 어떤 것들에 지적이고 유능한가? 그런 것들을 칭찬하라.

4장

《   이것은 내가 너를 위해 제한하는 내 배다   》

금식과 잔치와 새롭게 된 먹기

우리는 무엇을 먹을까 어디에서 먹을까 하는 생각을 많이 한다. 우리는 유당불내증이라 유제품을 피한다. 식중독에 걸리고 싶지 않기 때문에 '낮은' 위생 등급이 매겨진 좁고 어두운 식당을 피한다. 우리는 자신이 뭘 먹고 싶어 하는지, 뭘 먹기 싫어하는지 안다. 우리는 어디서 기꺼이 식사를 하려 하는지, 절대 금요일 저녁에 가족들을 데리고 가지 않을 장소는 어디인지 안다. 우리는 건강 잡지나 맛집 소개 책자들을 보고 온라인 요리 평론을 읽는 데 많은 시간을 들인다.

일부 사람들은 우리가 왜 먹는 것인지 궁금하게 생각해 보았을 수도 있다. 금요일 밤을 그런 생각을 하면서 보낸다는 게 언뜻 샌님 같긴 하지만 말이다. 왜 먹는가는 상당히 분명하지 않은가? 영양분을 공급받기 위해서다! 우리는 건강과 성장과 에너지를 위해 먹는다―그것도 질문이라고! 우리는 죽지 않기 위해 먹는다. 어떤 사람들은 짜증과 화와 불안을 피하기 위해 먹는다. 다른 사람들은 걸어 다니며 편두통을 느끼지 않기 위해 먹는다. 사람들 앞에서 쓰러지지 않기 위해 먹는다. 운동 경기를 보다가 '배가 고파서 화가 날 때' 스니커즈 초콜릿을 게걸스레 먹어 치운다. 배가 고플 때 우리는 앉아서 입을 벌리고, 감당할 수 없게 되기 전에 그 내적 욕구를 해소한다. 우리는 자신을 만족시키며, 나이에 따라서는 긴 세월 그렇게 해 왔다.

하지만 우리가 **어떻게** 먹는지에 대해 생각해 본 사람이 얼마나 될까? 먹는 일은 인간됨에 기본이며 인간의 생존에 필요하다. 우리는 매일 음식과 물로 양분을 공급받는다. 그것은 반복되는 일상이다. 그리고 인간적인 모든 일들과 마찬가지로, 먹는 일은 공동체 안에서 그리고 공동체의 도움으로 행해진다. 많은 사람들이 매일 다른 사람들과 어울려 음식을 먹는다. 우리는 먹을 식량을 직접 기르지 않고, 농부들과 식료품 상인들을 통해 우리가 요리할 식사 재료를 제공받는다. 일부 사람들은 먹을 음식을 스스로 만들지 않고 어머니나 아버지 혹은 요리사가 만들어 주는 음식을 먹는다. 우리가 무엇을 먹는가, 어디에서 먹는가, 어떻게 먹는가 하는 것은 다른 사람들의 먹는 습관과 관행에 좌우된다. 그들의 습관과 관행은 심지어 우리의 먹는 습관을 형성할 것이다. 역으로, 우리가 먹는 방식은 다른 사람들의 삶을 형성하고 영향을 미친다.

우리가 먹는 방식—어떻게, 누구와, 어디에서, 어떤 음식을 소비하는지—을 정직하게 면밀히 살펴보면, 많은 사람들은 우리의 먹는 습관과 관행에 다소 자기중심적 경향이 있다는 데 동의할 것이다. 우리는 먹는 일을 주로 자신의 영양 및 즐거움과 관련된 것으로 만드는 경향이 있다. 일부 사람들이 경험으로 아는 것처럼, 우리가 '배'라고 부르는 이 감춰져 있고 쥐어뜯는 것 같은 늪에서 솟아나는 충동들은 이웃에게 냉담하고, 험악하고, 잔인하게 되도록 우리를 이끈다. 나는 우리의 먹는 습관과 관행에서 어느 정도 이웃에게 상처를 주고 그들의 삶에 부정적 영향을 미치는 두 가지 이기적 경향을 지목하고 싶다. 이런 경향들은 사소한 문제처럼 보일 수 있지만, 주의를 기울이지 않으면 우리의 허리로 실제로 이웃과 전쟁을 치를 수 있다.

기형적 먹기: 대식하기

우리가 먹는 가운데 이기적 경향을 보이는 한 가지 방식은 탐욕스럽거나 게걸스럽게 먹는 것이다.

〈세븐〉(Se7en, 1995)이라는 영화에서, 서머셋 형사(모건 프리먼 분)와 밀스 형사(브래드 피트 분)는 섬뜩한 범죄 현장에 도착한다. 한 뚱뚱한 남자가 가시 달린 철사에 손발이 묶인 채 얼굴을 스파게티 접시에 처박고 앉아 있다. 몇 분 후 관객들은 이 사람이 의식을 잃을 때까지 먹도록 강요당하고 내출혈이 일어나기까지 배를 발로 차였다는 것을 알게 된다. 냉장고 뒤에는 '폭식'(gluttony)이라는 단어가 쓰여 있다. 다소 괴기하지만, 이 장면은 폭식의 본질과 결과를 탁월하게 포착해 낸다. 이는 너무 많은 음식, 강박 충동, 모종의 폭력, 식곤증, 질병이며 심지어는 죽음일 수도 있다.

우리는 모두 좋은 음식을 좋아하고, 좋은 음식 먹기를 즐긴다. 마땅히 그래야 한다(전 3:13). 하지만 좋은 음식을 즐기는 것은 폭식하는 것과 다르다. 폭식은 순전한 즐거움을 넘어선다—건강하지 못한 탐닉까지 내려가는 것이다. 폭식의 또 다른 말은 '대식'이다. '대식하다'(gormandize)라는 말은 '대식가'(gourmand)에서 나온 말인데, 이는 좋은 음식을 즐기는 사람…이지만 조금 지나치게 많이…그리고 조금 지나치게 자주 즐기는 사람이다. 대식 혹은 폭식은 너무 많이, 너무 자주 먹는 것이다.[1] 이것은 비만, 질병, 어쩌면 죽음까지도 가져올 뿐 아니라, 또한 대식하는 그 사람이 속한 공동체에 상당한 함의들을 지닌다.

과도한 탐닉은 대개 탐욕스러운 획득과 관련되어 있다. 많이 먹는 사람은 또한 많이 취하는 경향이 있다. 그리고 폭식하는 사람은 많은 것을 취하면서 자원을 독점한다. 독점(monopolization)은 물론 음식과 먹기에만 해당되는 것은 아니다. 자동차, 물, 수업 시간 등 독점할 수 있는 다른 필수품들이 많이 있다. 독점하는 사람은, 어떤 시장을 통제하든 언제나 자기 세상에 사는 유일한 주민인양 자신을 대한다. 문자그대로, 그 사람은 마치 자신이 자기 도시(polis)에 사는 유일한(mono) 시민인 것처럼 산다. 다른 사람들은 전혀 고려하지 않고 섭취하고 소비한다. 다른 사람들을 잊어버린다. 또는 그냥 다른 사람들을 무시하

---

[1] John Climacus는 폭식의 본질에 대한 강력한 이미지를 제시한다. "폭식이 우리에게 대답한다. '왜 너는 불평하고 있느냐, 나의 종이여? 어떻게 네가 감히 내게서 벗어나려 하느냐? 자연이 너를 나에게 묶어 주었다. 나에게 출입구는 음식의 본질, 그 특성과 질이다. 내가 만족할 줄 모르는 이유는 습관이다. 중단 없는 습관, 영혼의 둔함, 죽음을 기억하지 못함이 나의 열정의 뿌리다. 그리고 어떻게 너는 내 후손의 이름들을 찾고 있는가? 내가 그들을 센다면, 그들의 숫자는 모래알보다 더 많을 것이다.'" John Climacus, *Ladder of Divine Ascent*, trans. Colm Luibheid and Norman Russell (Mahwah, NJ: Paulist Press, 1982), p. 170 ("Step 14: On Gluttony").

거나 간과한다. 그다지 개의치 않는다. 누림과 탐닉이야말로 그 사람의 첫 번째 우선순위다.

독점적으로 먹는 사람은 과도한 양의 물건을 획득하고 그것을 소비함으로써, 물질적 자원을 지배한다. 이 상품들의 시장을 통제한다. 단순함을 다룬 장에서 말한 것처럼, 이것은 주위 사람들에게 몇 가지 함의를 지닌다. 그 사람이 음식을 섭취할 때, 다른 사람들은 섭취할 수가 없다. 그 사람은 다른 사람들이 원하거나 필요로 할 수도 있는 것을 소비한다. 이 독점은 우리가 날마다 살아가는 일상생활에서 표현된다. 대단히 기본적이며 아주 작은 차원에서 말하자면, 독점하여 먹는 사람은 이미 핫도그 세 개를 먹었으면서 묻지도 않고 마지막 남은 핫도그 하나를 집어 먹는 사람이다. 아니면 파티에 감자 칩을 한 봉지 가져와서 아무도 그것에 손을 대지 못하게 하는 사람이다. 또는 좀더 복잡하고 큰 차원에서 말하자면, 같은 브랜드의 맥주에 똑같이 관심이 있는 이웃 사람들을 전혀 고려하지 않은 채, 동네 가게에서 자기가 좋아하는 맥주를 싹쓸이하는 사람이다.

폭식은 일반적으로 자원을 독점하는 결과를 가져오는 것으로, 모범적 먹기가 아니다. 그것은 기형적이고 이기적인 방식으로 먹는 것이다. 예수님의 삶이 보여 주듯이, 우리는 우리의 충동과 배로 이웃을 사랑할 수 있으며, 사랑해야 한다. 하지만 음식이나 음료를 탐욕스럽게 먹고 독점할 때, 우리는 그렇게 사랑하지 않는 것이다. 시장을 전략적으로 지배하도록 권장하는 보드게임(모노폴리)을 하는 것은 가족이나 친구들과 주말 저녁을 즐겁게 보내는 한 방법이지만, 그것은 주중의 나머지 날들에 이웃들과 관계를 맺기에는 대단히 해로운 방법이다.

우리의 즐거움을 가장 우선시하는 것은 우리의 충동으로 이웃을 사랑하는 것이 아니다. 끊임없이 탐닉을 추구하는 것은 우리의 배를 가지고 이웃을 사랑하는 것이 아니다. 우리의 편안함이 이웃의 불편함과 위기로 대가를 치르는 경우가 더 많을 때, 어떻게 우리가 이웃을 사랑하고 있다는 것인가?

기형적 먹기: 인색하게 먹기

우리가 먹는 가운데 이기적 경향을 보이는 또 한 가지 방식은 인색한 사람이 되는 것이다. 랭스턴 휴스(Langston Hughes)의 시 "수전노의 노래"(Ballad of the Miser)가 분명히 전면에 제시하는 것처럼, 수전노는 재물을 쌓아 두고 가능한 한 적게 사용하는 사람이다. 휴스가 웅변하듯 표현하는 것처럼, 수전노는 자기 재물을 양말 한 짝에 집어넣고 숨겨 놓는다. 그 시는 이런 구절들로 끝맺는다.

> 죽을 때에 그는
> 아무에게도 아무것도 유산으로 주지 않았네
> 수전노에게 돈을 저축하는 것은
> 너무나도 재미있는 일이니.[2]

---

[2] Langston Hughes, "Ballad of the Miser", in *The Collected Poems of Langston Hughes*, ed. Arnold Rampersad (New York: Vintage Classics, 1995), pp. 221-222.

그는 자기 재물을 사용하고 싶어 하지 않는다. 그것을 모으고 싶어 한다. 어쩌면 그는 어떻게 저축을 하고 그것을 전부 어디에 둘 것인지 계획까지 세울지 모른다. 그는 그렇게 하는 것을 즐긴다. 아끼고도 넉넉히 남을 만큼 가지고 있을지 모르지만, 괜찮은 옷들을 사기 위해서는 단돈 몇 달러도 내놓고 싶어 하지 않는다. 그래서 그는 거지처럼 보이기까지 할 수도 있다. 하고 싶어 하는 것이라고는 계속 채워 넣고 저축하는 것뿐이다. 결국 그는 아무에게도 아무것도 남겨 주지 않았다.

'수전노'(miser)라는 말은 '비참한'이라는 의미의 라틴어 미세르(miser)에서 온 것이다. 이런 연관을 두 가지로 이해할 수 있을 것이다. 첫째, 인색한 사람은 비참하게 보이는 경우가 많다. 그런 사람은 휴스가 말하듯 "거지처럼 누더기를 입고 돌아다닌다." 꼴이 엉망인데, 자기 돈을 전혀 쓰지 않기 때문이다. 잘 차려입거나 자기 몸을 잘 건사하거나 꾸미지 않는다. 둘째, 비참하다는 말을 또한 그 사람의 내적 상태에 적용할 수 있을 것이다. 인색한 사람은 신경질적이거나, 좌절해 있거나, 화가 나 있는 사람이다. 아마 늘상 자신이 얼마나 벌고 있는지, 그리고 얼마나 더 저축할 수 있을지 염려했을 것이다. 그 사람은 잘못된 상태에 놓여 있다. 한 번도 자기 자신이 마음에 든 적이 없다. 간단히 말해, 그 사람은 불행하다. 하지만 어느 정도 우리가 예상한 것 아닌가? 한 푼 한 푼 움켜쥐는 사람들은 대체로 다소 심술궂지 않던가?

앞에서 우리가 절약에 대해 나눈 대화를 생각해 보라. 인색한 사람은 절약하는 사람과 매우 다르다. 결국 절약하는 사람은 그 사람이 어떻게 소비하는가에 따라 규정된다. 절약하는 사람은 자신의 돈을 소비한다. 하지만 지혜롭게 소비한다. 돈을 모아 놓거나 쌓아 두지 않는다. 하지만 인색한 사람은 소비하지 않음으로써 규정된다. 그 사람은 자신의 돈을 소비하지 않는다. 그것을 쌓아 놓는다. 그저 모으고, 모으고, 또 모은다. 그 사람은 자신의 돈에 인색하다. 그 돈을 내놓으려 하지 않는다―어떤 것에도 말이다. 새 셔츠를 걸치기보다 감춰 놓은 돈을 더 늘리려 할 것이다. 그리고 절약하는 사람과 달리, 인색한 사람은 자기 돈을 소비할 때가 실제로 온다면, 분명 그 돈을 지혜롭게 소비하지는 않을 것이다. 그 사람은 소비하는 일에 익숙하지 않다. 그래서 상당히 서툴게 소비할 수도 있을 것이다.

물론 인색함은 현금에 대해서만 적용되지 않는다. 그 말은 음식 및 먹는 일에도 역시 적용될 수 있다. 인색하게 먹는 사람은 음식을 쌓아 놓은 채 섭취하지 않는 사람일 것이다. 그런 사람은 영양을 섭취하거나 즐기기 위해서가 아니라 단지 모아 놓기 위해 물건들을 산다. 그 음식들을 나누는 일을 무슨 수를 써서든 제한한다. 그리고 틀림없이 어떤 것도 나눠 주지 않는다. 그 사람은 자신이 가진 좋은 먹을 것과 마실 것에 인색하다. 우리 문화에서 이런 인색함의 한 예는, 정말로 맛있는 와인을 사지만 절대 그것을 따지 않는 일이다. 아니면 매장에서 최상급 스테이크나 생선을 사지만 다른 사람들이 저녁을 먹으러 왔을 때 그것을 절대 내놓지 않는 일이다. 인색하게 먹는 사람은 자신이 가진 음식을 소비하는 일을 피하고, 심지어 이웃이 근처에 오는 것도 피할지 모른다. 자신이 가지고 있는 것을 나누지 않아도 되도록 하기 위해서다. 친구들이나 가족들이 저녁을 먹으러 오면, 인색하게 먹는 사람은 그들에게 표준 이하이거나 값싼 와인―예를 들면, "투 벅 척"

(Two Buck Chuck) — 을 내놓을 것이다. 아니면 자신 모아 둔 것을 내놓지 않아도 되도록, 사람들에게 각자 음식을 하나씩 가져와서 식사하자고 할 수도 있다. 결국 그런 사람은 비싸거나 고급스러운 음식을 이웃과 나누기를 원하지 않는다. 자신이 감춰 놓은 것을 자기 이웃보다 더 소중히 여기기 때문이다.

폭식과 마찬가지로, 인색하게 먹기는 종종 자원들을 쌓아 놓는 결과를 낳는 것으로, 먹기의 기형적 방식이다. 예수님은 요리를 하셔서 자기 음식을 다른 사람들과 나누셨다(요 21:12-13). 예수님은 폭식가나 인색하게 먹는 사람과 달리, 이기적으로 먹지 않으셨다. 예수님과 마찬가지로, 우리는 우리의 배와 충동으로 이웃을 사랑할 수 있다. 하지만 인색하게 먹을 때, 우리는 그렇게 사랑하고 있지 않다. 이것은 사소하고 하찮은 것처럼 보일지 모르며 그렇기 때문에 탐욕스럽게 먹는 것만큼 파괴적이지는 않아 보일지 모르지만, 대단히 기본적인 대인 관계 차원에서, 인색하게 먹는 것은 정말로 우리 이웃에게 상처를 준다. 우리가 가장 좋은 것들을 감추고 내주지 않거나 쓰지 않고 있다는 것을 이웃이 안다면, 이는 그 이웃이 우리를 상대하는 방식에 영향을 끼칠 것이다. 그 이웃은 우리를 신뢰하지 않을 것이다. 우리와 관계를 맺으려 하지 않을 것이다. 그 이웃은 심지어 우리에게 앙심을 품을 수도 있다. 나누지 않는 사람과 관계 맺는 것은 누구라도 좋아하지 않기 때문이다. 우리는 그 사실을 아주 어릴 때 이미 배웠다.

인색하게 먹는 것은 우리를 풍성하게 하는 자원들을 제공해 준 이웃과 다른 사람들에게 감사하는 마음을 저버리는 것이다. 그것은 우리가 받은 선물들을 이웃에게 유익이 되고 이웃을 사랑하는 방식으로 청지기처럼 돌보지 못하는 것이다. 인색하게 먹을 때, 우리는 우리에게 주어진 음식이라는 선물을 나누거나 주지 않는다. 그렇긴 해도, 이 시점에서 이렇게 이기적인 방식으로 소유하고, 생각하고, 먹는 일들 중 일부가 어떻게 서로 연관되어 있는지 우리가 볼 수 있기를 바란다. 아울러 궁극적으로 단순함, 묵상, 금식, 잔치에 대한 훈련들이 서로 연결되어서 그런 이기적 방식들을 어떻게 반대하고 치유하는지 볼 수 있기 바란다. 더 가지려 하는 탐욕은 낭비하는 삶에 뿌리를 두고 있을 수 있다. 너무 많이 먹는 사람들은 너무 많이 가지려 한다. 마찬가지로, 먹는 가운데 다른 사람들을 고려해야 할 때에 간과하게 만드는 독점의 관행은 자기중심적 사고 습관에 뿌리를 두고 있을 수 있다. 우리는 이웃을 기억할 수 없을 만큼 자신이 누리고 탐닉하는 것에 너무 몰두한다. 이기심은 삶의 한 방식이지만, 희생도 그렇다.

금식과 잔치와 새롭게 된 먹기

요한 카시아누스는 주위에 아무도 없을 때 음식을 먹으려 하지 않았던 한 수사의 이야기를 말해 준다.

> 우리는 광야에 살면서 자기 혼자 있을 때 절대 스스로에게 음식을 허용하지 않았다고 증언하는 또 다른 사람을 만났다. 닷새 내내 수사들 중 아무도 그의 수도원 독방에 들르지 않았지만, 그는 경건 모임에 참석하기 위해 토요일이나 일요일에 예배당으로 가는 길에 낯선 사람을 만날

때까지 식사를 미루곤 했다. 그는 그 낯선 사람을 자신의 수도원 독방에 데리고 와서 그 사람과 함께 식사했다 — 육체적 필요 때문이 아니라 손대접을 위해, 그리고 그 수사 자신의 유익을 위해서였다.[3]

요한 카시아누스의 이집트 여행에서 비롯한 이 이야기는 우리에게 무엇을 말해 주는가? 우리는 이와 같은 일을 해 본 적이 있는가? 즉 주위에 아무도 없기 때문에 — 아무도 없을 때 먹는 것을 원치 않기 때문에 — 먹는 것을 삼가 본 적이 있는가? 우리 모두는 아마 친구가 늦기 때문에 식당에서 그 친구가 도착할 때까지 기다렸다가 자리에 앉아 본 적은 있을 것이다(아니면 일행이 다 도착할 때까지 지배인이 우리를 자리로 안내하지 않기 때문에). 하지만 우리 중 저녁밥을 요리하고 나서, 초청하지도 않았는데 누군가 문을 두드리거나 초인종을 누르기를 기다려 본 적이 있는 사람이 몇 명이나 될까? 그렇다. 나도 그렇게 해 본 적은 없다. 그렇게 한다면 이상할 것이기 때문이다. 왜 우리가 함께 먹을 누군가를 기다려야 하는가?

금식과 잔치에 대한 올바른 관점

금식이란 무엇인가? 잔치란 무엇인가? 금식하는 것과 잔치하는 것은 어떤 모습으로 나타나는가? 왜 그것들이 중요한가? 우리 대부분은 잔

---

[3] John Cassian, *The Institutes*, trans. Boniface Ramsey (Mahwah, NJ: Paulist Press, 2000), p. 133 (5.26).

치의 본질을 이해한다. 그래서 잔치에 대해 토론하느라 너무 많은 시간을 보낼 필요는 없다. 뒤에서 잔치를 실천하는 것의 중요성을 말할 것이다. 하지만 금식은 종종 오해된다. 하지만 정말로 금식에 대해 생각할 때, 우리는 금식이 자제의 어떤 형태라는 것을 안다. 무언가를 자제하는 것은 잠시 동안 충분한 이유로 기꺼이 그것으로부터 한 걸음 떨어져 있는 것이다. 우리는 어떤 주목할 만한 이유 때문에 원하는 무언가를, 혹은 통상적으로 소비하거나 누리는 무언가를 자발적으로 멀리 한다. 이런 식으로 금식을 규정하지 않더라도, 대부분의 사람들은 이런 점을 이해한다. 일부 사람들은, 일반적으로 정해진 시간이 지나고 하려 했던 일을 완수하고 나면 우리가 통상적으로 소비하거나 누리는 것들로 다시 돌아온다는 점도 인식한다. 하지만 많은 사람들은 이 후자를 언제나 분명하게 인식하고 있지는 않다.

금식처럼 우리가 전형적으로 후자와 혼동하는 또 다른 관행은 절제(abstemiousness)다. 절제는 먹고 마시는 데 스스로 탐닉하지 않는 습관이다. 이 말의 뿌리는 먹는 것보다 마시는 것에 더 관련이 있다. 하지만 그 말은 둘 모두에 적용된다. 절제하는 사람은 너무 많이 먹거나 마시지 않는 사람이다. 그 사람은 폭식가도 아니며 스스로 주리지도 않는다. 일반적으로 어떤 사람이 절제한다고 말할 때, 자신이 먹을 것과 마실 것을 금한다는 의미는 아니다. 먹을 것과 마실 것을 소비하는 일 가운데 절제한다는 의미다. 그 사람이 먹지 않거나 마시지 않는다는 것이 아니다. 적당하게 그리고 심지어는 조금 불충분하게 먹고 마신다. 금식과 달리, 그 사람은 꾸준하고 빈번하게 먹는다.

우리는 또한 금식을 극기(temperance)와 혼동한다. 극기는 절제의 좀

더 기본적인 동기와 틀을 말한다. 극기는 많은 일과 활동에 적용될 수 있다. 하지만 여기에서 말하는 극기하며 먹는 사람이란 너무 많이 먹는 것을 절제하고 너무 적게 먹는 것을 절제하기를 반복하는 게 아니라, 한결같이 늘 절제하는 사람일 것이다. 그런 사람은 딱 정량만 먹는다. 이 설명은 절제와 매우 비슷하게 들리며, 그 둘은 대단히 유사하다. 절제는 극기의 한 형태이기 때문이다. 하지만 그 둘은 한 가지 미묘한 점에서 다르다. 절제는 탐닉을 피하고, 극기는 과도함을 피한다. 탐닉하지 않는 것과 절대로 지나치게 탐닉하지 않는 것은 서로 다르다. 극기하는 사람은 절제하는 사람이 먹을 것과 마실 것에서 그러는 것처럼 단지 몇 가지 행동에서만 절도가 있는 것이 아니라, 생활 방식 자체에서 절도가 있다. 생활 방식으로서―단순함을 실천하는 데 얽혀 있는 특징들이 그렇듯―극기는 단순히 먹는 것과 마시는 것을 넘어선다.

여기에서 우리는 주의해야 한다. 역시 금식과 혼동할 수 있는 다른 실천들이 있다. 억제(continence), 삼가기(forbearance), 끊기(abnegation) 등이다. 억제는 극기와 비슷한, 자기 통제(self-restraint)의 일종이다. 하지만 보통은 성욕에 대한 것이다. 그 말은 성적 활동을 절제하는 것을 암시한다. 삼가는 것은 자기 통제에 대한 것이지만, 다른 형태의 자기 통제보다 더 고도의 몸부림을 포함한다. 자제하는, 혹은 극기하는 사람은 무슨 일을 하든지 그 일에서 자신을 통제하고자 한다. 하지만 그들은 애써 몸부림치면서 그렇게 하는 것이다. 마음속으로는 그렇게 하고 싶지 않기 때문이다. 그들은 자기 통제 훈련을 참고 견딘다. 금식은 삼가는 것과 다르다. 금식은 단순히 견디는 것이 아니기 때문이다. 마지막으로, 금식은 끊기가 아니다. 무언가를 끊는 사람은 그것을 거부하거나 포기한다. 그 무언가는 나쁜 것이다. 그리고 끊는 사람은 그것이 나쁘다는 것을 알린다. 그들은 그것으로부터 멀리 떨어져 있으며 사람들에게 거기 참여하지 말라고 경고한다. 하지만 금식은 음식을 거부하는 것이 아니라, 한동안 음식 먹기를 절제하는 것이다.

가장 기본적인 차원에서, 금식과 잔치는 먹는 방식들이다. 음식으로부터 한 걸음 멀어지게 하는 실천과 음식으로 한 걸음 돌아오게 하는 실천이다. 그것들은 음식 먹는 것을 중단하게 만들고(금식), 먹을 때에 음식과 다른 사람들에게 더 관여하게 만든다(잔치). 앞으로 보겠지만, 먹는 것은 배를 꽉 채우고 위장에서 나는 꼬르륵 소리가 사라지게 하는 일 이상이다. 마찬가지로, 금식은 먹지 않는 일 이상이며, 잔치는 많이 먹는 일 이상이다. 두 가지 실천 모두, 우리가 먹을 때 다른 사람들과 음식을 나누고 주고 소비하는 것을 촉진하며 용이하게 한다. 금식은 음식을 거부하고 스스로 굶는 것이 아니라, 음식을 절제하고 그것을 다른 사람들에게 줄 만큼 충분히 소중히 여기는 것이다. 잔치는 음식을 쌓아 놓고 우리 자신만 누리는 것이 아니라, 다른 사람들과 함께 음식을 기념하며 나누는 것이다. 이 두 훈련 모두 우리의 먹기와 영양에서, 먹기와 영양으로, 먹기와 영양을 통해 음식과 올바른 관계를 개발하고 우리 이웃과 맺는 관계를 강화하는 데 관련되어 있다.

우리의 배와 충동으로 이웃을 사랑하기

기독교 전통에서 자라난 많은 사람들은 아마 금식이라는 영적 훈련에 하나님의 말씀을 듣는 것이 포함된다고 배웠을 것이며, 잔치에는…뭐, 사실상 우리는 교회에서 잔치에 대해 어쩌면 한 번도 듣지 못했을 것이다. 우리는 아마 그것을 비그리스도인들로부터 들었을 것이다. 이제 그것을 다룰 것이다. 금식은 우리가 배운 대로, 혹은 주위에서 그것을 실천하는 사람들의 삶을 통해 추론한 대로, 하나님으로부터 듣는 것과 관계가 있다. 직장에서 해고된 남편은 하나님이 장차 그에게 무엇을 예비해 놓으셨는지 분별하기 위해 금식한다. 아니면 어떤 자매는 방금 자기 형제와 대판 싸우고 나서 인내와 친절함이 필요하기 때문에 금식한다. 심지어 어떤 사람들은 교회력에 따라 금식했을 것이다. 예를 들면, 사순절 기간 동안 그리한다. 대부분의 사람들은 재정적 문제, 연례 건강 검진에 대한 염려, 사순절 기간 동안 지은 죄, 혹은 청년부 기금 모금 등의 이유로 금식을 한다.

이런 것들이 하나님 앞에 내어놓기에 적절한 관심사이긴 하지만, 뭔가 중요한 것이 빠졌다. 우리는 금식의 몇 가지 중요한 방법들은 말할 것도 없이, 금식의 몇 가지 중요한 이유들을 놓쳤다. 이뿐만 아니라, 또한 정기적으로 잔치를 해야 하는 몇 가지 중요한 이유들도 놓쳤다. 금식은 그지 허니님의 말씀에 귀를 기울이고 하나님으로부터 듣는 일을 훨씬 넘어선다. 그리고 잔치는 단순히 우리의 성취 혹은 하나님으로부터 받은 복을 기념하는 일을 훨씬 넘어선다. 우리는 금식과 잔치 둘 모두에 대한 본래의 계획에서 뭔가를 간과했다. 바로 그 실천들의 수평적 차원이다. 금식과 잔치는 우리가 거기에서 얻는 어떤 유익보다 이웃, 이웃의 안녕, 이웃의 생계와 더 관련이 있다. 그 실천들은 주로 또는 오로지, 우리 자신이 아니라 이웃에게 유익과 복을 주려는 것이다.

이사야서에서 이것을 분명히 볼 수 있다. 다음 본문에서 하나님은 그분이 기뻐하시는 금식과 잔치가 어떤 것인지 묘사하신다. 이 본문은 어떻게 그리고 왜 우리가 금식과 잔치를 행해야 하는지 설명한다. 또 우리가 먹는 습관과 관행을 훈련할 수 있으며, 훈련해야 한다는 점이 본문에 분명히 나타난다.

주님께서 보시지도 않는데, 우리가 무엇 때문에 금식을 합니까?
　주님께서 알아주시지도 않는데, 우리가 무엇 때문에 고행을 하겠습
　니까?
너희들이 금식하는 날, 너희 자신의 향락만을 찾고,
　일꾼들에게는 무리하게 일을 시킨다.
너희가 다투고 싸우면서, 금식을 하는구나.
　이렇게 못된 주먹질이나 하려고 금식을 하느냐?
너희의 목소리를 저 높은 곳에 들리게 할 생각이 있다면,
　오늘과 같은 이런 금식을 해서는 안 된다.
이것이 어찌 내가 기뻐하는 금식이겠느냐?
　이것이 어찌 사람이 통회하며 괴로워하는 날이 되겠느냐?
머리를 갈대처럼 숙이고
　굵은 베와 재를 깔고 앉는다고 해서
어찌 이것을 금식이라고 하겠으며,
　주님께서 너희를 기쁘게 반기실 날이라고 할 수 있겠느냐?

내가 기뻐하는 금식은,

　　부당한 결박을 풀어 주는 것,

　　멍에의 줄을 끌러 주는 것,

압제받는 사람을 놓아 주는 것,

　　모든 멍에를 꺾어 버리는 것, 바로 이런 것들이 아니냐?

또한 굶주린 사람에게 너의 먹거리를 나누어 주는 것,

　　떠도는 불쌍한 사람을 집에 맞아들이는 것이 아니겠느냐?

헐벗은 사람을 보았을 때에 그에게 옷을 입혀 주는 것,

　　너의 골육을 피하여 숨지 않는 것이 아니겠느냐? (사 58:3-7)

하나님이 기뻐하시는 금식은, 적어도 이사야서의 이 본문에 따르면, 이웃을 악에서 벗어나게 하고 억압에서 자유롭게 하는 것이다. 그것은 우리뿐만 아니라 우리 이웃에게 유익이 되는 금식이다. 하나님은 분명 우리 이웃에 대해, 그리고 우리의 먹는 습관과 관행이 그들의 생계에 어떻게 영향을 끼치는지에 대해 관심이 있으시다. "굶주린 사람에게 너의 먹거리를 나누어 주는 것"(사 58:7). "네가 너의 정성을 굶주린 사람에게 쏟으며, 불쌍한 자의 소원을 충족시켜 주면"(58.10). 이런 권고들은 우리가 먹는 방식을 바꾸라는 것이며, 탐욕스럽게 독점하는 것이든 인색하게 먹는 것이든 이기적 먹기의 모든 유형들과 반대된다. 하나님은 적절하게 먹는 방식은 이웃에게 해를 끼치는 일이 아니라 이웃을 돕는 일을 포함한다고 말씀하신다.

금식의 실천을 통해 "굶주린 사람에게 너의 먹거리를 나누어 주는 것"이라는 주제는 초대 교회와 초기 수도원 공동체에서도 일반적인 것

이었다. 예를 들어, 성 그레고리우스(Gregory the Great)는 "잠시 자기 배에 집어넣지 않고 놔두었던 음식을 가난한 자들에게 주지 않고, 나중에 자기 배를 채우기 위해 비축해 놓는다면, 하나님께 금식하는 것이 아니라 자신에게 금식하는 것이다"라고 말한다.[4] 그레고리우스에게 금식은 하나님께 귀 기울이기 위해 잠시 음식 먹는 일을 쉬었다가 며칠 후에 다시 먹는 것이 아니다. 그것은 음식을 나누어 주는 것이다. 다른 사람들을 해방하는 것이다. 우리의 자원과 배로 다른 사람들을 돕는 것이다. 우리가 먹으려던 것을 희생해서 궁핍한 사람들에게 주는 것이다.

잔치도 이와 비슷한 목적을 위한 것이며 금식과 서로 관련되어 있다. '잔치'(feast)라는 단어는 '축제'(festival)에 해당하는 라틴어 페스툼(*festum*)과 얽혀 있다. 사실상, 잔치는 축제—잘 조직된 즐거운 기념행사다. 잔치는 몇 분 전에 갑자기 열기로 하는 것이 아니라는 의미에서 잘 조직된 것이다. 그것은 즉흥적 번개 모임이 아니다. 계획된 것이며 초청장이 발송된다. 언제나 그런 것은 아니지만 과거의 사건이나 성취를 기리기 위해 열리는 중요한 파티라는 의미에서 즐거운 기념행사다. 꼭 직장에서 중대한 성취에 이르거나 아기가 태어나야만 잔치를 할 수 있는 것은 아니다. 잔치를 열어 기념할 수 있는 많은 것들이 있다. 생명, 건강, 가족, 취업 등이 그렇다. 그리고 잔치는 언제나 다른 사람들을 포함한다—어느 누구도 혼자서 잔치를 열지 않는다. 물론 거기에는 언제나 음식이 포함된다. 엄청나게 많은 음식. 그리고 우리가 제

---

4   Gregory the Great, *Pastoral Rule*, trans. Henry Davis, SJ (Mahwah, NJ: Newman Press, 1978), p. 150.

공할 수 있는 가장 좋은 음식이 포함된다.

잔치는 다른 사람들을 포함한다. 그리고 이 다른 사람들을 초대하는 일을 포함한다. 누가복음에서(14:12-24) 예수님은 잔치에 대해 말씀하신다. 특히 예수님은 우리가 잔치(혹은 연회)를 열 때 누구를 초대해야 하는지 가르쳐 주신다. 예수님의 가르침은 급진적이며 다소 사람들을 동요하게 한다.

> 네가 점심이나 만찬을 베풀 때에, 네 친구나 네 형제나 네 친척이나 부유한 이웃 사람들을 부르지 말아라. 그렇게 하면 그들도 너를 도로 초대하여 네게 되갚아, 네 은공이 없어질 것이다. 잔치를 베풀 때에는, 가난한 사람들과 지체에 장애가 있는 사람들과 다리 저는 사람들과 눈먼 사람들을 불러라. 그리하면 네가 복될 것이다. 그들이 네게 갚을 수 없기 때문이다. 의인들이 부활할 때에, 하나님께서 네게 갚아 주실 것이다. (12-14절)

예수님은 본질적으로 우리가 파티나 연회 혹은 잔치를 열 때, 궁핍한 사람들만 초대해야 한다고 말씀하신다. 이미 재물과 소유를 가지고 있는 사람들은 초대하지 말라. 냉장고와 찬장에 음식이 있는 사람들은 초대하지 말라. 당신에게 보답할 만한 돈을 가지고 있는 사람들은 초대하지 말라. 가족과 친구들을 초대하지 말라. 낯선 사람들을 초대하라. 아무것도 없는 사람들을 초대하라. 당신에게 보답할 수 없는 사람들을 초대하라. 파티를 여는 일에 에너지를 들이라. 그리고 낯선 사람들과 궁핍한 사람들을 축복하기 위해 당신의 시간과 자원을 사용하라.

급진적이고 동요를 일으키는 말이지 않은가? 큰 잔치를 열지만 당신이 사랑하는 사람들과 당신을 사랑하는 사람들을 초청하지 말라. 당신을 알지 못하는 사람들 혹은 당신이 알지 못하는 사람들을 초대하라. 어린 시절부터 알던 친구나 가족 구성원이 아닐지라도 당신이 마땅히 사랑해야 하는 사람들을 초대하라. 우리가 들을 필요가 있는 말이다. 그렇지 않은가? 이것은 이기적으로 먹는 사람들을 향한 진리의 말씀이다. 우리는 가장 좋은 와인과 음식을 다른 사람들과 나누고 싶어 하지 않는다. 우리에게 유익을 주지 않는 사람들과 우리가 가진 것을 나누고 싶어 하지 않는다. 차라리 우리가 투자하는 사람, 앞으로 갚을 사람들, 즉 다시 우리에게 돌려줄 만한 사람들에게 주고 나누려 한다. 하지만 누가복음에 나오는 잔치에 대한 비유 및 이사야서에 나오는 금식에 대한 본문은, 우리의 먹는 습관이 궁핍한 사람들―우리 자신에게 유익을 준다고 혹은 유리하다고 생각하는 사람들이 아니라―에게 어떤 방식으로든 유익이 되어야 한다고 말한다.

  잔치는 이웃이 영양을 섭취하도록, 그리고 우리와 함께 기념하도록 이웃을 초대하는 것이다. 우리는 잔치를 조직하고 주최한다. 그리고 우리가 가진 자원을 이웃과 더불어 나눈다. 우리는 이웃을 우리 집으로 또는 함께 친밀하게 식사할 수 있는 곳으로 맞이한다. 그들이 우리 식탁에 앉아 우리의 섬김을 받도록 하기 위해서다. 식사는 친밀한 모임이 될 수 있다. 하지만 많은 사람들은 그 때문에 다른 사람들과 식사하기를 꺼린다. 식사는 우리를 취약하게 만든다. 말하자면, 우리의 예절(혹은 예절이 없음)이 도마 위에 오른다. 그리고 다른 사람들과 더불어 기념할 때, 우리는 까다로워진다. 우리는 사람들이 있으면 원래 모습대로 행동하지 않는다. 하지만 우리가 주최하는 잔치에서는 분명히 우리 자신의 모습을 그대로 드러내려 한다. 이런 이기적이고 불안정한 경향들을 잔치는 밀어낸다. 우리는 이웃과 더불어 가장 좋은 것을 나눈다(삿 6:19). 이웃과 교제를 나눈다. 이웃에게 말을 건넨다. 이웃에게 몰두한다. 아마 우리는 처음으로 그 이웃을 제대로 알게 될 것이다.

금식과 잔치의 핵심은 우리의 시간, 우리의 식탁, 우리의 배가 하나님께 속해 있다는 개념이다. 우리의 자연적 충동들은 하나님께 속한 것이다. 하나님은 우리 배의 창조주, 구속자, 회복자시다. 하나님은 우리에게 이 선물들을, 우리 이웃을 높이고 사랑하며 우리가 사는 세상을 치유하고 조화시키는 방식으로 돌보라고 명하신다. 우리는 자신의 음식과 포크를, 자신의 만족과 단순한 즐거움을 위해서가 아니라 하나님의 목적을 위해 사용해야 한다. 하나님은 이런 것들을 궁핍한 사람들과 나누도록 우리를 초대하신다. 하나님은 그분이 우리에게 주신 것을 가지고 그리고 우리가 가장 소중히 여기는 선물들―우리를 유지하고 양분을 주는 요소들―을 가지고 다른 사람들을 축복하고 그들에게 유익을 주라고 초대하신다.

우리가 예수님에 대해 아는 것이 있다면, 그분이 자신의 먹는 습관과 관행으로 다른 사람들을 적극적으로 축복하시고 유익을 주려 하셨다는 것이다. 예수님은 사랑을 드러내고 촉진하는 방식으로 잡수셨다. 예수님은 먹음으로, 또 먹음을 통해 사람들을 사랑하셨다. 한편으로 예수님은 자신의 음식을 나누셨다. 예수님은 다른 사람들과 함께 떡을 떼셨으며(마 26:26), 자주 그렇게 하셨다. 예수님은 다른 사람들이 가진 것을 불어나게 하셔서 사람들에게 훨씬 더 많은 것들을 공급하셨다(요 6:11). 다른 한편으로, 예수님은 다른 사람들과 함께 잡수셨다.

예수님은 그분과 함께 먹을 자격이 없는 사람들, 그리고 다른 사람들이 교제하기 원치 않았던 사람들과 함께 잡수셔서 관계들을 돕고 치유하셨다. 예를 들어, 삭개오는 세리였다(눅 19:1-10). 예수님은 인간이 먹는 것이 개인의 배를 충분히 빵빵하게 채우는 것 이상을 위한 일임을 아셨다.

일상적으로 영양분을 공급받고 즐기는 과정에서, 우리는 자주 그리고 쉽게 이기적으로 먹는다. 예를 들어, 우리는 이웃의 필요는 고려하지 않고 아무 생각 없이 음식을 취득한다. 음식을 다른 사람들과 나누거나 다른 사람들에게 주지 않고 이기적으로 즐긴다.[5] 우리의 충동을 약간 훈련해 볼 수 있을 것이다. 우리의 배를 제한해서 먹는 습관과 관행을 통제하면 좋을 것이다. 우리는 금식과 잔치 훈련을 통해 이것을 해낼 수 있다.

금식과 잔치는 먹기의 기형적 방식들을 바로잡고 새롭게 하는 훈련이다. 금식하고 잔치할 때 우리는 이기적이고 나쁜 먹기를 밀어낸다. 금식과 잔치는, 우리가 매일 하는 일일 수도 있는 이웃과 함께 먹는 일뿐 아니라, 또한 우리가 매일 하는 일은 아닐 이웃과 음식을 나누며 우리가 가진 가장 좋은 것을 이웃에게 주는 일로 초대한다. 우리가 금식할 때, 이사야서가 묘사한 것처럼 우리 자신이 아니라 이웃이 우리의 음식을 받게 된다. 잔치에서는 누가복음이 묘사한 것처럼, 단지 영양분을 섭취하는 것이 아니라 이웃과의 교제가 먹는 일의 목표가 된다. 현대 신학자 노먼 워즈바(Norman Wirzba)는 이를 다음과 같이 잘

---

5 참고. Eric Schlosser, *Fast Food Nation: The Dark Side of the All-American Meal* (New York: Houghton Mifflin, 2001). 『패스트푸드의 제국』(에코리브로).

표현한다. "사람들은 은혜와 세상의 축복을 잊지 않기 위해 잔치를 해야 한다. 사람들은 하나님이 주신 좋은 선물들을 썩히거나 쌓아 두지 않기 위해 금식을 해야 한다."[6] 금식과 잔치는 같은 목적에 기여하는 동반자다. 그 목적은, 먹는 방식을 바로잡는 것이다. 하지만 앞에서 보았듯이, 그 둘은 우리의 습관들을 서로 다른 방식으로 개선한다. 금식은 이웃에게 주는 것을 우리가 매일 먹는 습관과 접목시킴으로써 탐욕스럽고 지배적으로 먹는 것을 바로잡는다. 잔치는 이웃과 나누는 것을 우리가 매일 먹는 습관과 접목시킴으로써 지배적이고 인색하게 먹는 것을 바로잡는다. 두 훈련 모두 이웃의 영양과 안녕과 구체적 사회적·경제적 상태에 대한 관심이 중심이 된다.

한낮에 한 시간 동안 작은 방에 움츠리고 앉아, 사무실 문을 걸어 잠그고 포장해 온 음식을 먹고 세계 반대편이나 인근 지역에서 굶주리는 사람들에 대해 듣는 세상에서, 금식과 잔치를 실천하는 것은 이웃에 대한 사랑의 행동이 될 수 있다. 이런 실천들은 우리의 충동과 배를 훈련시켜서, 이웃의 필요와 교제를 갈망하기 시작하게 만든다. 그렇게 되면 이웃은 우리의 영양 섭취와 삶을 기념하기 위한 필수 요소가 된다. 잔치를 하고 금식함으로써 우리는 삶의 가장 기본적 요소인 먹을 것과 마실 것을 주고 나누는 습관을 지니게 된다. 금식은 우리의 배를 부인하게 해서 우리 식탁에 있는 것들을 기부할 수 있게 하고, 잔치는 이웃과 함께 기념하면서 우리의 찬장에 있는 가장 좋은 것들을 소비하게 해 준다.

---

[6] Norman Wirzba, *Food and Faith: A Theology of Eating* (New York: Cambridge University Press, 2011), p. 137.

하나님 나라의 헌신된 시민이라면, 우리의 미각을 거룩하게 하고 부엌을 새롭게 해서 왕의 통치를 증거해야 한다. 스스로 정직하다면, 우리 모두는 먹는 경향과 관습들을 어느 정도 개조해야 한다. 도래할 하나님 나라에서는 이웃을 위해 희생하는 것과 우리의 자원을 나누는 것이 더 이상 멋진 일이 되지 않을 것이다. 통상적인 일이 될 것이다. 그 사이에 우리는 먹는 습관과 관행을 조금 조정함으로써, 간단한 활동들 가운데 이웃을 사랑할 수 있다. 금식과 잔치를 하루 혹은 한 주 리듬으로 연습함으로써, 그리고 지금 우리가 먹는 습관들을 약간 바꿈으로써 우리는 이웃의 안녕에 기여하고 이웃의 생계에 긍정적 기여를 할 수 있다. 이웃에게 주는 것, 나누는 것, 교제하는 것은 이웃의 바람과 필요에 기여할 수 있다.

옆으로 한 걸음: 금식과 잔치

기도

생명을 주시는 하나님 아버지, 아버지는 가장 단순한 요소들을 통해 우리에게 영양을 공급하시고 유지시켜 주십니다. 아버지가 땅과 하늘로부터 주시는 선물들은, 우리가 날마다 이웃을 위해 하는 일들처럼 아버지로부터 새로운 선물을 들고 나오도록 우리에게 힘과 에너지를 줍니다. 감사드립니다. 아버지의 아들 예수 그리스도를 통해, 우리가 이 에너지와

> 힘을 그것이 필요한 사람들을 돕고 치유하는 데 사용하도록 우리를 가르쳐 주십시오. 우리를 고쳐하시고 능력을 부여하셔서 예수님이 하신 것처럼 우리의 음식과 자원을 나눌 수 있도록 해 주십시오. 우리가 가진 몇 덩이의 빵, 심지어 부스러기들이 세상에 생명을 가져오도록 도와주십시오. 성령님, 어떻게 주고 나눌지 지혜를 주시고 우리를 인도해 주십시오. 우리가 넉넉히 갖지 못했을지라도 나누도록 인도해 주십시오. 우리가 희생할 때 우리를 위로해 주시고, 우리가 궁핍할 때에도 내주는 용기를 주시옵소서. 모두 하나님 아버지의 이름과 우리 이웃의 안전을 위하여. 아멘.

금식과 잔치를 연습하는 간단한 단계들

- 금식할 때, 양심과 자유가 인도하는 대로 따르라. 시간, 방식, 질, 조건, 나이 등을 고려하라. 당신이 할 수 있는 것들과 한계들에 민감해지라. 건강 상태에 문제가 있어 하루 종일 금식할 수 없다면, 한 끼를 금식하거나 오후 간식을 거르라. 일관성과 규칙성이 가장 중요함을 기억하라. 할 수 있는 것을 하라. 하지만 당신이 먹지 않은 것을 반드시 궁핍한 누군가에 주도록 하라!
- 직장에서는 당신 사무실 건물 밖에서 잔돈을 구걸하는 사람에게 점심을 사 주라. 당신이 집에 자유롭게 있다면 노숙자 쉼터에, 아이를 낳고 병원에 있는 사람들에게, 혹은 노인 거주 시설에 사는 사람들에게 멋진 식사를 가져다주라. 아니면 대학생들이 몇 달간 라

면만 먹고 지내지 않도록 그들을 위해 식료품을 사 주라. 주위를 둘러보고 궁핍한 사람들을 찾아보라.
- 기념할 일이 있는가? 직장에서 승진했는가? 자녀의 생일인가? 집을 구매한 기념일인가? 다른 사람들과 함께 기념하라. 친구들, 가족, 이웃들을 초청하라. 정말로 비싼 포도주를 따고 최상급 스테이크를 요리하라. 하나님이 주신 선물을 다른 사람들과 나누어서, 하나님이 당신에게 주신 선물에 그들이 참여하게 하라.

5장

《 어른들을 위한 타임아웃 》

고독과 새롭게 된 교제

"그녀가 떠났어! 떠났다고!" 나는 홀로 생각했다. "도저히 믿을 수가 없어."

내 아내(당시엔 여자 친구)와 처음으로 크게 싸운 날이었다. 우리는 만남을 시작한지 겨우 몇 달 밖에 되지 않았다. 때는 금요일 저녁이었다. 우리는 막 그녀의 기숙사 지하실에서 영화 관람을 마쳤다—톰 크루즈가 나왔던 것 같다. 나는 농구 연습을 하다가 왔기 때문에 아직 농구복 차림이었고 손에는 빈 푸른색 게토레이 병을 들고 있었다. "내일 우리 뭐 할까?" 이 말이 모든 일의 시작이었다.

그다음 일어난 일에 대한 기억은 다소 희미하다. 하지만 게토레이 병이 포스터로 날아가 부딪히기 전에, 서툰 의사 결정의 3박자(즉 후회, 죄책감, 수치)가 내 혈관을 타고 흘러 내 심장에 충돌했다. 내 혀가 바짝 말랐다. 이두근과 손가락은 얼얼했다. 등은 고통스러울 만큼 단단히 굳어 있었다. 내가 적어도 1분 동안 거기에 서 있던 것은 쉽게 믿기 어려운 회의감 때문이었다. 나는 아무것도 할 수 없었다. "방금 무슨 일이 일어난 거지?" 나는 홀로 생각했다. 솔직히 말해, 그 모든 일들이 다소 충동적이어 보였다. 나는 돌아서서 텅 빈 표정을 보았으며, 그 얼굴이 뒤돌아 멀리 걸어가 버리는 것을 보았다. 쉽사리 믿을 수 없다는 생각이 여전히 목덜미에 걸려 있었다. 결국(1분이 더 지난 후에), 나는 굳은 자세를 풀고 그녀를 뒤따라 내달렸다. 계단을 올려다보았다. 유리와 먼지뿐이었다. 그녀가 가 버렸다.

나는 해가 지도록 노여움을 품지 않아야 하는 가정에서 자랐다(엡 4:26). 하루를 마무리하기 전에 화해를 해야 한다. 이날 나는 이미 해가 진 후에 화가 났지만, 그 원리는 여전히 적용되었다. 나는 그녀에게 전화했고, 우리는 한동안 이야기를 나누었다. 우리는 둘 다 기대치가 분명했다. "알았어, 하지만 그런 식으로 나를 떠나 버리지는 마. 부탁해"라고 나는 단호하게 말했다. "알았어. 하지만 생각하고 호흡을 가다듬을 시간이 필요했을 뿐이야"라고 그녀가 말했다. "생각을 정리할 틈이 필요했을 뿐이야.…너 제정신이 아닌 듯이 굴고 있었어"

교제는 인간됨에, 그리고 인간으로 활동하는 데 기본이다. 우리는 매일 사람들과 많은 시간을 보내고, 사람들 곁에 서고, 사람들과 왕래한다. 인간적인 모든 일들과 마찬가지로, 교제는 공동체 안에서 공동체와 함께 행해진다. 우리 중 많은 사람들이 때로 홀로 있을 수 있지만, 우리는 또한 부모와 연인, 형제자매와 자녀, 친구와 낯선 사람, 동료와 시민이기도 하다. 우리는 우리의 공동체와 맺는 유대에서 벗어날 수 없다. 그리고 우리는 여러 차원에서 많은 공동체와 왕래하고 교제한다. 우리는 직장 동료들과 어깨를 비비며, 가족들과 가까이에 살고, 거리의 낯선 사람들과 나란히 걸어간다. 우리가 어떻게 언제 다른 사람들과 교제하고 왕래하는가는 이 다른 사람들을 통해 형성되며, 우리가 어떻게 언제 다른 사람들과 교제하고 왕래하는가는 다른 사람들의 바람과 필요를 알려 준다.

우리의 교제 습관을 솔직하게 면밀히 들여다보면, 많은 사람들은 우리의 교제 습관에 때로 이기적이고 자기중심적인 경향이 있다는 데 동의할 것이다. 우리는 우리의 부재로 또는 존재로 이웃을 상처 입힐 수 있다. 두 가지 이기적 경향이 주목할 만하다. 그것은 침범과 회피다. 둘 다 어느 정도 우리 이웃에게 상처를 주며 이웃의 생계에 부정적 영향을 미친다. 이런 경향들은 사소한 것이며 그렇기 때문에 무해해 보일지 모르지만, 이기적 교제는 우리 이웃에게 상처를 주며 이웃과 함께 살아가는 공동체의 삶에 부정적 영향을 끼친다.

기형적 교제: 침범하기

〈판사〉(*The Judge*, 2014)라는 영화에서, 행크 팔머는 어머니가 돌아가셨다는 소식을 듣고, 비행기를 타고 황량한 고향으로 간다. 장례식이 끝난 후, 그는 인디애나 주 판사인 아버지 조셉 팔머(로버트 듀발 분)와 실망스런 대화를 나눈다. 행크는 후에 전화 한 통을 받고, 자기 아버지가 뺑소니 치사 사건과 관련해서 지역 경찰의 심문을 받고 있다는 사실을 알게 된다. 얼마 되지 않아 그의 아버지는 기소된다.

행크(로버트 다우니 주니어 분)는 호전적이고 교만한 피고측 변호사이며, 재판에서 절대로 진 적이 없다. 절대로. 그래서 교만해졌다. 조셉이 기소되었을 때, 그는 자기 아들 행크가 아닌 다른 변호사를 고용한다. 물론 이 결정은 행크를 실망시킨다. 그리고 첫날부터 행크는 그 사건에 개입한다. 행크는 그 변호사를 조롱하고, 법정에서 소리를 지르며, 심지어 자기 아버지를 비웃는다. 결국 그 변호사는 사임하고, 행크의 아버지는 행크를 그의 변호사로 '고용'한다.

행크가 자기 아버지의 변호사로 선임되기 전에, 아버지는 행크가 그 다른 변호사를 가르치는 것을 바라지 않는다. 행크의 아버지는 어떤 법적 문제에 대해서도 행크의 조언을 원치 않는다. 심지어 행크가 그 일에 관여하는 것조차 원치 않는다. 그럼에도 불구하고, 행크는 침범한다. 주제넘게 자기 아버지의 변호사에게 나선다. 자기 아버지의 사건에 끼어든다. 때로 그의 아버지는 아들의 이런 행동에 즐거워한다. 하지만 대부분은 그런 행동들 때문에 괴로워하고 실망한다. 그것은 이미 산산조각 난 그들의 관계에 긴장을 불러일으킨다.

우리가 이웃을 괴롭히고 불편하게 하는 때가 있을 것이다. 너무 근처에서 서성거리거나, 충분히 그 자리에 있지 않거나 할 것이다. 공동체 안에 사는, 혹은 서로 아주 가까이 사는 사람들에게 일어나는 일이다. 우리는 어떤 선을 넘는다. 하지만 그 문제를 해결한다. 우리는 실수를 한다. 하지만 용서와 화해를 청한다. 우리는 서로 적응한다. 무엇을 기대하는지 분명해진다. 과거의 불쾌감과 불편함에 대한 기억들은 희미해지기 시작한다. 그리고 미래에 불쾌함을 느낄 전망은 줄어든다. 우리는 그 일들을 지나 나아가며 서로 조화롭게 살려 애쓴다. 하지만 이런 상황은 이웃과 이웃의 삶의 방식에 일관되게 자주 침범하는 것과는 많이 다르며, 행크는 그렇게 침범했다. 행크는 자신이 환영받지 않는 때에 환영받지 않는 곳에서 상황과 환경에 자신을 억지로 밀어 넣었다. 그는 자기 이웃의 삶 가운데 너무 존재감을 과시했으며, 그 결과 갈등을, 심지어는 회복할 수 없는 관계의 악화를 초래했다.

내게 그랬던 것처럼 당신에게도 충격적으로 들릴지 모르는 이야기지만, 우리가 필요치 않은 때가 있다. 이웃에게 우리의 도움이 필요하지 않은 때가 있다. 당신의 여자 친구는 당신이 그녀를 위해 그 일을 해 줄 필요가 없다. 당신의 직원은 그 일을 스스로 처리할 수 있다. 당신의 자녀는 자기 스스로 결정할 수 있다. 친구는 당신의 조언이 필요하지 않다. 당신이 가르치는 학생은 당신의 자문이 필요하지 않다. 이를 무시하고 이런 상황들에 어떻게든 억지로 끼어들 때, 우리는 침범하는 것이며 주제넘게 나서는 것이다. 가장 흔한 일은 이웃에게 우리의 도움이 유용하리라고 생각해서 이웃의 일에 주제넘게 나서는 것이다. 이것이 행크가 한 일이다. 부탁받지도 않았는데 이웃과 이웃의 삶 속에 억지로 밀고 들어간다. 환영받지 못하는 곳에 간다. 이웃이 통제를 도와달라고 부탁하시도 않은 상황을 통제하려 애쓴다. 성인이 된 자녀는 나이 드신 부모님에게 이렇게 한다. 부모는 십대 자녀들에게 이렇게 한다. 먼 친척 어른들은 장례식에 와서 이렇게 한다.

침범은 기형적 교제 방식이다. 그것은 우리가 성경에서 보는, 예수님이 존재하시는 방식이 아니다. 그리고 예수님이 우리에게 교류하라고 명하신 방식이 아니다. 다른 사람들에게 침범하는 것은 이기적 교제 방식이다. 우리는 우리의 존재함과 그림자로 이웃을 사랑할 수 있고, 사랑해야 한다. 하지만 이웃의 일에 침범할 때 우리는 그렇게 사랑하고 있는 것이 아니다. 우리는 이웃의 일에 너무 존재감을 과시하고 우리의 그림자를 너무 드리운 나머지 이웃을 압도하거나 삼켜 버릴 수 있다. 꾸준하고 빈번한 침범은 이웃과의 조화를 붕괴시키며 이웃과 우리의 관계에 무리한 긴장이 생겨나게 한다. 우리는 우리의 조언이나, 재정 지원, 혹은 교제가 이웃에게 도움이 되며 어쩌면 심지어 필요하다고까지 생각할 수 있다. 하지만 이웃이 그렇게 생각하지 않는다면 주의를 기울여야 한다. 우리의 존재를 이웃에게 강요할 때, 이웃은 불쾌하거나 화가 나 버려서 훗날 우리가 그 이웃을 돕기 어렵게 될 수도 있다.

기형적 교제: 다른 사람들을 회피하기

1950년대에 시작된 텔레비전 방송 〈그랜트체스터〉(*Grantchester*)는 시드니 체임버스라는 영국 성공회 교구 사제가 주인공이다. 그는 마을의 수사관과 협력하게 된다. 시드니는 경계성 알콜 중독자 사제-수사관으로, 부사제 레너드 핀치의 멘토링을 시작한다. 시즌 1에서, 레너드는 자신이 사제가 될 준비가 되지 못했다고 생각해서 마을을 급히 떠나려는 참이다. 그는 새로운 교구에서 첫 번째 설교를 하면서 독일 철학자 이마누엘 칸트를 언급했는데, 그 때문에 모든 사람들과 그들의 어머니들이 그의 말을 듣지 않게 되었다. 레너드는 마음이 언짢다. 시드니는 레너드를 만나 그와 함께 자리에 앉는다. 몇 마디 말이 오고 간

후에, 레너드는 우리 대부분(특히 좀 괴짜 같은 면이 있는 사람들)이 공감할 만한 말을 한다. "저는 책을 좋아해요. 책은 사람보다 훨씬 덜 무섭거든요." 정말로 사람들은 무시무시해질 수 있다. 그렇지 않은가? 특히 관계에서 갈등이 있을 때 더욱 그렇다. 때로 당신은 그냥 완전히 벗어나 버리고 싶다.

대부분의 사람들은 갈등이나 어색함을 다루는 것을 즐기지 않는다. 할 수 있는 가장 쉬운 일은 그저 이웃에게서 벗어나는 것이다. 우리는 모두 삶의 어떤 시점에서 이웃을 피한 적이 있다. 옆집에 사는 이웃일 수도 있고 자주 가는 카페의 단골손님일 수도 있다. 우리는 늘 가는 길로 가다가 그 사람을 만나게 될까봐 다른 길로 돌아간다. 아니면 몇 달 동안 동네의 다른 카페로 간다. 아니면 집에서 프렌치 프레스를 사용하는 것으로 만족한다. 불화가 매우 심해지고 상황이 더 나빠질 수도 있다. 그럴 경우 우리는 극단적 방식을 택한다. 교회를 바꾸거나 학교를 옮기는 것이다. 왜 그런 일을 하는가? 우리가 이웃들을 피하는 데는 여러 이유가 있다. "그 남자는 너무 말이 많아." "그 여자는 너무 크게 웃어." "그 남자는 위압적이야." "그 사람하고는 대화를 이어가지 못할 것 같아―그 사람은 화학 박사거든!" "그 남자에게서는 냄새가 나." "그 여자는 못됐어." "그 남자는 자기 신앙에 대해 너무 진지하고 완고해." "그냥 그 여자한테 낼 시간이 없어." "그 남자는 술을 너무 많이 마셔." "우리는 겹치는 관심사가 없어." "그 여자는 그리스도인이 아니야."

침범과 마찬가지로, 다른 사람들을 회피하는 것은 하나님이 우리에게 주신 교제 능력을 참되게 나타내거나 잘 관리하는 것이 아니며,

교제의 기형적 방식이다. 예수님에게 자신만의 공간이 필요하실 때가 있긴 했지만(막 6:31), 예수님은 다른 사람들을 회피하는 식으로 이웃과 왕래하지 않으셨다. 예수님은 또한 우리를 이웃과 그런 식으로 왕래하라고 부르시지 않는다. 어떻게 누군가를 회피하면서 그 사람에게 복음을 전하거나 그 사람을 제자로 만들 수 있겠는가? 침범과 마찬가지로, 다른 사람들을 회피하는 것은 이기적 교제 방식이다. 우리는 특정한 곳에 존재함으로써, 그리고 우리의 그림자를 드리움으로써 이웃을 사랑할 수 있다. 하지만 우리가 이웃을 회피한다면 그렇게 사랑하고 있지 않은 것이다. 습관적으로 이웃을 회피할 때, 이웃은 그것을 알아채고, 이웃과 우리의 관계는 손상된다. 우리는 그 이웃과의 친교를 망가뜨린다. 이웃을 피하면 그 사람과 우리 사이의 결속이 풀려 버린다. 접속이 끊어진다. 서로 불신한다. 우리는 서서히 낯선 이들이 된다. 결국 그 이웃을 사랑할 기회들이 드물어진다.

고독과 새롭게 된 교제

"최근에 엘리엇은 몇 번 '잠시 쉬어야' 했어요. [딸이 다니는 유치원에 입학하지 못했어야 할, 감당되지 않는 어떤 남학생의 이름을 집어넣으리]에게 공격적이고 권위적이게 굴었거든요"라고 주임 교사는 말했다.

몇 년 전에 한 유명 유치원에서 나와 아내가 주임 교사와 그녀의 '보조'를 마주보고 유아용 의자에 앉아 이런 말을 들었을 때, 나의 반응이 어땠을지 상상할 수 있을 것이다. 우리는 최근에 로스앤젤레스에서 이사해 왔으며, 딸 엘리엇(만 8세)을 집에서 몇 블록 떨어진 사립 유치원에 등록시켰다. 때는 가을 학기 중간쯤에 열린 첫 번째 학부모-교사 모임이었다.

'뭐요?'라고 말하지는 않았지만, 속으로 그렇게 생각했다. 분명 머릿속으로 너무나 강렬하게 그 생각을 했기 때문에 내 이마와 눈으로부터 뿜어져 나온 그런 기운을 주임 교사가 느낄 수 있었을 것이다. 나의 염려에도 불구하고, 그 교사는 계속 말을 이어 갔다. 주임 교사와 보조가 모두 우리에게 유치원에서 엘리엇이 어떻게 발달하고 있다는 내부 사정을 말해 준 후에, 나는 다시 '뭐요'로 돌아와, 모두가 알지만 말하지 않고 있는 문제를 꺼냈다.

"그래서, 저희 애가 타임아웃 벌을 받았나요?"

"그렇긴 하죠. 하지만 저희는 그걸 타임아웃이라고 부르지 않아요"라고 아이의 교사가 대답했다.

그 다음에 나올 말에 대해 나는 회의적이었다. 하지만 그때 뭔가 마술 같은 일이 일어났다. 그 교사는 그들이 말하는 '잠시 쉬는' 것이 무엇인지 아내와 나에게 설명했다. 그리고 농담이 아니라, 내 인생은 완선히 달라졌나.

"이곳 [딸아이가 다니는 멋진 유치원의 이름]에서는 타임아웃을 벌처럼 취급하지 않습니다." 교사가 말했다. "저희는 아이들이 좌절감을 느낄 때나, 다른 아이들이 보기에 어떤 아이들이 우리 교실의 약속을 어기고 있을 때, 잠시 쉬라고 권하죠." (나중에 나는 교실에 다섯 가지 약속 규칙이 있다는 것을 알게 되었다. 처음 두 가지는 "서로 사랑해요"와 "친구가 나에게 해 주길 바라는 대로 나도 친구에게 해 주어요"였다.) 엘리엇의 교사는 계속 말했다. "저희는 이곳이 깊이 숨을 한 번 들이마시고 준비가 되었을 때 다시 돌아오는 공간이라고 아이들에게 말해 줍니다."

나는 그날 저녁 집으로 걸어 돌아오면서 혼자서 생각했다. "이 아이들처럼 어른들도 잠시 쉬는 시간을 가진다면 얼마나 좋을까?" 정기적으로 그렇게 한다면 세상이 얼마나 달라질까? 매일 공동체와 함께 하는 '놀이 시간'에서 벗어나, 우리의 생각과 태도와 느낌과 행동과 생활 방식을 평가해 보면 어떨까? 우리가 먼저 주도적으로 이렇게 하면 어떨까? 다른 사람들이 우리에게 이렇게 하도록 권유해 주면 어떨까? 격앙된 순간이 오기 전에 공동체로부터 한 발 물러나 있으면 우리는 어떤 사람이 될까? 한결 더 나은 것으로, 이런 격앙된 순간들이 오기 한참 전에 이렇게 한다면 어떨까? 긴장을 완화시키고 이런 격앙된 순간들을 줄일 수 있도록, 우리의 일상에 이런 타임아웃이라는 리듬을 통합하면 어떨까? 우리는 어떤 동료, 어떤 시민이 될까? 그것은 우리의 이웃과 도시를 어떻게 변화시킬까?

고독에 대한 올바른 관점

예수님은 여러 번 잠시 쉬셨다. 예수님은 자신의 삶을 평가하시기 위해 공동체로부터 한 걸음 물러나셨다. 마가복음은 "아주 이른 새벽에, 예수께서 일어나서 외딴 곳으로 나가셔서, 거기에서 기도하고 계셨다"고 말하며 시작한다(막 1:35). 여기에서 예수님은 정확하게 무엇을 하고 계신 건가? 많은 사람들은 이 본문으로부터 예수님이 고독을 실천하시고 있다고 추정 혹은 추론할 것이다. 예수님은 주변에 아무도 없는 곳에 가시고, 기도하시고 있다. 하지만 나는 이것이 정말로 고독을 실천하신 것인지 궁금하다. 고독은 그저 혼자 있는 것인가? 다른 사람들로부터 자주 물러나는 것이 고독을 실천하는 것으로 간주되는가? 그것이 전부인가? 거기에는 기도가 포함되어야 하는가? 기도가 포함되지 않으면, 그것은 무엇인가? 더 이상 고독이 아닌가? 더 이상 고독을 실천하는 것이 아닌가? 정확하게 고독은 무엇인가?

이 책에 언급된 다른 훈련들과 마찬가지로, 사회에서 고독은 종종 다른 실천들과 혼동된다. 특히, 고독은 종종 다른 형태로 공동체로부터 물러나는 것과 혼동된다. 그렇게 물러나는 것의 예 하나는 은둔이다. 은둔은 단지 공동체로부터 물러날 뿐 아니라, 공동체로부터 자신을 차단하는 것이다. 예를 들어, 자신의 지하 감옥 혹은 폐기된 공장에서 오랜 세월을 보내면서 실험을 하고 흉악한 괴물을 만드는 미친 과학자는 스스로 은둔하는 것이다. 그 미친 과학자는 아마 조롱받거나 비난받거나 오해받을 만한 활동을 하기 위해 인간의 접촉으로부터 자신을 차단하고 고립한다. 독방에 억류된 죄수는 은둔에 대한 상당히 다른 예가 되겠는데, 그 사람의 은둔은 강요된 것이며 자발적으로 받아들인 것이 아니다.

종종 고독과 연관되는 것으로, 인간 사회에서 물러나는 또 다른 한 형태는 휴가다. 이는 다소 이상해 보일지 모르는데, 우리는 실제로 그 둘을 혼동한다. 휴가는 잠시 우리의 문제들로부터 피하기 위해 직장이나 가정생활의 혼잡함으로부터 한 걸음 물러나는 것이다. 어떤 사람들은 열대 섬으로 떠나고, 또 어떤 사람들은 사람들이 붐비는 워터

파크에서 한 주를 보낸다. 어떤 사람들은 바닷가에 사는 가족을 방문하거나 며칠간 그들의 '작업장'에 숨어 있기도 한다. 어디로 휴가를 가든, 우리는 이 시간을 우리의 일과 책임으로부터 잠시 벗어나는 시간으로 삼는다. 우리는 게으르고 한가하게 지내면서, 머리를 식힐 수 있는 어딘가로 간다. 그렇지만 이 짧은 시간이 끝나면 다시 한 번 마지못해 사회와 직면하기 위해, 한두 주 동안 벗어났던 일과 책임으로─아마 활기찬 상태가 되어서─돌아온다.

고독은 물러남의 이 두 가지 형태 중 무엇도 아니다. 그것은 공동체 안의 삶에서 일시적으로 정지하는 것도 도피하는 것도 아니다. '고독'(solitude)이라는 단어는 '홀로'[라틴어 솔루스(solus)에서 나온]라는 의미다. 하지만 잠시 후에 보겠지만, 홀로 있다는 것은 은둔한다거나 인간의 접촉으로부터 고립된다는 의미가 아니다. 그것은 의도적으로 다른 사람들로부터 자신을 차단하는 것을 의미하지 않는다. 하지만 이런 오해는 현대 문화를 계속 지배한다. 최근에 한 저자가 썼듯이, "고독은 궁극적으로 환각, 즉 잠시 누릴 수 있지만 다른 사람들을 인식하면서 특히 우리의 인형과 호랑이 그리고 과거와 현재와 미래의 모든 유령들을 공유하는 세상에서 그것들이 어떻게 우리를 현재의 모습으로 만드는지 인식하면서 항상 끝내야 하는 환상이다."[1] 하지만 고독은 자신을 다른 사람에게서 차단시키는 것이 아니라 사회로부터 한발 물러나는 것이다.

그저 다른 인간들과 접촉하지 않는다고 해서 우리가 홀로라는 의

---

1 Christine Smallwood, "Where the Swedes Go to Be (Really) Alone", *New York Times Style Magazine*, May 16, 2016.

미는 아니다. 좀 먼 곳에 혼자 있다면, 혹은 일 년에 한 번 짧게 휴가를 간다면, 이것은 우리가 고독을 실천하고 있다는 의미로 보기 어렵다. 고독을 실천한다는 것은 의도적으로, 반복해서 정기적으로 공동체에서 한 걸음 물러난다는 의미다. 고독을 실천하는 사람은 사회로부터 물러나지만 그러고 나서 곧이어 돌아온다. 그런 사람은 무기한 떠나 있지 않고, 짧은 시간 동안 물러나 있다. 그리고 자신의 일과 책임에서 벗어나기 위해서가 아니라, 앞으로 보겠지만 그런 일과 책임에 대한 관심 때문에 사회로부터 잠시 물러난다. 한가하거나 게으르게 지내기 위해 휴가를 가는 것이 아니라, 다른 방식으로 몰두하기 위해 간다. 고독을 실천하는 것은 이웃과 올바른 관계를 맺는 것이다. 그것은 좀더 조화를 이루어 살고 친교를 나눌 수 있도록 건강한 교제의 리듬으로 들어가는 것이다.

우리의 그림자와 존재로 이웃을 사랑하기

정말로 이웃을 우리 자신처럼 사랑하기 원한다면, 이웃과 왕래하는 방식을 바꿀 필요가 있다. 이웃과 왕래하는 빈도를 바꿀 필요가 있다. 어떤 사람들은 더 이상 이웃을 피하지 말고 이웃과 왕래하기 시작할 필요가 있다. 대부분의 사람들은 아마 이웃에게 우리 삶에 들어올 여지를 주고 함께 사는 삶의 필요와 요구들에 대해 성찰하고 기도하는 시간을 가질 필요가 있을 것이다. 이웃을 피한다면, 그리고 이웃의 삶에 부재한다면 이웃을 사랑할 수 없다. 마찬가지로, 우리의 존재가 계속해서 이웃의 삶을 붕괴시키거나 좌지우지한다면 이웃을 사랑할 수 없다. 아마도 우리의 그림자와 존재로 이웃을 사랑하는 편이 더 좋을 것이다. 이렇게 할 수 있는 작지만 중대한 방식은, 가끔씩 조금 쉬는 시간을 가질 수 있도록 날마다 하는 일상 행동과 날마다 나누는 교제를 바꾸는 것이다. 꾸준하고 빈번하게 이웃으로부터 한 걸음 물러나 공동체를 새롭게 하고, 어쩌면 이웃과 함께 하는 삶 가운데 있는 어떤 문제를 처리하기 위해 생각하고 기도하고 나서 다시 한 번 이웃을 향한다면, 훨씬 더 깊은 차원에서 이웃을 사랑하는 데, 그리고 우리가 하는 다른 활동들에서도 이웃을 사랑하는 데 도움이 될 것이다.

기독교 전통 가운데 자라난 사람들은 아마 고독이라는 영적 훈련이 하나님의 말씀을 듣기 위해 세상으로부터 물러나는 일과 관련이 있다고 배웠을 것이다. 그것은 우리가 삶의 모든 관심사를 내려놓고 하나님께 초점을 맞출 수 있도록 해 준다. 그것은 우리에게 세상일로 수고하는 데서 벗어나 활기를 되찾게 하고 기분을 상쾌하게 할 수 있는 시간을 준다. 예수님은 종종 우리가 이를 판단하는 기준이 되신다. 분명 예수님은 고독을 연습하셨으며(눅 5:16), 광야로 또는 사람의 왕래가 없는 곳으로 가셔서(마 4:1-2; 막 1:12-13; 눅 5:15-16), 산으로 올라가셔서(눅 6:12-13), 배를 타고 호수로 나가셔서(마 14:13), 혹은 동산을 거니시면서(마 26:36) 명백히 이 일을 하셨다. 예수님은 홀로 하나님과 계시기 위해 세상으로부터 물러나신 것처럼 보였다. 분명 예수님은 자신의 사역을 계속하기 위해 하나님과의 친밀함을 기르는 일에 어느 정도 시간이 필요하셨다.

물론 이따금 일과 책임으로부터 물러나 하나님과 이야기하고 하나님의 음성을 듣는 것은 반드시 해야 할 일이다. 우리는 대개 분주하며, 우리의 삶은 떠들썩하다. 우리는 성찰하고, 기도하고, 듣는 일에 시간을 들여야 한다. 그렇긴 하지만, 고독을 이렇게 이해하는 것은 그 의미를 축소시킨다. 고독은 이보다 훨씬 더 크다. 고독을 실천하는 것이 우리에게 무엇을 해 주는가에 너무 초점을 맞출 때, 이 훈련을 실천하는 데 있어 뭔가 중요한 것을 놓칠 위험이 있다. "홀로 하나님과 함께 있는 것"—고독은 단지 이것뿐인가? 예수님은 단지 하나님과 함께 계시기 위해서만 물러나신 것이 아니지 않는가? 그것은 예수님이 물러나신 유일한 이유가 아니지 않는가? 이 연습에는 단지 홀로 하나님과 함께 있는 것보다 얻어야 하는 것이 더 많이 있다. 이 연습에는 고찰해 볼 만한 수평적 차원이 있다.

왜 예수님은 기도하러 물러나셨는가? 예수님은 무엇을 위해 기도하고 계셨는가? 예수님은 물러나신 때에 왜 그렇게 하셨는가? 하나님 아버지와 접촉하시고 사역에 필요한 힘을 얻으시기 위해? 그럴 수도 있다. 하지만 예수님이 물러나신 것은 오로지 예수님과 하나님 아버지와의 관계 때문이었는가? 예수님은 다른 사람들을 위해 그것을 하지 않으셨을까? 어쩌면 그분의 세자들을 위해? 예수님은 제자들로부터 물러나 계시는 동안, 제자들을 위해 기도하지 않으셨을까? 제자들과의 대화가 예수님이 물러나시는 계기가 되지는 않았을까? 예수님은 교회의 미래를 위해 기도하고 계셨을까? 자신이 현재 처하신 상황에 대해 기도하고 계셨을까? 예수님은 이 시간 동안 무엇에 대해 생각하고 계셨을까? 무엇을 하고 계셨을까? 정확하게 왜 그리하고 계셨을까?

행간을 면밀하게 읽어 보면, 때로는 상황이 긴박하기 때문에 예수님이 사회로부터 물러나신 것을 알 수 있다. 예수님은 그분의 공동체 안에 있는 다른 사람들과 상대하실 때 일반적 방식대로 하지 않으셨다. 예수님은 때로 베드로에게 실망하셨는가(요 21:15-19)? 이따금 사람들에게 화를 내셨는가(막 3:5)? 가끔 요한이나 야고보를 말리셨는가(막 10:35-40)? 공동체 내에 예수님과 함께 있던 사람들은 때로 이기적이고 자기중심적이었는가? 물론 그랬다. 한 번은 사람들이 예수님을 억지로 임금으로 삼으려 했다(요 6:15). 우리가 알다시피 그것은 예수님의 계획이 아니었다. 또 어떤 때는 사람들이 예수님께 뭔가를 달라고 조르거나 얻어내기 위해 찾아다니기 시작했다. 그리고 예수님은 그것을 지니고 있지 않으셨다(요 6:26). 왜 예수님은 그렇게 하셨는가? 예수님은 공동체로부터 물러났다가 후에 돌아오셨다. 그분은 잠시 떠나셨다. 그분은 다른 사람들과 건강하게 교제하시기 위해 자신의 그림자와 존재를 거두셨다.

이와 같은 몇몇 경우에(그리고 성경에 기록되지 않은 더 많은 경우에) 예수님은 다른 사람들로부터 물러나셨다. 단지 하나님 아버지의 음성을 들을 필요가 있거나 성령을 통해 활력을 되찾을 필요 때문만이 아니라, 예수님과 다른 사람들과의 관계가 불건전하거나 해롭기 때문이었다. 예수님과 다른 사람들과의 상호 관계 및 교제는 올바르지 않았다. 예수님은 비록 세상의 빛이시기는 하지만, 자신의 존재가 어떻게 그분을 따르는 자들에게 너무 많은 그림자를 드리울 수 있는지 아셨다. 물론 비난받을 사람들은 예수님과 왕래하고 교제하는 사람들이었다. 아마 이런 순간들에 예수님은 이 사람들이 그분을 이용하고 있음을 느끼셨을 것이다. 적어도, 요한복음 6장 15절에서 보듯이 그들은 자신들의 의제를 예수님께 강요하려 하고 있었다. 역으로, 그분을 어쩌면 피하고 있었을 사람들―유대인들, 창녀들, 바리새인들, 심지어 그분 자신의 제자들―에게 예수님이 접근하신 경우도 여러 번 있었다. 이런 경우에, 예수님은 함께하는 삶에 대한 관심 때문에 다른 사람들로부터 물러나거나 그들을 향해 다가가거나 하신 것처럼 보인다. 예수님은 공동체에 대한 관심 때문에 고독을 연습하셨다.

고독의 핵심에는 우리가 공동체 안에 살고 있으며 공동체를 위해 지음 받았다는 개념이 있다. 우리는 공동체에서 진정 벗어날 수 없다. 우리는 우리 이전에 심고 경작했던 가족과 친구와 낯선 사람들로부터 물려받은 생태학적 유산들, 우리를 낳고 기르고 부양해 준 가족들과의 생물학적 유대, 우리를 교육시키고 계발해 준 가족과 친구와 낯선 사람들의 사회적 영향, 우리에게 암암리에 책임이 있는 정치적 의무 등을 지니고 있다. 공동체는 우리 삶의 거대한 일부이며, 공동체를 보살피고 공동체에 돌려주는 일은 중요하다. 하나님은 세상을 이런 식으로 만드셨다. 그리고 우리는 바로 공동체로 부름받는다. 우리의 존재와 그림자는 하나님께 속해 있다. 우리의 출석과 참여는 그분의 것이다. 하나님은 우리 이웃을 높이고 사랑하기 위해, 그리고 우리가 사는 세상을 치유하고 조화시키기 위해 우리의 존재와 그림자를 사용하도록 부르신다.

헨리 데이비드 소로(Henry David Thoreau)는 미국의 수필가이자 시인이며, 2년에 걸쳐 실험을 한 것으로 유명하다. 그 기간 동안 그는 매사추세츠 주의 콩코드 바깥에 있는 월든 호숫가 부근에 단 30달러 이하의 비용으로 작은 오두막 한 채를 지었다. 그것은 자급자족에 대한 실험이었다. 소로는 사는 데 정말로 꼭 필요한 것이 무엇인지 알고 싶었다. 그는 『월든』(*Walden; Or, Life in the Woods*, 1854)에서 이것을 설명하고, 고독에 대해 성찰한다. 고독에 대한 장의 끝에서, 소로는 다음과 같이 말한다.

> 사교는 보통 너무 값싼 것이다. 우리는 아주 짧은 간격으로 만나며, 서로를 위해 새로운 가치를 얻을 만한 시간을 갖지 못한다. 우리는 하루에 세 번 식사 시간에 만나며, 오래되고 곰팡내 나는 치즈 같은 우리의 새로운 맛을 살짝 보여 준다. 이 빈번한 만남이 견딜 만한 것이 되고 싸움을 시작할 필요가 없도록 하기 위해서는, 예절과 정중함이라는 특정한 규칙들에 동의해야 했다. 우리는 우체국에서, 친목회에서, 매일 밤 난롯가에서 만난다. 우리는 혼잡함 가운데 각자의 방식대로 살며, 서로에게 걸려 넘어진다. 그래서 서로에 대한 존중을 약간 잃어버리는 것 같다. 분명 조금 덜 빈번하게 만나도 중요하고 진심 어린 소통을 하기에 충분할 것이다.…내가 사는 곳처럼 1평방마일에 단 한 명만 거주한다면 더 좋을 것이다.[2]

소로는 고독을 고립과 융합시키는 경향이 있었다. 하지만 여기에서 그는 분명 우리가 서로의 삶에 너무 깊이 존재할 수 있다는 점을 분명하게 이해한다. 일상생활의 혼잡함 속에서 우리의 존재와 그림자는 쉽

---

[2] Henry David Thoreau, "Walden; Or, Life in the Woods", in *Henry David Thoreau: A Week on the Concord and Merrimack Rivers / Walden; Or, Life in the Woods / The Maine Woods / Cape Cod* (New York: Library of America, 1989), pp. 430-431.

게 공동체 내에 해를 끼치는 원인이 될 수 있다. 우리는 공동체 내에서 우리의 존재를 제어할 수 없게 되고, 그 공동체 안에서 우리가 어떻게 소통하고 있는지 인식하지 못할 수 있다. 우리는 우리가 이웃에게 어떻게 영향을 끼치는지 잊어버린다. 그리고 종종 이웃이 우리의 존재에 대해 어떻게 느끼는지 평가하기 위해 시간을 들이지 않는다. 우리의 존재는 위압적이게 될 수 있으며, 도망치거나 희미한 그림자는 이웃에게 방해를 줄 수 있다. 우리가 너무 많이 존재하거나 너무 적게 존재하는 것은 이웃에게 상처를 줄 수 있다. 그들에게 간섭하거나 그들을 피하는 것은, 억제하지 않을 경우 이웃과 맺는 친교를 망가뜨린다. 소로에게는, 그리고 더욱 중요한 점으로 예수님에게는 이웃과 교제하고 소통하는 이런 기형적 방식들을 해결할 실마리가 있다.

우리는 존재하는 일에 몇 가지 훈련을 사용할 수 있다. 우리는 자신의 그림자를 살짝 손봐서 그것으로 이웃을 보살펴야 한다. 우리는 이웃에게 얼마나 빈번하고 폭넓게 존재하는지 점검할 필요가 있다. 우리는 충분히 그들 주위에 있는가, 혹은 지나치게 많이 있는가? 우리는 쓸데없이 참견하는가? 무관심한가, 혹은 간섭하는가? 우리는 사회적으로 교류하는 패턴을 통제할 필요가 있다. 다른 사람들과 관계를 맺을 때, 그 사람들을 더 잘 알고 그들의 안녕에 주의를 기울일 필요가 있다. 소로가 시사하고 예수님이 보여 주신 것처럼, 고독을 실천하는 것은 이렇게 이기적으로 이웃과 교류하는 방식에 반격을 가하는 유용한 방법이다.

일부 사람들은 일 년 동안 안식년을 갖거나 몇 시간 떨어진 곳에 있는 수도원에서 열리는 주말 교회 수련회에 참석한다. 우리는 자신을 바로잡기 위해 잠시 떠난다. 심지어 이 기간 동안 금식과 묵상을 하기도 할 것이다. 이런 실천은 대단한 것이다. 하지만 그것들은 정말로 문제의 핵심까지 들어가지 않는다. 그 하루를 마칠 때, 그런 실천은 정말로 이웃과 함께 하는 삶을 변화시키지 않는다. 안식년을 갖기 전 6년 동안 이웃과 어떻게 왕래하고 있는가? 그 주말 교회 수련회를 가기 전에 이웃을 어떻게 대하는가? 우리는 기운을 돋우기 위해 이따금 휴식을 취한다. 하지만 그 해의 나머지 날들에는 미친 듯이 설치고 다니며, 별일 아니라는 듯이 다른 사람들을 위압한다. 우리는 우리의 교제 습관과 유형들을 알지 못한다. 우리는 다른 사람들과 함께하는 공간에 우리가 어떻게 거하는 경향이 있는지에 대해 이의를 제기하지 않는다. 우리는 단지 매년 혹은 매 계절 우리의 존재와 그림자를 훈련시킬 뿐이다. 우리는 고독에 잠깐 손을 대지만, 그것을 연습하지는 않는다.

고독은 이기적인 우리의 교제를 고치고 새롭게 하는 **연습**이다. 고독을 연습할 때, 우리는 다른 사람들에게 침범해서 영향을 주는 일을 줄인다. 다른 사람들에게 간섭했던 것에 대한 염려 때문에, 우리는 자신에게 타임아웃 또는 잠시의 휴식을 부과한다. 이웃에게 우리로부터 멀리 떨어질 수 있는 공간과 시간을 준다. 공동체로부터 한 걸음 물러난다. 그리고 나서 어느 순간에는 되돌아간다. 그리고 문제가 있다면, 우리는 그것을 해결한다. 문제가 없다면, 우리는 돌아가서 환영을 받고 새롭게 된다. 소로가 말하듯이, 서로에게서 멀리 떨어져 있던 시간은 공동체를 분리시키지 않고 오히려 세운다. 그것은 질식하고 있거나 소멸하고 있는 대화에 활기를 불어넣을 것이다. 그것은 우리에게 이웃의 중요성을 재평가하고 이웃에 대한 우리의 행동을 변화시킬 수 있는 시간과 에너지를 줄 것이다. 소로가 말했듯이, 그것은 심지어 우리가 이웃을 조금 더 존중하도록 해 줄 것이다. 고독은 의도적으로 공동체로부터 한 걸음 물러나는 것이기 때문에, 침범과 회피를 동시에 치유한다.

세세한 부분까지 관리 통제하는 상사들과 온라인 스토커, 인구과잉과 일중독, 사적 공간인 아파트와 광대한 목장이 공존하는 세상에서, 다양한 공동체들과 사회들로부터 매일 잠시 휴식 혹은 타임아웃을 갖는 것은 대체로 이웃에 대한 사랑의 행동이 될 것이다. 고독을 연습할 때 취하는 이런 휴식들은 우리의 존재와 그림자를 빈번하고 꾸준하게 훈련하도록 해 준다. 우리는 위압적으로 존재하는 또는 도피하는 경향을 점검하는 습관과, 자신에게(그리고 이웃에게) 사람 간의 관계라는 차원에서 공동체 안에서 함께하는 삶을 평가하는 시간을 갖는 습관을 들이게 된다. 이런 고독은 다음과 같은 질문들을 던지는 시간이 될 수 있다. 다른 사람들은 최근에 나를 어떻게 인식했는가? 그들은 내게 쉽게 짜증을 내는가? 내게 쌀쌀맞은가? 그들에 대한 나의 태도는 어떠했나? 나는 소원하게 굴었는가? 다른 사람들은 나에게 무엇을 기대하는가? 그들은 나에게 어떤 지속성과 반응들을 기대하는가? 어떻게 그리고 언제 나는 예수님의 모범을 그들에게 보여 줄 수 있었는가?

사람 간의 관계라는 차원에서와 작은 일들에서, 이웃 사랑을 나타내는 중요한 방식은 부재하는 것과 언제나 존재하는 것, 이웃을 회피하는 것과 이웃의 일에 침범하는 것 사이에 건강한 균형을 찾는 것이다. 약속은 위반되고, 아버지는 부재하고, 친구들은 변하기 쉬운 그런 세상에서 필요할 때 이웃 곁에 존재하는 것 혹은 우리가 이웃을 위해 거기 있음을 그들이 알게 하는 것은 사랑의 행동이다. 하지만 사람이 70억 명 살고 있는 세상에서, 의도적으로 이웃에게 숨통이 트일 만한 공간을 부여하는 것 역시 사랑의 행동이다. 이웃에게 침범할 때, 우리는 이웃이 우리를 좋아하게 만들려고 애쓴다. 이웃을 회피할 때, 우리는 간접적으로 그 사람을 더 이상 **우리의** 이웃이 아닌 존재로 만들려고 애쓴다. 참으로 이웃을 사랑하는 단계는 그 사람으로부터 떠나 버리거나 그 이웃을 우리와 닮은 사람으로 만드는 것이 아니라, 그 사람이 그 사람 자신, 곧 이웃이 될 수 있는 여지를 부여하는 것이다.[3] 우리는 이것을 조금씩 늘려 가면서 행할 수 있다. 여기에서 15분 혹은 저기에서 한 시간씩 말이다. 점심시간에 혹은 아이들을 학교에서 데리고 오기 전에 할 수도 있다. 배낭을 메고 유럽에 가거나 두 시간 동안 차를 몰고 수도원에 가야 하는 것은 아니다. 스케줄을 약간 조정해서 이웃의 필요를 좀더 잘 알고 의도적으로 관여하는 것으로도 충분하다.

여기에서 온라인 미디어가 지닌 유사성을 언급할 만하다.[4] 신체적 사람들 사이에만 공동체가 있는 것은 아니다. 디지털 아바타 및 프로필로 구성된 공동체가 있다. 지금 같은 시대에는 공동체가 존재하기

---

[3] 우리는 종종 하나님의 형상이라는 개념을 오로지 개인적 견지에서 생각한다. 하지만 Herman Bavinck(1854-1921)는 그 형상의 공동적 성질과 다양성을 강조했다. "하나님이 창조 때에 자신을 한 번에 계시하지 않으시고, 날마다 시대마다 그 계시를 계속하시고 확장시키시는 것과 마찬가지로, 하나님의 형상은 정적 실재가 아니라 공간과 시간 안에서 확대되고 발전된다.…오직 인류 전체만이—한 머리 아래 요약되고, 온 세상에 펼쳐지는 하나의 완전한 유기체로, 하나님의 진리를 선포하는 선지자로, 하나님께 헌신하는 제사장으로, 땅과 창조 세계 전체를 다스리는 통치자로—온전히 완성된 형상, 가장 강력하고 인상적으로 하나님을 닮은 존재다." *Reformed Dogmatics*, ed. John Bolt, trans. John Vriend, vol. 2, *God and Creation* (2004; repr., Grand Rapids: Baker Academic, 2008), p. 577. 『개혁교의학』(부흥과개혁사).

[4] 이 때문에 소셜 미디어를 절제하는 것이나 '금식'하는 것 역시 유익하다. 참고. Norman Wirzba,

위해 뼈와 살이 서로 부딪힐 필요는 없다. 공동생활 또한 온라인이다. 우리는 이 '사람들'과 가까우며 그들과 연결되어 있다. 그리고 우리는 그들과도 역시 소통하고 교제한다. 이것을 인식하고, 우리 중 많은 사람들이 우리 도시나 동네에 속하지 않은 온라인 공동체의 회원이라는 사실을 인정하는 것이 중요하다. 우리는 우리가 가진 장치들에 대해서도 우리의 디지털 존재와 그림자를 훈련시킬 필요가 있다. 또한 우리는 고독과 온라인 교제의 건강한 리듬을 개발할 필요가 있다. 우리는 소셜 미디어—스냅챗, 인스타그램, 트위터, 페이스북, 이메일—로부터 휴식을 취할 필요가 있다. 물론 베이비붐 세대들과 일부 X세대들이 곧잘 말하듯이 그것이 우리를 다 삼켜 버리기 전에 거기서 벗어나기 위해서가 아니라, 오히려 그것으로부터 휴식을 취해 우리가 함께 하는 '스트리밍'(streaming) 삶을 치유하고 새롭게 하기 위해서다.

옆으로 한 걸음: 고독

기도

하늘에 계신 하나님 아버지, 하나님은 우리가 하나님과 교제를 나누도록 하나님의 형상으로 창조하셨습니다. 그리고서 하나님은 우리가 혼자 있는 것이 좋지 않다고 생각하셨

Food and Faith: A Theology of Eating (New York: Cambridge University Press, 2011), p. 142.

고, 그래서 우리를 공동체 안으로 더욱 깊숙이 밀어 넣으셨습니다. 하지만 우리는 날마다 다른 사람들을 회피함으로써 공동체로부터 돌아섭니다. 날마다 다른 사람들의 일에 주제넘게 나섬으로써 공동체를 무너뜨립니다. 하나님, 우리 삶을 오로지 우리 자신과 관련된 것으로 만들어 버린 것을 용서하여 주십시오. 하나님 안에서 나누는 공동체를 흐트러지게 한 것을 용서하여 주십시오. 예수님, 우리가 하찮고, 다르고, 반역적이고, 보잘것없다고 생각하는 사람들에게 어떻게 다가갈 수 있는지 가르쳐 주십시오. 성령님, 좌절과 분노와 불안과 염려와 무관심의 순간에, 우리가 용기를 내서 이웃에게 나아가 치유와 화해를 도모하게 해 주십시오. 하나님의 영광과 우리의 증거를 위해 기도합니다. 아멘.

고독을 연습하는 간단한 단계들

- 고독 연습은 매일 하는 행동이라는 점을 기억하라. 그것은 지속적으로 자주 하는 일이다. 한 달에 사흘씩 혼자 있는 시간을 가지려 애쓰지 말라. 대신 하루에 15분을 떼어 내라. 직장에서 마음이 불편하고 아침에 당신이 누군가를 괴롭혔다고 생각한다면 점심시간에 산책을 나가라. 집에서 아이들을 재운 후에, 배우자에게 아이들을 맡기고 잠시 산책을 가라.
- 욕실에서 '잠시 쉬는 것'의 가치를 과소평가하지 말라. 화장실은 군중으로부터 한 걸음 물러나 하나님과 이야기할 수 있는 썩 좋은 장

소다. 잡지를 읽거나 휴대전화를 확인하거나 하지 말라. 그저 앉아서 어떻게 다른 사람들과 함께 살아가고 있는지 생각하라. 기도하라.

- 아이들에게 화가 나는가? 배우자나 룸메이트 때문에 실망하고 있는가? 세탁기가 지하실이나 창고 혹은 골목 어귀에 있다면, 세탁을 하러 가라. 잠시 식료품 가게에 가서 필요한 것을 몇 가지 사 오라. 자신을 진정시키라. 하나님께 이야기하라. 아이들, 배우자, 혹은 룸메이트에 대해, 그들에게 어떻게 하면 더 인내심과 친절과 사랑을 보일 수 있을지 생각해 보라.

- 내가 타임아웃을 갖는 동안 스스로 던지는 몇 가지 질문이 있다. 아마 이 질문들은 당신이 타임아웃을 갖는 동안에 도움이 될 것이다.

  → 나는 오늘 누군가를 나쁘게 생각한 적이 있는가?

  → 오늘 [학생, 동료, 배우자, 연인, 자녀, 혹은 다른 유형의 이웃의 이름을 넣으라]를 어떻게 대우했는가?

  → 누군가를 도울 기회를 놓쳤는가?

  → 나에게 필요하지 않으며 다른 누군가가 사용할 수도 있었을 무엇인가를 취했는가?

  → 오늘 누군가와 뭔가를 나누었는가? 그렇지 않다면, 어떤 것을 나눌 수 있었을까?

  → 나의 말은 친절하고 다정했는가?

  → 내가 [학생, 동료, 배우자, 연인, 자녀, 혹은 다른 유형의 이웃의 이름을 넣으라]를 짜증나게 하거나, 실망시키거나, 상처를 주는 일은 무엇인가? 어떻게 그 일을 달리 할 수 있을까?

6장

((수다쟁이 통제하기))

침묵과 새롭게 된 말하기

당신이 로저 하그리브스(Roger Hargreaves)가 지은 어린이 책 "미스터 맨과 리틀 미스"(Mr. Men and Little Miss) 시리즈를 잘 안다면, 아마 『리틀 미스 수다쟁이』(Little Miss Chatterbox)도 접한 적이 있을 것이다. 나는 자랄 때 이 책들을 읽는 특권을 누리지 못했다. 그리고 내 딸이 생일선물로 그 책을 한 권 받기까지는 그런 책들이 있는지도 몰랐다. 내 생각에는, 두 시리즈 모두 아이들이 착한 등장인물의 특징과 나쁜 등장인물의 특징에 대해, 그리고 이웃의 필요와 기대와 소원을 민감하게 느끼는 것의 중요성에 대해 이야기할 수 있게 하는 매혹적인 등장인물들이 나온다.

『리틀 미스 수다쟁이』는 이렇게 시작한다.

리틀 미스 수다쟁이는 말을 아주 많이 했어요.

쉴 새 없이 말을 했어요.

매일 매일, 매주 매주, 매달 매달, 매년 매년.

절대로 쉬지 않았어요!

자기는 몰랐지만, 심지어 자면서도 말을 했답니다!

리틀 미스 수다쟁이에게는 남동생이 있었어요.

여러분은 분명 그 남동생의 이름을 맞힐 수 있을 거예요!

그렇죠?

맞아요.

미스터 수다쟁이에요!

…

그 둘이 같이 있을 때 한번 들어 봤어야 해요!

말끝에서 한 마디도 끼어들 수가 없을 거예요.

옆에서도요.

어느 쪽에서도요!¹

 그 책을 읽어 보았다면, 혹은 미스터 수다쟁이 이야기에 대해 조금이라도 안다면, 미스 수다쟁이가 끊임없이 재잘거리는 탓에 계속 어려움에 처한다는 사실을 알 것이다. 사실상 미스 수다쟁이의 알아듣기 힘든 끊임없는 재잘거림은 그녀의 상황에 상당히 중대하게 구체적인 영향을 끼친다. 그로 인해 미스 수다쟁이는 직장 서너 곳에서 해고된다. 그리고 그 과정에서 상당수의 친구들과 고객들을 괴롭힌다. 하

---

1 Roger Hargreaves, *Little Miss Chatterbox* (New York: Price Stern Sloan, 1999), n.p.

지만 미스 수다쟁이는 비열하지 않다. 그녀는 누군가에게 호통을 치는 일은 하지 않는다. 사람들에게 쌀쌀하게 굴지 않는다. 무례하지 않다. 그녀의 불행은 모터 달린 입을 지녔다는 것이며, 명백히 누구도 그것을 좋아하지 않는다.

앞 장들에서 논한 모든 활동들과 마찬가지로, 말하는 것은 인간됨에 그리고 인간으로서 활동하는 것에 기본이다. 우리는 매일 어느 정도 말을 하고 의사소통을 한다. 그리고 우리가 언급한 다른 활동들과 마찬가지로, 이것 역시 공동체 안에서 그리고 공동체의 도움으로 행해지는 특권이다. 부모, 교사, 낯선 사람, 원수들, 사랑하는 사람들은 우리에게 말하는 법을 가르친다. 누군가는 우리에게 문법 연습을 시켰다. 많은 사람들은 우리가 어휘 목록을 쌓아 가는 데 기여했다. 대단히 많은 사람들은 우리가 아는 단어, 우리가 사용하는 은어, 우리가 하는 동작들을 가르쳐 주었다. 우리가 하는 말은 공동체에서 비롯한다. 그리고 우리가 말하는 투와 방식 그리고 그것이 무엇을 의미하는지 이해하는 것은 공동체다. 또한 그 공동체의 말하는 투와 방식은 우리의 말하는 투와 방식에 따라 형성된다.

우리가 말하는 습관과 관행을 솔직하고 면밀하게 들여다보면, 많은 사람들은 우리가 논의한 다른 활동들의 경우와 마찬가지로, 이기적이고 자기중심적인 경향이 있음을 알게 될 것이다. 미스 수다쟁이처럼, 우리는 말을 너무 많이 하고 잘못된 말을 한다. 우리는 혀와 말로 이웃에게 상처를 줄 수 있다. 우리의 말하기 습관과 관행에서, 북미 민주주의 문화에서 이웃에게 어느 정도 해를 끼치고 이웃과 함께 사는 삶에 부정적 영향을 미친다고 생각되는 두 가지 이기적 경향을 지목하려 한다. 이따금 비열한 단어를 사용하고 격려의 말이 부족한 것은 하찮고 어리석어 보일지 모른다. 하지만 주의를 기울이지 않는다면, 그것은 우리와 공유 공간에서 함께 하는 다른 사람들 및 그들과 함께 하는 삶에 해를 끼칠 수 있다.

기형적 말하기: 수다스럽기

우리가 말을 할 때, 이기적이 되는 한 가지 경향은 너무 수다스러워지는 것이다. 〈새터데이 나이트 라이브〉(*Saturday Night Live*, 미국 텔레비전 채널 NBC의 코미디 쇼—역주)에서 내가 좋아하는 인물 중 하나는 타겟 레이디(크리스틴 위그 분)다. 타겟 레이디는 지나치게 열정적이고, 다소 아둔하고, 정신을 산만하게 할 정도로 유쾌한 계산대 직원으로, 언제나 고객에게 "안녕하세요. 타겟에 오신 것을 환영합니다!"라는 인사를 시끌벅적하게 한다. 그녀는 이런 인사말과 열심과 유쾌함으로 고객들을 놀라게 하고, 충격을 주고, 겁먹게 한다. 게다가 그녀는 혼잣말을 한다. 웅얼거린다. 그녀는 고객들이 하는 말을 '듣는' 일이 거의 없다. 고객들이 그녀가 관심을 가질 만한 뭔가를 말하는 순간, 그녀는 그 말을 가로막든지 그들이 웃음을 터뜨릴 만한 기발한 말을 한다. 고객들이 그녀가 말하는 뭔가에 반응할 기회를 잡을 때는 그녀가 재빨리 대답을 가로챈다. 때로는 자기 고객이 뭔가를 사서 계산하려고 하면, 고객들을 기다리게 놔두고서 자기도 그 상품을 사려고 제멋대로 달려간다.

타겟 레이디와 고객들과의 소통에는 잘못된 점이 많다. 대부분의 고객들은 그녀 때문에 불만스럽게 된다. 어떤 고객들은 사려던 상품을 두고 그냥 가게를 떠나 버린다. 그녀의 수다스러움과 지나친 유쾌함을 즐기는 것처럼 보이는 사람들은 거의 없다. 그녀는 마치 미스 수다쟁이가 사람으로 태어난 것 같다─물론 그녀 역시 실제 인물은 아니다. 어쨌든 고객들을 가장 불만스럽게 만드는 것은 그녀의 수다스러움이다. 고객들은 자기 물건을 사고 거기서 벗어나고 싶을 뿐이다. 하지만 그녀는 수다를 떨고 싶어 한다. 가끔은 이야기하는 것을 개의치 않는 고객들이 있지만, 그들 역시 결국에는 좌절한다. 그녀가 정말로 너무 많이 말하고 그들은 단 한 마디도 끼어들지 못하게 하기 때문이다. 그들은 그녀에게 말을 할 수가 없다. 그녀가 언제나 그들에게 말을 하고 있기 때문이다. 그녀의 음성과 말은 그들이 함께하는 시간을 지배하며, 둘 사이의 관계를 일방적으로 망가트린다. 그리고 시청자들은 그런 태도가 정을 떨어뜨리고, 좌절감을 가져오며, 상처를 입히는 것을 거듭 반복해서 본다.

수다스러운 것 혹은 말이 많은 것은 여러 다른 방향으로 뻗어갈 수 있다. 한편으로는 어수선함(garrulity)이다. 이수선함은 말 많음의 일종이다. 하지만 그것은 단순히 수다스러운 것을 넘어서 중요하지 않은 것들에 대해 잡담을 한다. 수다스러운 사람은 정말로 중요한 것에 대해 말하고 있을 수 있다. 하지만 어수선한 사람들은 사소한 것들에 대해 너무 많이 말한다. 그들은 재잘거린다. 지절댄다. 대수롭지 않은 것들에 대해 말한다. 다른 한편으로는 장황함이다. 그것은 또 다른 종류의 수다스러움이다. 장황함은 너무 많은 말을 사용하는 것이다. 하지만 그것은 그런 사람이 반드시 수다스럽다는 의미는 아니다. 장황한 사람은 단지 어떤 단순한 것을 설명하기 위해 너무 많은 단어들을 사용하는 사람일 수 있다. 그들은 그것을 훨씬 더 간결하게 말할 수 있다. 하지만 이야기를 재미있게 꾸미거나, 말하자면 '변죽을 울린다.'

너무 많이 말하는 것은 어리석고 사소한 일처럼 보일지 모르지만, 타겟 레이디와 미스 수다쟁이(혹은 〈엘프〉(Elf)에 나오는 윌 퍼렐의 특성을 고찰해 보라) 같은 예들, 그리고 특히 우리 자신의 삶에서 경험한 사람들에게서 보듯이, 너무 말을 많이 해서 다른 사람들의 말을 묻어 버리는 사람들은 상처를 주고 해를 끼친다. 우리는 다른 사람들의 말 때문에 우리의 말이 묻혀 버리는 것을 좋아하지 않는다. 한 마디도 끼어들지 못하는 것을 우리는 좋아하지 않는다. 무시당하는 것을 좋아하지 않는다. 누군가가 우리를 가로막는 것을 즐기지 않는다. 수다쟁이에 대해 우리는 일관되게 짜증을 느낀다. 그런 사람들에게 익숙해질 수 있는 사람들은 매우 드물다. 우리 모두가 아는 것처럼, 상대방이 우리의 말을 잘 듣지 않으면 우리는 얕보이고 무시당하고 제대로 평가받지 못한다고 느끼기 시작한다. 말할 것도 없이, 일부 사람들이 삶의 경험과 우리 자신의 실수에서 알고 있는 것처럼, 수다스러움은 '말의 악덕'으로 이어질 수 있다. 그것은 중세 시대에 사용되던 표현으로 말다툼, 소문을 퍼뜨리는 것, 자랑하는 것 등이다. 너무 말을 많이 하다 보면 말하지 않아야 할 것들에 대해 말하게 될 수 있다.

수다스러운 것 혹은 말이 많은 것은 말하기의 한 유형이 아니라 기형적 말하기 방식이다. 우리는 예수님이 얼마나 자주 말씀하셨는지 정확하게 알지 못한다. 하지만 말이 많은 것은 예수님의 성품과 양립하지 않는 듯하다(마 12:19; 26:63). 예수님은 그런 식으로 말씀하시지 않았으며, 우리가 우리의 말을 그런 식으로 사용하도록 위임하시는 것 같지도 않다. 그것은 이기적 말하기 방식이다. 우리는 혀와 말로 이웃을 사랑할 수 있으며 사랑해야 한다. 하지만 너무 많이 말해서 상대방의 말이 들리지 않도록 압도해 버릴 때, 우리는 그렇게 사랑하지 않는 것이다. 너무 많은 말을 상대방에게 쏟아 내면, 설사 좋은 의도를 가지고 한 것이라 해도, 이웃을 우리로부터 밀어내고 이웃과의 친교에 부정적 영향을 끼칠 수 있다. (역으로 과묵함, 혹은 적게 말하는 것 역시 이웃과의 관계에 문제가 될 수 있다.) 우리의 말이 상대방을 높이거나 세우는 것이라면 별로 문제가 되지 않는다. 하지만 너무 많이 말하고 충분히 듣지 않는 것은 다른 사람들과 함께 하는 우리의 삶에 해를 끼칠 수 있다.

기형적 말하기: 다른 사람들에게 악담하기

우리가 말을 할 때 이기적 경향이 있는 또 다른 방식은, 다른 사람들을 헐뜯는 것이다.

〈악마는 프라다를 입는다〉(The Devil Wears Prada, 2006)에 나오는 미란다 프리슬리(메릴 스트립 분)는 다른 사람들을 헐뜯는 사람의 전형이다. 오만한 패션 잡지 편집장 미란다는 자기 아랫사람들을 비판할 뿐 아니라 또한 그들을 공격하고 그들에 대해 나쁘게 말한다. 미란다는 그들의 등 뒤에서만 아니라 그들의 면전에서도 그렇게 한다. 예를 들어, 자기 아랫사람이 실수―중대한 실수이긴 하지만―를 한 후에,

미란다는 이렇게 말한다.

> 왜 널 뽑았는지 알아? 난 항상 비슷한 애들을 뽑았지. 세련되고, 물론 날씬하고…잡지를 열렬히 사랑하는. 근데 개들은 자꾸―뭐랄까―실망스러운 모습을 보이더라고. 그리고, 음…멍청하고. 그래서 너의 인상적인 이력서와 소위 직업윤리에 대한 너의 거창한 연설 때문에, 나는 음, 난 네가 좀 다를 거라 생각했지. 내 자신에게 말했던 거야. 해 보자, 기회를 잡아 봐. 똑똑하고 뚱뚱한 애를 채용해. 난 희망을 가졌지. 오 이런, 난 너무 희망적이야. 어찌됐든, 넌 결국 나를 실망시켰어. 다른 모든 어리석은 애들보다 더 말이야.

영화를 보는 사람들은 불안한 마음으로 의자에 기대고 앉아, 미란다의 아랫사람들이 이와 같은 말 때문에 동요하고, 당황하고, 좌절하고, 상처받고, 심지어 망연자실하게 되는 것을 지켜본다. 미란다는 이웃과의 관계에 부정적 영향을 끼칠 뿐 아니라 집에서, 직장에서, 거리에서 공동체를 흐트러뜨리기 시작한다.

악담(malignity)은 악한 언사다. 그것은 우리의 이웃을 '깎아내리는' 것이다. 의도적으로 말로 이웃에게 상처를 입히는 것이다. '악담하다'라는 말은 다소 강한 표현 같아 보일지 모른다. 하지만 의도적으로 말로 이웃에게 상처를 주고 이웃을 세우려 하지 않을 때마다, 우리는 악담을 하는 것이다. 우리는 그 이웃을 멸시한다. 그 사람을 조롱한다. 굴욕을 준다. 이런 것들은 이웃을 세우는 것이 될 수 없다. 하지만 누군가에게 악담한다는 것은 그 사람에 대해 비판적으로 말하는 것과 다르다. 지난 장에서 말(mal)은 나쁘다는 의미라고 말했던 것을 기억하라. 어떤 사람의 등 뒤에서 그 사람을 비판적으로 말해서는 안 되지만, 이웃에 대해 비판적으로 말하는 것은 제대로 행한다면 그 이웃을 더 나아지게 할 수 있다. 그것은 그 이웃을 세우고 그가 더 나은 일들을 하도록 자극할 수 있다. (모든 예술·음식·영화 평론가들은 이제 안도의 숨을 쉬어도 된다.) 하지만 이웃에게 악의적으로 말할 때 우리는 그 이웃이 개선되도록 돕는 말을 하지 않고, 끌어내리는 말을 한다. 분석하지 않고, 그냥 멸시한다. 더 이상 평가하지 않고, 그냥 통렬히 비난한다.

물론 때로는 무심코 상처를 주는 말을 할 수도 있다. 우리가 말하고 있는 것의 영향력을 깨닫지 못하거나, 그 특정한 말이 우리 이웃에게 상처를 주리라는 것을 알지 못한다. 그런 일이 일어날 때 우리는 사과하고, 화해하고, 나아간다. 이것은 이웃을 비방할 때 하는 말처럼 의도적으로 이웃에게 해를 끼치려는 것이 아니라, 우연히 그런 것이다. 말이 많은 것이나 수다스러운 것과 마찬가지로 악담은 일반적으로 다른 몇 가지, 거짓말이나 모욕이나 조롱이나 소문을 퍼뜨리는 것과 같은 말의 악들을 낳는다. 그리고 악담하는 말과 악의적 생각 사이에는 직접적 상관관계가 있는 듯하다. 이웃에 대해 악의적 생각을 하고 그런 생각을 품고 있을 때, 악담하는 말들이 입술에서 흘러나온다. 이웃에 대해 악담하는 말을 하려면, 먼저 어떤 악의적 생각을 품고 있어야 한다. 그 둘은 언제나 나란히 붙어 있다.

어떤 사람을 끌어내리는 것은 환영받지 못할 일이다. 이웃의 면전이나 등 뒤에서 그 사람에 대해 상처가 되는 말을 할 때, 그 이웃은 그것을 좋아하지 않을 것이다. 악담하는 말은 말하기의 한 형태가 아니라, 기형적 말하기 방식이다. 예수님은 그런 식으로 말씀하지 않으셨으며(눅 4:22), 우리에게도 그런 식으로 말하라고 명하시지 않는다. 수다스러운 것과 마찬가지로, 악담하는 말은 이기적 말하기 방식이다. 우리는 말로, 말을 통해 이웃을 사랑할 수 있다. 하지만 그 이웃에 대해 나쁘게 말할 때 우리는 그렇게 사랑하고 있지 않은 것이다. 우리는 이웃을 끌어내릴 때 그 이웃을 사랑할 수 없다. 이웃에게 너무 많은 말을 퍼부을 때, 잘못된 말을 던질 때 그 이웃에게 상처를 준다. 우리는 "어쩌구 저쩌구, 어쩌구 저쩌구"(수다스러움) 하며 이웃에게 상처를 주며, "넌 바보고 아무도 널 좋아하지 않아"(악담)라며 상처를 준다. 이런 말들은 이웃을 우리로부터 멀리 밀어내며 이웃과의 친교에 부정적 영향을 미친다.

침묵과 말하는 것 새롭게 하기

아빠는 셔츠 손목에 달린 싸구려 베이지색 플라스틱 단추를 내려다보았다―알다시피, 그 단추는 언제나 세탁기나 건조기 안에서 금이 가거나 떨어져 나간다. 아빠는 마치 둥근 원의 가장자리를 뜯어 먹듯이 천천히 손가락을 그 단추에 가져갔다. 마치 2분은 지나간 것 같았다.
"난 잘 모르겠다, 카일…" 친할머니가 방금 교통사고로 돌아가셨다.
내가 아빠에게 무엇을 물어보았는지는 기억이 나지 않는다. 내가 다리 사이에 머리를 묻고 마룻바닥에 웅크리고 앉아 있을 때, 나는 아빠가 할 말을 찾지 못해 괴로워하는 소리를 들었다. 나는 일어나서 아빠를 안아 주고 싶었다. 꼭 껴안아 주고 싶었다. 아빠의 뱃속 깊은 곳에 있는 모든 슬픔을 지친 폐를 통해 머리끝까지 밀어 올려 주고 싶었다. 치유해 주고 싶었다. 나는 그때 그 자리에서 어떻게 느껴야 하는지 몰랐으며, 외할머니가 한두 해 전에 돌아가셨을 때도 그랬다. 내가 아는 것이라곤 침묵뿐이었다. 내가 아는 것이라곤 침묵하는 것뿐이었다.

'그냥 가만히 있어.…조심해서 말해'라고 나는 자신에게 말했다. 나는 어머니처럼 말하기 시작했다. '말할 때 주의해. 아니, 그냥 말을 하지 마.'

나는 아빠가 대답할 수 없는 순진하지만 무지한 질문들로 아빠를 불쾌하게 하거나 상처를 주는 것이 두려웠다. 그래서 그냥 입을 닫아 버렸다. 나는 입을 꾹 다물고 침묵 속에 거기 앉아 있었다.

침묵에 대한 올바른 관점

왜 나는 침묵했는가? 우리는 '침묵'이라는 말을 어떻게 이해하는가? 침묵은 무엇인가? '침묵한다'는 것은 무슨 의미인가? 침묵을 실천하는 것은 어떤 모습으로 나타나는가? 침묵은 어떻게 그리고 왜 중요한가?

대단히 기본적인 차원에서, 침묵은 소리의 부재다. 하지만 진짜 침묵을 가공의 침묵─불가능한 침묵─으로 잘못 생각하기가 특히 쉽다. 우리가 절대 경험할 수 없는 몇 가지 형태의 침묵이 있다. 예를 들어, 때로 우리는 침묵이 모든 소리의 부재라고 말한다. 즉, 침묵은 특정 주파수에서 아무런 소리도 들리지 않는다는 의미라는 것이다. 하지만 우리가 대개 이 표현으로 정말로 의미하는 것은 다른 인간의 목소리의 부재다. 누군가가 말하는 것을 들을 수 없다는 의미다—아무도 재잘거리거나, 입 밖으로 소리를 내거나, 말을 하거나, 다른 형태의 구두적 인간 의사소통을 하고 있지 않다.

하지만 사람의 말이 없다는 것은 소리가 없다는 것과 다르지 않은가? 듣기 좋은 소리들은 온통 주위에 널려 있다. 매일 세상은 우리가 마음에 깊이 새기지 않는 소리들을 낸다. 그 소리들은 거기 있다. 그리고 그 소리들은 '들린다.' 하지만 우리는 그런 소리들에 너무 익숙해져서, 그것들을 지목해 내고 의식적으로 그 소리들을 듣지 않는다. 사실상 날마다 우리 주위에서는 많은 소리들이 나온다. 우리가 말하기를 중단할 때도, 세상은 계속해서 말하고 몸짓으로 이야기한다. 나무들은 속삭이고, 파리는 윙윙거리고, 너구리는 재잘거리고, 까마귀는 까악거린다. 백합화는 바람에 흔들리고, 해는 미소 짓고, 울타리는 춤추고, 강물은 손뼉을 친다.

침묵은 없다. 침묵 연습만이 있을 뿐이다. 우리가 침묵 '할' 때—침묵을 연습할 때—우리는 특정한 이유로 특정한 상황에서 의도적으로 입을 다문다. 이 침묵을 실천할 때, 우리는 잠시 동안 우리의 말을 잠재운다. 그것은 우리가 말을 할 수 없거나 말을 하지 않으리라는 게 아니다. 우리는 말하지 않기로 결심한다. 이것은 말을 좀 줄이거나 조금 적게 말한다는 의미가 아니다. 우리는 전혀 말하지 않는다. 혹은 신체적으로 말을 할 수 없는 사람이라면, 수화나 다른 비언어 의사소통 방법들을 사용하지 않음으로써 침묵을 연습한다. 우리는 다른 누군가가(혹은 심지어 우리 자신이) 우리의 말을 받아들이거나 우리의 의사를 이해하게 하는 일을 의도적으로 삼간다. 간단히 말해, 침묵을 연습하는 것은 특정한 이유 때문에 말하기를 의도적으로 억제하는 것이다. 침묵은 우리 이웃의 말을 듣는 것이다. 이웃이 우리의 지혜와 생활 방식에 기여할 여지를 만들어 주는 것이다. 그것은 꼭 적절한 만큼만 말하고, 듣기와 말하기 사이에 균형을 잡는 일이다.

우리가 살면서 경험한 것과 '조용히 하는' 연습을 면밀히 들여다보면, 침묵을 올바른 관점에서 이해하도록 돕는 두 가지를 알게 될 것이다. 첫째, 침묵은 의사소통이 결여된 것이 아니다. 우리는 우리가 하는 말 이상으로 말한다. 우리는 침묵으로도 말할 수 있다. 특히 우리가 침묵하는 시기와 상황을 고려할 때 그렇다. 설교 중에나 장례식이나 가정의 불화 동안 침묵할 때, 우리는 침묵으로 뭔가를 말하고 있다. 둘째, 침묵 연습은 단순히 입을 꼭 다무는 것이 아니다. 침묵 연습에는 듣는 것 역시 관련되어 있다. 말하는 것을 삼갈 때, 우리는 다른 사람들을 위해서 그렇게 한다. 다른 사람들이 말할 수 있도록 그래서 우리가 그들의 말을 들을 수 있도록 하기 위해 침묵한다. 침묵은 다른 사람들에게 '마이크를 넘겨주어' 그들이 말하게 하고 그들의 말을 듣는 한 가지 방법이다.

우리의 혀와 말로 이웃을 사랑하기

일반적 인식에도 불구하고, 침묵에 대해 다루는 성경 본문은 많지 않다. 그리고 침묵에 대해 다루고 있는 것처럼 보이는 서너 본문들, 이를

테면 "잠깐 멈추어"(*raphah*) 하나님을 아는 것(시 46:10)은 침묵을 연습하는 것으로 쉽사리 혹은 필연적으로 번역되지 않는 듯하다. 이렇게 침묵에 대한 본문이 별로 없음에도 불구하고, 많은 사람들은 침묵이라는 영적 훈련이 고독과 관련되어 있으며, 둘 모두 세상에서 벗어나 하나님과 시간을 보내는 방법이라고 배웠다. 고독 속에서 우리는 세상으로부터 벗어나며, 침묵 속에서 우리는 하나님의 음성을 듣는다. 둘 다 우리를 세상의 소음으로부터 옮겨 주며 하나님의 음성을 들을 수 있게 해 준다―분명히 하나님은 조용하게 또는 소음 가운데서 말씀하지 않으시거나, 말씀하려 하지 않으시거나, 말씀할 수 없으시기 때문이다.

물론 날마다 하나님의 음성에 귀를 기울이고 하나님으로부터 듣는 시간을 갖는 것은 전혀 잘못이 아니지만, 이런 개념은 침묵이라는 영적 훈련을 실제와 다른 것으로 축소시킬 수 있다. 우리는 침묵의 필수 특징들 중 하나를 놓쳤다. 이 훈련의 중요한 수평적 차원을 간과했다. 정말로 그것에 대해 생각할 때, 그리고 심지어 '묵상 시간'(quiet time)―그것은 침묵을 연습하는 것과 같지는 않지만 약간 유사하긴 하다―이라는 삶의 훈련을 바라볼 때, 침묵 훈련에서는 우리가 일반적으로 생각하거나 보는 것 이상의 일이 일어난다. 침묵은 단지 우리와 하나님 간의 개인적 일이 되는 대신에, 대단히 구체적이고 실제적인 방식으로 주위 사람들에게 영향을 끼칠 수 있으며, 실제로 영향을 끼친다.

우리 그리스도인들은 다른 사람들을 높이기 위해 우리의 혀와 말을 사용하도록 부름받는다. 사도 바울은 에베소 교회에 보낸 편지에서 이것을 분명하게 밝힌다.

여러분은 지난날의 생활 방식대로 허망한 욕정을 따라 살다가 썩어 없어질 그 옛 사람을 벗어 버리고, 마음의 영을 새롭게 하여, 하나님의 형상을 따라 참 의로움과 참 거룩함으로 지으심을 받은 새 사람을 입으십시오. 그러므로 여러분은 거짓을 버리고, 각각 자기 이웃과 더불어 참된 말을 하십시오. 우리는 서로 한 몸의 지체들입니다. 화를 내더라도, 죄를 짓는 데까지 이르지 않도록 하십시오. 해가 지도록 노여움을 품고 있지 마십시오. 악마에게 틈을 주지 마십시오. 도둑질하는 사람은 다시는 도둑질하지 말고, 수고를 하여 [제] 손으로 떳떳하게 벌이를 하십시오. 그리하여 오히려 궁핍한 사람들에게 나누어 줄 것이 있게 하십시오. 나쁜 말은 입 밖에 내지 말고, 덕을 세우는 데에 필요한 말이 있으면, 적절한 때에 해서, 듣는 사람에게 은혜가 되게 하십시오. 하나님의 성령을 슬프게 하지 마십시오. 여러분은 성령 안에서 구속의 날을 위하여 인 치심을 받았습니다. 모든 악독과 격정과 분노와 소란과 욕설은 모든 악의와 함께 내버리십시오. 서로 친절히 대하며, 불쌍히 여기며, 하나님께서 그리스도 안에서 여러분을 용서하신 것과 같이, 서로 용서하십시오. (엡 4:22-32)

간단히 말해, 여러분의 말이 덕을 세우고, 화해하고, 치유하도록 하십시오. 이웃에 대해 나쁘게 말하지 마십시오. 친절하게 말하십시오. 이웃을 끌어내리지 마십시오. 이웃을 세우십시오. 여러분의 혀와 말을 선하게 사용하십시오.

고독의 핵심에는 전인적 존재인 우리의 혀와 말이 하나님께 속해 있다는 개념이 있다. 하나님은 이런 것들에 대해서도 창조주시며, 구속자시고, 회복자시다. 하나님은 우리가 이런 선물들을 이웃을 높이고 사랑하는 방식으로, 그리고 우리가 사는 세상을 치유하고 조화시키는 방식으로 잘 관리하라고 부르시고 명하신다. 하나님은 우리의 혀와 말을 그분의 목적을 위해 사용하라고 부르시고 명하신다. 하나님은 우리가 이기적으로 사용하도록 혀와 말을 주신 것이 아니다. 그런데 우리는 그것을 이기적으로 사용할 수 있으며 종종 그렇게 사용한다. 우리의 목소리, 혀, 말은 우리 자신이 즐기고 우리의 목적에 기여하기 위한 우리의 것이 아니다. 그렇다. 그런 것들이 우리에게 유익을 주는 것은 사실이다. 우리는 원하는 것과 필요한 것을 얻기 위해 의사소통을 할 수 있으며 우리의 혀와 말을 사용할 수 있다. 하지만 그것들은 우리가 그저 말을 하거나, 자신이 말하는 것을 듣거나, 심지어 다른 사람들과 소통하는 것보다 더 큰 목적을 위해 만들어졌다. 프랑스 철학자 장 루이 크레티엥(Jean-Louis Chrétien)은 적절하게 말한다. "목소리는 그것 자체를 위한 도구가 아니다."[2] 우리의 목소리, 혀, 말(그리고 의미와 소통을 위한 다른 은사들)은 이웃을 사랑할 수 있도록 우리에게 주어졌다.

때로 우리는 의도적으로 그리고 명백히 다른 사람들에게 상처를 주기 위해 말을 사용한다. 그들을 비방하는 때와 같은 경우다. 하지만 아마 대부분의 사람들은 일반적으로 그렇게 하지 않을 것이다. 우리는 누군가를 격려하고 세워 주는 경우가 훨씬 더 많다. 하지만 우리는 너무 많이 말한다. 혹은 우리 이웃은 우리가 하는 말을 듣고 싶어

---

2   Jean-Louis Chretien, "The Wounded Word: The Phenomenology of Prayer", in *Phenomenology and the "Theological Turn": The French Debate* (Bronx, NY: Fordham University Press, 2000), p. 168.

하지 않는다. 우리의 말은 환영받지 못한다. 혹은 아마 열렬한 그리스도인이 정말로 그의 이웃과 더불어 복음을 나누고 싶어 하지만 그 이웃은 그 복음을 듣기 싫어할 수도 있다. 그런데도 그는 강력하게 주장하고 고집한다. 그의 말은 사랑에서 나온 것이지만, 그의 행동은 자기중심적이다. 일상생활의 바로 이런 순간에 우리는 우리의 말을 제어하지 못한다. 우리는 자신이 말하는 모든 말을 기억하지 못한다. 우리는 잘못된 때에 혹은 잘못된 방식으로 말한다. 우리는 진심으로 의도하지 않은 말을 한다. 순간의 압박감 때문에, 지쳐서, 혹은 삶이 요구하기 때문에 우리는 후회할 만한 말을 하지 않을 수 없게 된다―다시 그 순간으로 돌아가 그냥 침묵을 지킬 수 있으면 얼마나 좋을까.

우리는 말을 할 때 작은 훈련을 해 볼 수 있다. 우리는 우리의 수다를 약간 통제할 수 있다. 우리는 우리의 혀를 길들이고 말을 온전하게 할 필요가 있다. 그리고 우리는 이기적으로 말하는 방식을 치료하는 침묵 훈련을 통해 이것을 할 수 있다. 그것은 정기적으로 행하는 훈련으로서, 우리가 주기적으로 '중단' 버튼을 누를 경우 이기적이고 나쁜 말하기를 밀어내는 결과를 가져온다. 그 중지 버튼이 우리가 이웃과 소통하면서 거침없이 말을 내뱉는 일을 멈추게 하기 때문이다. 이것은 물론 상황이 가열될 때 '조용히 있는 것'과 다르다. 우리는 단지 갈등을 피하기 위해 입을 닫고 있거나, 기다렸다가 반박하기 위해 이웃이 말하도록 놔두는 것은 아니다. 우리가 입을 다물고 있는 것은 이웃의 말을 듣기 위해, 그 이웃을 더 잘 이해하기 위해, 그래서 그 이웃을 위한 공간을 만들 수 있기 위해, 그래서 어쩌면 어떤 경우는 공동체 안에 존재하는 갈등을 해결하고자 더 들을 수 있도록 하기 위해서다. 침묵을 연습하는 것은 입과 혀를 훈련시켜서 공동체에서 말을 하는 기형적 습관을 고치고, 지나친 말이나 해로운 말을 참는 습관을 개발하도록 돕는다. 그렇지 않으면 열띤 순간에 우리에게서 그런 해로운 말들이 나올 수도 있을 것이다.

우리는 해로운 방식으로 공간을 차지하는 그저 육체적인 몸이 아니다. 우리는 또한 해로운 방식으로 '말의 공간'에 거할 수 있는 말하는 몸이다. 우리가 말을 함으로써 다른 사람들의 말이 묻혀 버리지 않도록 하는 것이 중요하다. 중요한 경험 법칙은 셰익스피어의 『끝이 좋으면 다 좋아』(All's Well That Ends Well)의 1막 1장에서 로실리온 백작부인이 하는 말이다. "아무런 말도 하지 않는다고 질책받는 것에 신경쓰지 마라. 하지만 너무 많이 말한다고 비난받지는 말아라."[3] 침묵 연습은 해로운 말과 장황함이 있는 세계에 치유를 가져온다. 시간이 지나면서 침묵 연습은 듣는 연습을 더 자주 할 수 있게 그리고 아마 심지어 조금 더 바람직하게 만들어 준다. 혀를 훈련하고 말을 자제하면 침묵이 편안해진다. 얼마나 많이 반응하고 얼마나 빨리 반응할지 어느 정도 통제할 수 있게 된다. 특히 이것을 거듭 반복해서 연습할 때는 더 그렇다. 시간이 지나면서, 우리는 잠깐 기다리도록 혀를 훈련한다. 느리게 말하는 것의 진가를 인정하고 그것을 연습하는 법을 배운다. 순식간에 우리를 통제하고 우리가 생각하고 있지만 아마 해서는 안 되는 말을 순식간에 걸러 내는 습관을 지니게 된다.

모든 일에 이어폰을 쓰고, 광고판들이 번쩍거리고, 주의 지속 시간

---

[3] William Shakespeare, *All's Well That Ends Well*, ed. Claire McEachern (New York: Penguin Classics, 2001), 30행.

이 2분을 채 못 넘기는 세상에서, 분명 날마다 침묵을 연습하는 것은 이웃에 대한 사랑의 행동이 될 것이다. 한 걸음 더 나아가, 뉴스 이야기들을 주고받으면서 정치에 정통한 체하는 사람들로 인해 즐거워하고 기뻐하는 이기적이고 독선적인 '수다쟁이들'의 세상에서, 조용히 있으면서 정말로 다른 사람에게 귀를 기울이는 단순한 훈련은 사랑의 행동이다. 침묵 연습은 참으로 반문화적인 일이다. 그것은 말하면서 자기를 부인하고, 다른 사람들이 말하도록 권하며, 그 말을 환영하기 때문이다. 그것은 다른 사람들의 말을 소중히 여긴다. 그들로부터 듣고 싶어 한다. 그것은 청각적 손 대접을 하도록 한다.[4] 이 때문에, 그것은 희생적 행동이다. 넓게 보면, 그것이 바로 듣기는 빨리 하고 말하기는 더디 하는 사람들의 공동체를 만든다(약 1:19).

우리가 언제나 수다를 떨고 있기 때문에 이웃이 자신을 드러낼 수 있는 기회를 얻지 못한다면, 우리는 이웃을 사랑하는 것인가? 우리의 '청각 채널'이 언제나 우리 목소리로 가득 차 있기 때문에 이웃이 자신의 지혜와 통찰을 나눌 수 있는 기회를 얻지 못한다면, 우리는 이웃을 사랑하는 것인가? 우리가 이웃의 말을 듣고 그 말에 주의를 기울이지 않는다면 어떻게 이웃을 사랑할 수 있는가? 우리가 이웃이 말하도록 하지 않는다면 어떻게 참으로 이웃의 덕을 세우고 이웃에게 능력을 부여할 수 있는가? 우리는 사도 바울이 권하는 것처럼, 이웃을 세우고 능력을 부여함으로써 우리의 말로 이웃을 사랑해야 한다. 하지만 우리는 또한 말을 억제함으로써 이웃을 사랑해야 한다. 사도 바

---

4   Christine D. Pohl, *Making Room: Recovering Hospitality as a Christian Tradition* (Grand Rapids: Eerdmans, 1999), p. 13. 『손대접』(복있는 사람).

울이 우리에게 권하는 것처럼, 예수님과 같은 방식으로 말하는 데는 말로 다른 사람들을 높이고 시간을 들여 다른 사람들의 말에 귀를 기울이는 일이 포함된다. 침묵 훈련은 우리가 이 두 가지를 모두 할 수 있도록 도와준다. 그 두 가지는 자비로운 말하기와 호의적인 듣기로, 바로 그런 식으로 예수님이 말씀하셨다. 북미 민주주의 사회에서 이웃 앞에서 침묵을 지키는 일은 우리가 말하는 어떤 말보다 더 이웃의 안녕에 기여할 것이며, 더 큰 사랑의 행동일 것이다.

정말로 이웃을 우리 자신처럼 사랑하기 원한다면, 이웃의 주위에서 그리고 이웃에 대해 말하는 방식을 바꿀 필요가 있다. 단지 말하는 공동체 안의 한 구성원이 되는 것으로부터 덕을 세우며 교제를 나누는 것까지 나아가려면, 우리의 우선순위와 말하는 관행에 주의를 기울일 필요가 있다. 대부분의 사람들은 아마 이웃에게 더 자주 말할 필요가 있을 것이다. 일부 사람들은 처음으로 이웃에게 말을 걸 필요가 있을 수도 있다. 또 어떤 사람들은 이웃과 화해할 필요가 있을 수도 있다. 말로 이웃에게 상처를 입힌다면 그리고 이웃이 자기 말을 할 수 없을 만큼 너무나 많은 말을 퍼붓는다면, 우리는 이웃을 사랑할 수 없다. 우리의 입과 말로 이웃을 더욱 잘 사랑할 수 있다고 말할 때, 여기엔 아마 모든 사람이 해당될 것이다. 침묵 훈련을 통해 입과 혀를 훈련하는 것은 매일 하는 일상 활동들을 통해 이웃을 사랑할 수 있는 또 하나의 작지만 중대한 방법이 될 것이다.

옆으로 한 걸음: 침묵

기도

하나님 아버지, 우리가 목소리를 내고, 지껄이고, 말하고, 소리치고, 노래하도록 입과 혀와 목을 주신 것에 감사합니다. 그리고 다른 사람들과 의사소통을 하기 위해 사용하는 손과 팔과 몸을 주신 것도 감사합니다. 우리가 다른 사람들과 조언, 격려, 경고 등을 나누기 위해 소통할 수 있는 것에 감사합니다. 하지만 이런 장치들을 종종 우리 자신의 영광을 위해 사용해서 이웃을 슬프게 하는 것을 우리는 인정합니다. 예수님, 이야기와 말하기의 은사를 구속하셔서 우리의 말이 세상에 치유와 조화를 가져오게 해 주십시오. 우리의 말이 하나님의 나라를 건설하고 하나님의 통치를 이끌어 들이도록 해 주십시오. 성령님, 우리가 말을 지혜롭게 선택하도록 인도해 주십시오. 다른 사람들이 말하고 우리가 들을 수 있도록 침묵을 지키기에 적절한 때가 언제인지 분별하도록 도와주십시오. 예수님의 이름으로 기도합니다. 아멘.

침묵을 연습하는 간단한 단계들

- 당신이 주부라면, 집에서 주기적으로 침묵을 연습하라. 나는 쉬는 날이면 자녀들과 함께 이런 연습을 한다(우리는 그것을 '묵상 시간'

(quiet time)이라고 부른다]. 한 시간 내내 우리는 말을 하지 않는다— 수화, 글로 쓴 기록, 동작, 가리키는 것 등은 허용된다. 일주일에 닷새나 엿새 동안 직장에 간다면, 점심시간에 침묵을 연습해 보라. 낮 동안에 혹은 밤에 침묵을 지키는 것이 거의 불가능하다면, 다른 사람들과 대화를 나눌 때 말하기보다 듣기를 더 많이 하라. 그것이 가능하지 않다면, 당신 자신에 대해 말하는 것을 삼가라. 당신에게 초점을 맞추지 말라.

- 공공장소에서 침묵을 연습해 보라. 그것은 좀 어색하긴 하지만 해볼 만한 일이다. 나는 한 번 늦은 밤에 한 식당에서 친한 친구들과 그런 훈련을 해 보았다. 우리는 웨이터와 소통하기 위해 냅킨에 글을 썼다. 과학기술을 사용하는 '이야기하기'와 서로를 회피하는 일을 하지 않기 위해, 우리는 모두 휴대전화를 탁자 위에 올려놓았다. 먼저 자기 전화기에 손을 대는 사람이 계산을 해야 했다.

- 당신이 부모라면, 침묵을 연습하기 좋은 시간은 잠자리에 들기 전이다. 우리 가족에게 효과적이었던 것은 잠자리에 들기 전에 "네 가지 T"를 하는 습관이었다. 아이들은 **이**(teeth)를 닦고, **화장실**(toilet)에 다녀오고, **휴지**(tissue)를 한 장 집고, 그 다음에 **이야기**(talk)를 나눈다. 우리의 이야기 시간에는 다섯 가지 질문을 던졌다. 오늘 가장 행복하게 느꼈을 때는 언제야? 가장 비참했을 때는 언제야? 죄책감을 느낀 적이 있었어? 오늘 어떤 일에 감사하니? 너 자신과 너의 세계에 대해 배운 것은 무엇이니? '말꼬투리'는 없다— 그래서 아이들은 침묵을 지키고 다른 사람들의 말을 경청하는 일의 중요성을 제대로 배운다.

- 침묵을 연습하기에 편리한 또 다른 때는 묵상, 고독, 섬김, 안식일 준수, 금식을 실천할 때다. 그것을 염두에 두라. 반복과 규칙성이 중요함을 기억하라. 우리는 이 훈련들을 매일의 일과 중 일부로 만들려 애쓰고 있다.

7장

친구를 사귀고 사람들에게 힘을 부여하는 법

섬김과 새롭게 된 일

내가 대학생이었고 결혼을 하고 싶다고 마음먹었을 때, 결혼을 하려면 반지가 필요하다는 것을 깨달았다. 나는 일자리가 필요했다. 그냥 아무 일자리가 아니라 나의 농구 스케줄에 맞고 학교에서 가까운 곳에 있는 일자리였다. 나는 많은 정신적 노력을 요구하지 않는 일을 더 선호했다. 알다시피, 공부를 해야 했기 때문이다. 웬디스(Wendy's)가 그 조건에 딱 일맞았다. 홈디포(Home Depot)도 그랬다. 하지만 어떤 이유였든 간에, 나는 서브웨이(Subway)에서 일하기로 결정했다. 젊은 대학생에게 팁은 상당히 솔깃한 것이었다. "식사는 무료로 제공되고, 일하는 시간은 융통성 있게 조정해 드릴 수 있습니다"라고 그들은 말했다. 낙점. 이틀 후, 나는 다른 종업원 중 한 명을 따라 11월의 눈발 속에 학교에서 서브웨이로 걸어가고 있었다.

첫 번째 저녁 근무 시간에 매니저를 만날 때까지는 별 문제가 없었다. 나는 출입구 모퉁이 혹은 경사면 쪽에 있었다. 하지만 매니저가 들어왔을 때 나는 매니저를 볼 수도 없었다. 그는 장애로 똑바로 설 수 없어서 심지어 카운터 위로 보이지도 않았다. 바로 그때 나는 그가 장애 때문에 똑바로 설 수 없는 게 아님을 깨달았다―그냥 발육이 부진한 것일 뿐이었다. 귓불에 착 달라붙은 흐릿한 금발, 낡은 가죽 앞치마, 흠잡을 데 없는 검은색 닥터 마틴 신발, 저녁 근무조 매니저는 땅딸막한 당혹감 덩어리였다. 나는 빽빽거리는 고등학생들로부터 퉁명스럽고 공격적인 주문을 받고 있는 대학 졸업반 학생이었다. 그 서너 달을 어떻게 견뎌 냈는지 지금도 모르겠다.

매니저는 자주 나를 바보 취급했다. 하지만 낯선 사람들이 마지막에 한판 크게 붙고 나서 진짜로 마음을 터놓는 친구가 될 수 있기를 바라면서 서로에게 툭툭 던지는 그런 농담이 아니었다. 그것은 상처를 주는 그런 농담이었다. 거듭 반복해서 거의 언쟁으로 이어질 뻔했다. 그는 매니저로서 호감이 가는 친구가 아니었다. 그리고 명백히 그는 나에게 권한을 주지 않았다. 동료로서, 매주 그는 내가 빠아아안히 보고 있는 데도 전혀 아랑곳하지 않고 오래되어 신선하지 않은 빵에 고기와 상추를 집어넣었다. 분명 당신도 평생 살면서 야비하고 사악한 사람들을 몇 명 만나 보았을 것이다. 그러나 나의 세계에서는 그가 단연 최악의 동료였다. 마지막 봉급으로 충분히 반지를 살 만큼 돈이 모이자, 나는 그 싸구려 식당을 탈출했다.

소유하는 것, 생각하는 것, 먹는 것, 교제하는 것, 이야기하는 것처럼, 일하는 것은 인간됨에 그리고 인간으로서 활동하는 것에 기본이다. 우리는 매일 노동하고, 수고하고, 무언가에 노력을 쏟아붓는다. 설령 실직 상태라 해도, 우리는 날마다 일한다. 인간의 모든 일들과 마찬가지로, 우리가 매일 하는 일은 공동체 안에서 공동체의 도움으로 행해진다. 누군가는 우리가 일터에서 하는 일을 어떻게 하는지, 또 일터에서 집으로 갈 때 하는 일은 어떻게 하는지 가르쳐 주었다. 누군가는 칸막이를 쳐서 만든 좁은 방에서 무엇을 해야 하는지 그리고 벽장에 물건들을 어떻게 두어야 하는지 가르쳐 주었다. 우리에게는 해야 하는 일들이 있고, 책임을 완수하기 위해 함께 일하는 동료들이 있다. 우리의 모든 일은 다른 사람들의 일과 그 일의 질에 따라 형성되며, 또 우리의 일은 다른 사람들의 일을 형성하고 영향을 끼친다.

우리가 일하는 방식과 우리가 하는 모든 일에 노력을 쏟아 붓는 방식을 자세히 살펴보면, 많은 사람들은 우리의 일하는 습관과 관행에 이기적이거나 자기중심적인 경향이 있다는 데 동의할 것이다. 우리는 이웃을 위해 혹은 이웃과 함께 일하는 대신, 이웃에 맞서 일한다. 악의적 방식으로 그렇게 하지는 않을 수도 있다. 하지만 우리 자신에 대한 일을 하고, 우리가 원하는 것을 획득하며, 우리에게 유리하다고 생각하는 것을 하고, 우리가 바라는 명예를 얻는다. 북미 민주주의 문화에서 어느 정도 이웃에게 해를 끼치고 그들의 생계에 부정적 영향을 끼치는, 일하는 습관과 관행의 두 가지 경향을 지목하고 싶다. 그것은 태만하게 일하는 것과 경쟁적으로 일하는 것이다. 그런 경향들은 사소하게, 그렇기 때문에 무해하게 보일지 모르지만, 열람실과 사무실과 부엌에서 하는 이런 이기적인 일은 이웃들과의 관계 및 공동체 안에서 우리의 삶에 손상을 입힐 수 있다.

기형적 일하기: 우리의 업무와 다른 사람들에 소홀하기

우리가 일을 할 때 이기적이게 되는 경향이 있는 한 가지 방식은, 우리의 업무와 동료들에게 적절히 주의를 기울이는 것에 소홀한 것이다.

부지런함이란 무언가에 마땅한 보살핌과 주의를 기울이는 것, 그리고 때로는 심지어 그렇게 하면서 기뻐하는 것을 의미한다. 그 무언가는 우리가 고려, 감독, 보호, 혹은 도움을 줄 만한 가치가 있다. 그래서 우리는 당연히 해야 하는 대로 그것에 정성을 들인다. 우리는 그것을 주도면밀하게 다룬다. 태만함은 근면함의 반대다. 그것은 어떤 것이 마땅히 받아야 하는 적절한 보살핌과 주의를 기울이지 않는 것이다. 그것은 마땅히 알아차려야 하는 것을 알아차리지 않는 것, 중요시해야 하는 것을 무시하는 것이다. 그것은 주의를 요하는 것에 대해 주도면밀하지 않은 것이다. 그래서 태만한 사람은 감독, 양육, 혹은 보호가 정당하거나 필요한 어떤 것을 감독하고 양육하고 보호하는 대신, 아마도 그가 더 중요시하거나 기뻐하는 다른 어떤 것에 정성을 들인다.

하지만 태만함은 무지가 아니다. 태만하기 위해서는 반드시 지식이 있어야 한다. 그는 자신이 주의를 기울이고 보살필 만한 어떤 것을 다루고 있다는 점을 반드시 알아야 한다. 그리고 이런 지식을 갖고서 그것에 주의와 보살핌을 기울이지 않기로 결심한다. 그는 그것을 무시하기로 한다. 아마 다른 어떤 것에 주의를 기울이기 위해서일 것이다. 그는 자신이 다르게 행동해야 한다는 점을 충분히 알지만, 그것에 소홀하기로 한다. 하지만 무지한 사람은 어떤 것이 주의와 보살핌을 기울일 만한 가치가 있다는 점을 알지 못한다. 그래서 그것에 주의와 보살픔을 기울이지 않는다. 그는 엄밀히 말해서 어떤 결정을 내리고 있는 것이 아니다. 그에게는 선택의 여지가 없기 때문이다. 그는 자기가 그렇게 해야 한다는 것을 모르기 때문에 어떤 일을 하지 않는다. 획득할 만한 가치가 있는 것을 알면서 획득하지 않기로 하는 것은 어떤 것의 가치를 알지 못하고, 그래서 그것의 획득 여부를 알지 못하는 것과 매우 다르다. 다시 말해, 태만한 사람은 무지하지 않다. 그리고 무지한 사람은 태만하지 않다. 무지한 사람은 잘 모른다. 태만한 사람은 잘 모르지 않는다. 그냥 신경 쓰지 않을 뿐이다.

태만한 업무 습관과 관행은 두 가지로 광범위하게 나타날 수 있다. 첫째로, 우리는 업무에 대해 태만할 수 있다. 우리는 성취해야 하는 혹은 업무 시간에 수행해야 하는 의무와 책임들을 소홀히 할 수 있다. 그래서, 예를 들어 우리는 상사에게 보고서를 작성하지 않기로 한다. 그 상사는 우리가 주말까지 그 보고서를 완성할 것을 기대하고 있는데 말이다. 우리가 이 보고서를 작성하지 않기로 한다면, 우리는 업무를 소홀히 하고 있는 것이다. 또는 월요일 저녁에 매우 중요한 우등생 단체 모임에서 몇 마디 할 예정이지만, 대신에 대중음식점에 가기로 선택한다고 가정해 보라. 우리는 이 행사에서 우리가 해야 하는 몫을 소홀히 하는 것이다. 아마 우리는 게으르거나, 태만하거나, 아니면 단지 요청받은 일들을 몹시 싫어하기 때문에 그 일을 소홀히 할 것이다. 이런 경우들에, 우리는 우리 몫의 업무에 소홀한 것이다.

우리는 또한 동료들에게 소홀할 수 있다. 이는 이상해 보일지 모른다. 하지만 공동 과업 혹은 프로젝트를 수행할 때 동료, 파트너, 혹은 팀에게 그들이 우리에게 동료로서 기대하는 만큼 주의를 기울이는 일에 소홀할 수 있다. 동료들과 맥주를 한 잔 나누거나 이달의 사원으로 선정된 사람을 축하해 주는 일은 우리의 업무나 높은 우선순위 목록에 없을지 모른다. 하지만 우리는 모두 개인적 경험으로부터 이와 같은 결정, 몸짓, 행동들이 동료들과의 관계, 노동 환경, 팀의 생산성에 영향을 끼친다는 점을 알고 있다. 직장 동료와 협력하지 않거나, 업무가 끝난 후 같이 시간을 보내지 않거나, 업적이나 생일을 축하해 주지 않는다면, 그 사람은 아마 자신이 소홀히 여겨진다고 느낄 것이다. 그는 아마 동료로서 혹은 심지어 한 인간으로서 존중받지 못한다고 느낄 수도 있다. 물론 우리가 그 일을 잊어버리거나 다른 어떤 일을 마무리하는 중일 때도 있을 것이다. 단순한 실수는 있을 수 있다. 하지만 이런 식으로 무심결에 실수하는 것은 동료를 돌보거나 주의를 기울이지 않기로 하는 것과 사뭇 다르다.

태만함은 일의 한 유형이 아니라 기형적 일하기 방식이다. 예수님은 이런 방식으로 일하지 않으셨으며, 우리에게 이런 식으로 일하라고 부르시고 명령하시지도 않았다. 그것은 이기적 일하기 방식이다. 우리는 우리의 손과 노동으로 이웃을 사랑해야 한다. 하지만 이웃을 소홀히 하거나 우리가 해야 할 업무를 소홀히 할 때, 그렇게 사랑하고 있는 것이 아니다. 두 가지 형태의 태만은 다 이웃에게 둔감하며 상처를 입힌다. 그런 태만함은 우리가 일에서, 일과 함께, 일을 통해 책임을 지니고 있다는 사실을 심각하게 생각하지 않는다. 우리는 팀, 공동 프로젝트의 일부다. 우리가 책임지고 일하지 않을 때 다른 사람들이 영향을 받는다. 함께 일하는 동료들에 대해 태만한 것은 동료들이 이웃이라는 사실을 심각하게 생각하지 않는 것이다. 그들은 우리가 사랑하라고 부름받은 이웃들이다. 우리가 직장에서 이웃을 보지 못한다면 어떻게 이웃을 사랑할 수 있는가? 우리가 이웃이 일하는 것을 돕지 않고 우리 일만 한다면(우리가 하는 일 역시 그 이웃의 일의 일부다), 어떻게 이웃을 사랑할 수 있겠는가?

기형적 일하기: 다른 사람들과 경쟁하기

또한 우리는 일을 할 때 다른 사람들과 경쟁함으로써 이기적이게 되는 경향이 있다. 교육자든, 외판원이든, 정치가든, 트럭 운전사든 우리의 일은 어느 정도 다른 사람들을 포함한다. 우리는 동료들과 나란히 학생들을 가르친다. 영업팀의 다른 사람들과 함께 소비자들에게 물건을 판매한다. 국회에서 다른 사람들과 함께 법률을 제정한다. 소매상에게 물건을 제공하며 여러 길들 중 길 하나를 따라 운전해 배달을 한다. 모든 일은 공동체와 함께, 공동체로부터, 공동체 안에서 행해진다. 우리는 다른 사람들을 위해, 다른 사람들과 함께, 다른 사람들 때문에 일한다. 그래서 많은 차원에서 우리는 자신의 일을 하기 위해 다른 사람들이 필요하다. 우리는 자신이 하는 일을 도와줄 다른 사람들이 필요하며, 또 우리는 다른 사람들이 그들에게 필요한 어떤 것을 받거나, 사용하거나, 소비할 수 있도록 하기 위해 우리의 일을 한다.

우리 중 전문 운동선수는 드물지만, 우리의 일은 경쟁이 되곤 한다. 우리는 다른 사람들과 함께 일한다. 하지만 영예와 성취를 위해 그들과 경쟁한다—우리는 이달의 사원 상패, 승진, 혹은 급여 인상 등을 바란다. 하지만 경쟁이 우호적인 것이 아니라는 점은 확실하다. 이런 식으로 다른 사람들과 경쟁할 때 우리의 목표는 서로 더 훈련되도록 혹은 더 숙달되도록 박차를 가하는 것이 아니다. 우리는 서로를 더욱 개선하려 애쓰고 있는 것이 아니다. 우리의 의도는 다른 사람들에게 동기를 부여해서 일을 더 잘하게 하려는 것이 아니다. 오히려, 대개 우리의 목표는 이기는 것이다. 이곳에서 살아남는 것이다. 그리고 우리는 이 일자리를 지키려고…그리고 다른 사람들이 질투하게 하려고 애쓰고 있다. 또는 더 크고 더 좋은 일로 옮겨 가기를 바라고 있다.

경연하는 것 혹은 어떤 과업에서 누군가에게 도전하는 것은 이웃과 경쟁하는 것과 다르다. 경쟁과 도전은 주로 탁월함을 촉진하는 것이다. 그것은 한계를 시험하고 능력을 계발하는 것과 관련이 있다. 일을 할 때, 경쟁과 도전은 동기를 부여하는 요소가 될 수 있다. 그것은 공동체를 세우고 개인적·직업적 발전을 고무할 수 있다. 경쟁을 하는 것이나 서로 도전하는 것은 그렇게 반대를 받지 않는다. 모든 사람들이 개선되도록 하기 위해 애쓰는 것 같은 우호적 느낌이 있다. 하지만 경쟁하는 것은 뭔가를 위해 서로 맞서 싸우는 것이다. 그것은 어떤 상을 추구하며 의도적으로 다른 사람과 갈등하는 것이다. 경쟁은 언제나 격돌과 충돌로 이어진다. 상을 추구하기 때문이다. 그것은 의도적으로 한 경쟁자를 다른 경쟁자와 대립시킨다. 경쟁은 대립, 승리, 패배의 느낌을 조장한다.

경쟁적으로 일하는 것은 일의 한 유형이 아니라 기형적 일하기 방식이다. 예수님은 그런 방식으로 일하지 않으셨다. 그리고 우리에게도 그런 방식으로 일하라고 명하지 않으신다. 예수님은 다른 사람들과 경쟁하지 않으셨다. 그리고 나는 예수님이 우리에게 이런 식으로 서로 경쟁하도록 권유하신다고 생각하지 않는다. 태만과 마찬가지로, 그것은 이기적 일하기 방식이다. 그것은 동료들을 상호 갈등으로, 심지어 적대감으로 이끈다. 어쩌면 더 교활하게도, 경쟁적 일하기는 우리의 일을 주로 승리와 상, 업적과 영예와 관련한 것으로 만든다. 직장은 우리가 무엇을 할 수 있는지 보여 주기 위한 그리고 '이기기' 위한 장소와 시간이 된다. 심지어 우리가 맡은 일을 하고 책임을 잘 감당하는 것을 희생하면서까지 그렇게 될 수 있다. 그것은 일을, 그것에 참여하고 또 그것을 잘 마치는 것보다 뭔가(보상)를 얻는 것 또는 다른 사람들에게 뭔가(우리의 은사 혹은 재능)를 보여 주는 것에 더 관련이 있는 것으로 만든다.

우리는 손과 일로 이웃을 사랑할 수 있고, 사랑해야 한다. 하지만 이웃을 상대로 경쟁할 때 우리는 그렇게 사랑하고 있지 않은 것이다. 일은 이름을 날리거나 승진하는 것과 관련한 것이 아니다(우리가 일을 잘한 결과로 그런 승진을 한다면, 누가 불평할 수 있을까! 하지만 승진이 우리가 일하는 목적이 되어서는 안 된다.) 일은 개인의 성취, 업적, 진보에 관한 것이 아니다. 우리가 하는 일이 경쟁이 되고 일터가 이전투구의 장이 될 때, 우리의 노력은 이웃을 돕고, 세우고, 함께 일하는 것이 아니라 이웃을 물리치고, 무너뜨리는 방법이 된다. 우리는 이웃을 위해 이웃과 함께 일하는 것이 아니라 이웃에 맞서 일한다. 그것은 예수님의 방식이 아니며, 우리가 일로 이웃을 사랑할 수 있는, 그리고 사랑해야 하는 방식이 아니다.

섬김과 새롭게 된 일

누가복음에 나오는 마르다와 마리아의 이야기를 기억하는가? 그 이야기는 마르다가 예수님을 자기 집으로 모셔 들이고 자매 마리아는 마르다가 계속 일하는 동안 예수님 발밑에 앉아 그분의 말씀을 듣는 것으로 이어진다. 이것은 분명 마르다를 당혹시킨다. 그리고 마르다는 예수님께 마리아가 자기를 돕도록 말씀해 주시라고 부탁한다. 예수님은 "마르다야, 마르다야, 너는 많은 일로 염려하며 들떠 있다. 그러나 주님의 일은 많지 않거나 하나뿐이다. 마리아는 좋은 몫을 택하였다. 그러니 아무도 그것을 그에게서 빼앗지 못할 것이다"라고 말씀하신다 (눅 10:41-42).

이 이야기를 처음 들었을 때 아마도 많은 사람들은 마르다가 예수님을 위해 식사를 준비하고 있고, 마리아는 돕고 있지 않다고 생각했을 것이다. 분명 손님을 맞이해 들인 집의 거주자로서, 마리아는 그저 앉아서 듣고 있는 것이 아니라 자기 언니 마르다가 저녁 식사를 준비하는 것을 돕고 있어야 한다. 얼마나 생각이 짧은가! 얼마나 무례한가! 마리아는 즐기고 있는 반면에, 마르다는 모든 노력을 쏟아 붓고 있다! 하지만 그때 예수님은 예상치 못한 일을 하신다. 예수님은 오히려 마르다를 책망하신다. 마르다를 질책하시면서 예수님은 배우는 것이 일하는 것보다 더 중요하다고, 사람들과 함께 있는 것이 사람들을 위해 뭔가를 하는 것보다 더 중요하다고, 혹은 주님과 교제하는 것이 주님을 위해 무슨 일을 하는 것보다 더 칭찬할 만하다고 암시하시는 듯 보인다.

나에게 이 이야기는 뭔가 다른 의미로 다가온다. 그것은 섬김에 대해, 그리고 섬김의 실천이 실제로 어떤 모습으로 나타나는지에 대해 말해 준다. 많은 사람들은 아마 마리아가 되고 싶어 할 것이다. 우리는 주님 발치에 앉기를 갈망한다. 예수님이 말씀하고 계신 모든 것을 설령 전부 다 이해하지는 못한다 해도, 그것을 만끽하고 싶다. 그저 예수님과 함께 있고 싶다. 하지만 예수님이 우리 집을 방문하시기라도 한다면, 우리는 마리아와 전혀 비슷하지 않을 것이다. 우리는 완전히 마르다 같을 것이다. 우리는 빨래 거리를 치우고, 카펫의 흙먼지를 털어 내고, 비뚤어진 그림을 바로잡고, 정수기 필터를 갈고, 침대 시트를 펴고, 먼지 뭉치를 쓸어 내느라 온 집안을 뛰어다닐 것이다. 우리는 쿠키를 굽고 레모네이드를 만들 것이다. 나는 마르다가 무슨 생각이나 일을 하고 있었는지 모른다. 하지만 거듭 반복해서, 내가 마르다라는 것은 안다. 나는 마르다같이 되는 것을 멈출 수 없다. 나는 다른 사람들을 위해 뭔가를 하는 것에 너무 신경을 쓰는 나머지, 내 손님을 간과하는 경향이 있다. 나는 다른 사람들에게 중요하다고 생각되는 일들을 하는 데 사로잡혀 있다.

당신도 나와 좀 비슷할지 모른다. 다른 사람들에게 도움이 될 것 같다고 생각하는 일로 다른 사람들을 돕는 데 너무 정신이 팔려서, 그들이 당신에게 원하거나 당신으로부터 필요로 하는 것이 뭔지에 대해서는 완전히 잊어버린 적이 있는가? 다른 사람들을 돕는 것이 실제로 그 사람들을 돕거나 섬기려는 진정한 바람보다, 체면을 차리거나, 명성을 얻거나, 그들에게 깊은 인상을 주려는 관심에서 생겨난 때가 있는가? 나는 마르다가 무슨 생각을 하고 무슨 일을 했는지 모른다. 하지만 나는 내가 정말로 내 이웃을 생각하고 있지 않을 때가 있다는 것은 안다. 나는 이웃이 나에 대해 어떻게 생각할지 생각하고 있다. 정말로 이웃을 돕고 있는 것이 아니라, 내 생각에 이웃에게 도움이 될 만한 일을 하고 있다. 은밀하게, 아주 깊은 마음속에서 내가 정말로 하고자 하는 것은 어떻게 이웃을 도울지 통제하는 것이다. 나는 이웃을 돕고 있다. 좋은 일이다. 하지만 종종 이웃에게 도움이 되지 않는 방식으로 하고 있다.

섬김에 대한 올바른 관점

그리스도인으로서 우리는 이웃을 사랑하고 섬기도록 부름받고, 명령받고, 위임받는다. 예수님과 사도 바울, 그리고 성경의 전체 서사는 이 점을 분명히 한다.

예수께서는 그들을 곁에 불러 놓고 말씀하셨다. "너희가 아는 대로, 이방 민족들의 통치자들은 백성을 마구 내리누르고, 고관들은 백성에게 세도를 부린다. 그러나 너희끼리는 그렇게 해서는 안 된다. 너희 가운데서 위대하게 되고자 하는 사람은 누구든지 너희를 섬기는 사람이 되어야 하고, 너희 가운데서 으뜸이 되고자 하는 사람은 너희의 종이 되어야 한다. (마 20:25-27)

형제자매 여러분, 하나님께서는 여러분을 부르셔서, 자유를 누리게 하셨습니다. 그러나 여러분은 그 자유를 육체의 욕망을 만족시키는 구실로 삼지 말고, 사랑으로 서로 섬기십시오. (갈 5:13)

그리스도인들은 섬기도록 위임받는다. 하지만 이는 정확하게 무슨 의미인가? 누군가를 내리누르지 않는다는 것은 무슨 의미인가? 종이 된다는 것은 무슨 의미인가? 섬김은 어떤 모습으로 나타나는가? 가장 기본적인 차원에서, 섬김은 일의 한 형태다. 그것은 수고하는 것과 실행하는 것을 포함한다. 하지만 우리가 이 책에서 논의한 다른 훈련들과 마찬가지로, 섬김이라는 영적 훈련은 종종 오해된다. 그것은 다른 종류의 노동 및 수고와 독특하게 다르다.

두 종류의 섬김을 언급할 만하다. 거들어 주는 것과 호의를 베푸는 것이다. 어떤 사람을 거들어 주는 것은 그 사람과 나란히 있으면서 그가 어떤 과업을 하는 것을 돕는 것이다. 거리에서 상자들을 들고 가는 사람을 만났다고 생각해 보라. 그 사람이 보도에 걸려 넘어지면서 상자를 한두 개 떨어뜨린다. 나는 길을 건너가 그를 도와준다. 이런 상황에서 나는 그를 거들어 주고 있는 것이다. 그리고 물론 우리는 모두 호의를 베푼다는 것이 무슨 의미인지 안다. 누군가가 어떤 일을 하는 것을 도와주는 것 혹은 그 사람을 위해 그 일을 해 주는 것이다. 우리가 종종 깨닫지 못하는 것은 우리가 베푼 친절한 행동에 대해 어떤 보답이나 보상이 있으리라고 기대하는 경우가 많다는 사실이다. 우리는 자신이 베푼 호의에 대해 어떤 보답이 있기를 기대하거나 바란다. 상대방이 어떤 시점에 그 호의에 대해 보답할 것이라고 추정한다. 예를 들어, 친구가 이사하는 것을 도와줄 때 나는 내가 이사를 하면 그 친구도 도와줄 것이라고 기대한다.

예수님이 섬김에 대한 우리의 모범이시라면, 예수님의 삶과 죽음으로부터 단순히 다른 사람을 거들어 주는 것 혹은 약간의 보답을 기대하면서 호의를 베푸는 것은 예수님이 염두에 두고 계셨던 섬김의 행동이 전혀 아니라는 결론을 내릴 수 있다. 섬김은 단순히 불편하거나 어려울 때 누군가를 거들어 주는 것 이상이다. 그리고 그것은 분명히 보답이나 보상을 바라고 누군가를 위해 뭔가를 하는 것이 아니다. 오히려, 섬김에는 다른 사람들이 하던 일을 망친 다음에 와서 도움을 청하기를 기다리지 말고, 그들을 도와줄 방법을 적극적으로 찾는 것을 포함한다. 그것은 또한 어떤 유익이나 보상도 의도적으로 포기한다. 그것은 권위와 권세 있는 자리에서 겸손히 내려와 우리에게 결코 이익을 주지 않는 방식으로 급진적 행동을 하는 것을 포함한다(요 13:15). 다른 사람을 사랑하고 예수님을 증거하는 삶을 사는 순전한 기쁨 외에, 섬김에서 추구해야 하는 보상은 없다.

나는 대학을 갓 졸업했을 때 플로리다 주의 한 교회에서 청년부 담당 목사로 사역하게 되었다. 내가 거기 있었던 두 해 동안, 해마다 우리 교회 교인들은 성탄절 이브에 이웃 지역을 걸어 다니면서, 사람들의 집 문을 두드리고, 이번 휴일 기간 동안 필요한 것이 있는지 공손히 물어보았다. 그것이 친절한 행동이라는 건 알았지만 나는 언제나 그것이 다소 참견하는 것 같고, 어쩌면 다소 공격적이라고까지 느꼈다. 하지만 아마 나 자신이 이런 접근 방식을 좋아하지 않기 때문일 것이다. 나를 까다로운 젊은이라고 불러도 좋다. 하지만 나는 핼러윈 축제 때 집집마다 과자를 받으러 다니는 아이들이건 성탄 캐럴을 부르며 다니는 사람들이건, 늦은 저녁에 우리 집 문을 두드리는 사람들을 좋아하지 않는다. 그리고 분명 나도 다른 사람들에게 그렇게 하는 것을 즐기지 않는다.

문을 두드리는 것은 공동체를 섬기는 일에 대한 나의 생각이 아니었다는 점은 분명하다. 우리가 그렇게 할 때마다 불안해했음에도 불구하고, 나는 언제나 사람들이 흔쾌히 그런 제의를 받아들이는 것에 대해 기분 좋게 놀랐다. 분명 문을 아주 살짝 빼꼼 열다가 닫는 집이 몇 집 있었지만, 문을 쾅 닫아 버리는 집은 하나도 없었다. 대부분의 사람들은 누군가 자신들을 도와주겠다고 제의하는 것에 기뻐했다. 상당히 많은 사람들은 잡초를 뽑아 주기를 원했다. 가구를 옮겨 줄 사람이 필요한 집들도 있었다. 어떤 사람들은 기도를 부탁했다. 어떤 사람들은 아는 성탄 캐럴이 있는지 우리에게 물어보았다. 오랫동안 그 일에 대해 생각해 보고 나서, 나는 이 어색하고 염려를 유발하는 활동이 실제로 섬김이었다는 것(우리는 한 해에 한 번만 그 일을 하긴 했지만)을 깨달았다. 시간이 흐르면서 나는 우리가 이웃을 위해 원하는 것과 이웃이 우리로부터 원하거나 필요한 것이 종종 같지 않다는 사실을 알게 되었다.

우리의 손과 노동으로 이웃을 사랑하기

기독교 전통에서 자라난 대부분의 사람들은 섬김이라는 영적 훈련이 문자 그대로 노숙자들을 위해 하는 일종의 프로젝트라고 배웠다. 우리는 한 달에 한 번 무료 급식소에서 봉사하거나 소위 제3세계 국가에 집을 지어 주러 연례 선교 여행을 가면서 자랐다. 한 달에 한 번 혹은 해마다 한 번 시간을 내어 우리 지역 바깥의 어떤 곳으로 가서 다른 사람들을 도왔다. 우리에게는 그것이 섬김이었다.

이런 노력은 귀한 일이긴 하지만, 그리고 우리는 할 수 있는 한 언제나 무슨 수단을 써서라도 다른 사람들을 도와야 하지만, 예수님이 우리에게 서로 섬기라고 권유하실 때 염두에 두고 계셨던 것은 분명 한 해에 한 번 집을 지어 주거나 한 달에 한 번 그릇에 국을 퍼 주는 일은 아니었을 것이다. 우리는 이 훈련을 축소시켰으며 우리가 기꺼이 하려는 일에 맞춰 조정해 버렸다. 아마 한 달에 한 번 혹은 한 해에 한 번 누군가를 돕는 것이 섬김의 시작은 될 것이다. 하지만 그것은 분명 섬김의 끝은 아니다. 우리는 섬김을 실천하면서 뭔가 중요한 것을 간과했다. 우리는 섬김의 실천을 통해 이루어야 할, 이웃에 대한 훨씬 더 깊은 차원과 소명을 놓쳤다. 섬김은 단순히 무차별적 도움의 행동인가? 그것은 연례적으로 한 번 하면 되는 일인가? 단지 한 해에 단 하루 공동체를 섬기면 할당량을 채운 것인가? 아니면 섬김에는 그 이상의 것이 있는가?

예수님의 삶(그리고 죽음)을 전체적으로 살펴보면, 예수님이 그저 가끔씩만 섬기지 않으셨다는 것을 알 수 있다. 예수님은 언제나 줄곧 섬기셨다. 그것은 무슨 의미인가? 예수님은 다른 사람들을 위해 희생하셨다. 다른 사람들의 필요와 치유에 헌신하셨다(마 25:34-40). 예수님은 자신의 이익은 무시하시고 다른 사람들을 위해 '일하셨다'(눅 22:27). 예수님은 전인적 존재들인 다른 사람들을 위해 수고하시고 상황을 개선시키기 위해 노력하셨다. 예수님은 심지어 그들의 죄와 어리석음과 악에 기꺼이 자신을 복종시키셨다. 예수님은 이런 방식으로 생애 내내, 그리고 삶 전체로 섬기셨다(마 20:28). 예수님은 단순히 큰 프로젝트들을 하는 것 이상을 통해 섬기셨다. 예수님은 해마다 한 번 집을 짓거나 달마다 한 번 그릇에 국을 담아 줌으로써 '섬김 할당량'을 채우지 않으셨다. 예수님의 삶과 죽음은 섬김으로 점철되어 있었다. 예수님은 다른 사람들이 부를 때까지 기다리지 않으셨다. 다른 사람들을 도울 길을 적극적으로 찾아 나서셨다. 예수님은 사랑하고, 병을 고치고, 화해시키는 일을 그분의 사명으로 삼으셨다. 예수님은 그분이 지니신 모든 것, 지니신 모든 기회를 사용해서 이 일을 하셨다(갈 5:13). 예수님은 다른 사람들에게 그분의 도움을 강요하지도, 또 그들에게 필요하다고 그분이 생각하시는 도움을 받아들이도록 강요하지도 않으셨다. 한결같이 성육신의 자세로, 예수님은 다른 사람들이 있는 곳에서 그들을 만나셨고, 그들에게 필요한 것으로 그들을 도우셨다. 그리고 매일 이런 일을 하셨다.

당신은 매일 무엇을 하는가? 당신이 시간과 에너지를 가장 많이 들이는 것은 무엇인가? 당신은 무엇을 위해 수고하는가? 어디에 노력을 들이는가? 당신이 매일 하는 일의 대부분을 차지하는 것은 무엇인가? 화학공학? 은행 업무? 영화 제작? 코딩? 식사 시중? 아이 돌보기? 이 모든 활동들에는 다른 사람들이 포함된다. 다른 사람들이 우리의 일을 가능하게 한다. 그리고 우리의 일에는 그들이 필요하다. 말할 필요도 없이, 많은 사람들이 우리가 하는 일로부터 유익을 얻는다. 은행에서 일하는 사람은 사람들이 돈을 저축하고, 안전하게 지키고, 관리하는 일을 돕는다. 영화 제작자는 사람들이 온종일 일한 후에 긴장을 풀고 편히 쉬도록 돕는다. 웨이트리스는 붐비고 분주한 식당에서 사람들이 신속하고 효과적으로 음식을 먹을 수 있도록 돕는다.

매일 우리에겐 직장에서 할 일이 있다. 하지만 우리에게는 또한 다른 할 일도 있다. 집에 도착하면 부엌을 청소하거나, 차를 고치거나, 교회 주보를 만들거나 해야 한다. 이 모든 일들은 중요하다. 그리고 그런 일들 역시 직접적으로나 간접적으로나 다른 사람들에게 유익을 준다. 깨끗한 부엌은 모든 사람이 안전하고 건강하도록 지켜 준다. 수리된 차는 데이트 날 저녁의 이동 수단이며, 친구들과 가족을 위한 안전한 교통수단이다. 완성된 주보는 바쁜 교인들이 서로 연결되어 있다고 느끼도록 도와준다. 우리가 하는 일은 무슨 일이든 다른 사람들에게 영향을 끼친다―그 때문에 그 일을 잘 하는 것은 중요하다. 우리는 단지 이런 일들을 하고 맡은 책임을 완수함으로써, 일상의 일을 통해 이웃을 사랑하고 섬길 수 있다. 그렇게 할 때, 우리는 이웃에게 그들의 삶을 보존하고 보호해 주거나, 더 편안하고 평화롭게 만들어 줄 유형·무형의 재화들을 제공한다. 이런 섬김은 좋은 것이다.

우리의 노동과 수고는 우리가 직장 근무 시간에 하는 일을 훨씬 넘어선다. 직장에서 하는 일은 일의 한 가지 형태일 뿐이다. 우리는 우리가 하는 일들의 종류를 엄밀하게 구분할 수 없다. 하나님이 분명 그렇게 하지 않으시기 때문이다. 독특한 일하기 방식들이 있을지 모르지만, 그런 방식들은 모두 포괄적 의미의 일에 포함된다.[1] 어떤 활동을

---

1 이 구분에 대해서 Hannah Arendt, *The Human Condition* (Chicago: University of Chicago Press, 1958; 1998), 특히 4부: "Work"를 보라. 『인간의 조건』(한길사).

할 때마다 우리는 일을 하고 있다. 그리고 충분히 면밀히 살펴보면, 우리는 일상 활동들 가운데 이웃을 사랑하고 섬길 기회들이 매우 많다는 점을 알게 될 것이다. 하지만 그렇게 하는 것은 어렵지 않은가? 날마다 펼쳐지는 분주한 삶은 우리에게 상당히 많은 시간과 에너지를 요구할 수 있다. 그리고 시간과 에너지라는 두 요소는 우리가 가진 가장 귀중한 재산이다. 따라서 우리 가운데 그것을 다른 사람들과 나누기 좋아하는 사람들은 매우 적다—물론 이 다른 사람들이 우리가 자유로운 시간과 에너지를 들이고 싶어 하는 사람들인 경우는 예외다!

대개 우리는 자유로운 시간과 에너지를 우리에게 이익이 되는 일들에 들이는 경향이 있다. 우리는 보상이나 어떤 상이 따르는 쪽의 일들을 한다. 금전상 이득이 없거나, 순전한 기쁨을 얻기 위해 일하는 것이 아닌 경우에, 우리는 그것이 우리의 평판을 높여 주거나 그 호의가 언젠가 도움이 될 것이기 때문에 그 일을 한다. 우리는 보통 다른 사람들을 섬기거나 도우면서 저녁 시간이나 주말을 보내고 싶어 하지 않는다. 하지만 우리는 날마다 직장에서 요구되는 것 외의 일들로 이웃을 사랑할 수 있고 사랑해야 한다. 아마 여기에는 집에서 이웃의 업무와 책임들을 도와주는 것이 포함되나 또는 그것은 학교에서 이웃의 짐을 줄여 주는 것을 의미할 수도 있다. 우리는 직장에 있을 때 이웃을 도울 수 있고 도와야 하지만, 또한 예를 들면 근무시간 외에도 이웃을 섬겨야 한다.

몇 가지 지침을 사용할 수 있겠다. 우리의 손과 관련해서 몇 가지 훈련을 사용할 수 있겠다. 우리는 우리의 일하기 및 일하는 방식을 통제할 필요가 있다. 날마다 하는 일들을 통해 이웃을 돕기 위해, 다른 사람들을 더 잘 알 방법이 필요하다. 현대 신학자 노먼 워즈바가 정확하게 말하듯이, "우리는 우리가 하는 일이 어떻게 그 일의 영향권 안에 있는 장소를 더 온전하게 하거나 아니면 그 온전함을 손상시키는지 생각해 보고, 또 우리가 하는 일이 공동체와 지역사회 전반의 건강에 기여하는지 주의 깊게 살펴볼 필요가 있다."[2] 일반적으로 우리에겐 우리의 일이 다른 사람들에게 어떤 영향을 끼치는지 살펴볼 필요가 있으며, 건강과 치유를 가져오게끔 다른 사람들에게 영향을 끼치기 위해 직장 밖에서 일하는 것을 생각해 볼 필요가 있다. 이것이 섬김 훈련에서 우리가 분투하는 일이다.

섬김은 이기적 일하기를 치유하고 새롭게 하는 연습이다. 그것은 다른 사람들을 돕는다. 우리 삶에서 다른 사람들을 우선순위로 삼는다―그렇게 하는 것이 어렵거나 불편할 때에도 그렇게 하는 것이다. 섬김을 실천할 때, 우리는 기형적 일하기 방식을 밀어낸다. 그것은 공동체 내의 다른 사람들이 더 잘 되고 더불어 지속 가능한 삶을 살도록 돕기 위해, 우리의 분주한 스케줄이나 비는 시간―개인적 이익, 목표, 책임들로 가득 채워지는―에서 시간과 에너지를 다른 방향으로 돌리도록 훈련하는 것이다. 우리는 이웃의 안녕을 우리 자신의 생계만큼이나 중요한 것으로 만든다. 섬김에서 우리는 그저 공동체의 구성원이 되는 것에서 공동체 사람들과 교제를 나누는 것으로 나아가는 단계를 밟는다. 이전투구의 문화에서는, 사소하고 심지어 무가치한 것처럼 보일 수도 있지만, 동료를 경쟁자 혹은 악인으로 취급하지 않는 것은

---

2   Norman Wirzba, *Food and Faith: A Theology of Eating* (New York: Cambridge University Press, 2011), p. 196.

그 사람에 대한 사랑의 행동이다. 그 사람을 당신이 돕고 섬기는 팀 동료로 취급하는 것은 사랑의 행동이다. '나만의 시간'이 신성하고 건드릴 수 없는 것으로 여겨지는 문화에서, 일 외에 동료와 시간을 보내는 것 역시 사랑의 행동이다. 그것은 우리가 스스로 불편을 감수하고 스케줄을 조정하면서까지 그 사람을 사랑한다는 것을 보여 준다.

섬김의 핵심에는 우리의 시간과 에너지와 손과 목표가 하나님께 속해 있다는 개념이 있다. 하나님은 이런 것들의 창조주, 구속자, 회복자이시기도 하다. 하나님은 우리가 우리의 이웃을 높이고, 사랑을 표현하고, 우리가 사는 세상의 조화를 이루도록 청지기로서 이런 은사들을 관리하라고 부르시고 명하신다. 하나님은 그분의 목적들을 위해 우리의 손과 일을 사용하라고 명하신다. 우리는 자신의 일을 잘 함으로써 그리고 직장에서 이웃을 잘 대우함으로써 다른 사람들을 사랑할 수 있다. 직장 내 이웃을 돕고 그 이웃 및 다른 사람들에게 유익을 주기 위해 그 이웃과 더불어 일할 수 있다. 직장에서 우리는 매일 하는 일과 책임을 통해 그 이웃을 사랑하고 도울 수 있다. 하지만 또한 단지 우리가 일하는 습관과 관행을 약간 조정함으로써 직장 내 이웃을 도울 수도 있다. 섬김 이슈을 매일 하는 일의 일부로 삼음으로써, 또한 이를 위해 매일 하는 일들을 조금 바꿈으로써, 우리는 작은 것들에서 작은 것들을 통해 이웃을 돕고 치유할 수 있다.

우리는 바쁜 사람들이다. 하지만 매일 하는 일상 행동에서 조금 시간을 떼어 내 다른 사람들을 돕고 다른 사람들을 섬기는 일을 매 하루의 일부로 삼을 수 있다. 예수님이 하셨던 것처럼, 이웃을 섬기는 일을 매일 주기적으로 반복되는 일로 만들 수 있다.

정말로 이웃을 우리 자신처럼 사랑하기 원한다면 이웃과 함께, 이웃을 위해 일하는 방식을 바꿀 필요가 있다. 함께 일하는 사람으로서 그 이웃과 관계를 맺는 방식을 바꿀 필요가 있으며, 실제로 그 사람을 돕기 위해 일하도록 우리가 일하는 방식을 바꿀 필요가 있다. 우리의 손과 수고로 그를 사랑할 필요가 있다. 직장에서 단지 공동체의 구성원이 아니라 공동체 내에서 교제를 나누는 것까지 나아가려면, 일의 우선순위와 관행에 주의를 기울일 필요가 있다. 기존에 일하는 관행에서 이기적 우선순위가 있는지 살펴보고 이런 관행을 바꿈으로써 그 우선순위를 바꿀 필요가 있다. 이것은 우리가 매일 하는 일과 활동으로 이웃을 사랑할 수 있는 작지만 중대한 한 가지 방식이다. 필요가 있는 사람들을 위해 지속적으로 자주 우리의 손을 사용하다 보면, 이웃을 우리 자신처럼 사랑하는 데 도움이 될 것이다.

옆으로 한 걸음: 섬김

기도

모든 것을 공급하시는 하나님. 당신의 손은 궁핍한 사람들에게 베푸십니다. 설령 그들이 당신의 도움을 깨닫지 못하거나 당신이 주시는 것에 감사하지 않을 때라도. 당신은 일하실 때 인내심 있으시고, 관대하시고, 사려 깊으십니다. 우리도 당신처럼 다른 사람들을 돕도록 해 주십시오. 우리도 당신과 똑같은 보살핌과 일관됨과 친밀함으로 일하게 하십시오. 당신의 아들이 하셨던 것처럼 우리도 다른 사람들을 섬기기 위해 목숨을 내려놓고 그들의 유익을 위해 일하도록 도와주십시오. 성령님, 긴 한 주가 지난 후 피곤할 때 섬길 수 있는 힘을 주십시오. 삶의 다른 일들로 짜증이 나고 신경이 분산될 때 섬길 수 있는 동기를 부여해 주십시오. 그리고 삶의 작은 모퉁이에서—부엌에서, 사무실에서, 식당에서—날마다 이웃을 섬길 기회를 주십시오. 예수님의 이름으로 기도합니다. 아멘.

섬김을 연습하는 간단한 단계들

- 가능한 한 섬김이 날마다 반복하는 일이 되도록 애써야 한다. 5분, 30분, 혹은 한 시간씩 섬기도록 하라. 직장으로 출퇴근한다면, 카풀을 제안하라. 교사라면 점심시간에 무료 세미나 혹은 독서 모임을 제안하라. 주위 사람들에게 무엇이 필요한지 어떻게 그들을 도울 수 있는지 오랫동안 깊이 생각해 보라.

- 아침 아홉 시부터 오후 다섯 시까지 일한다면, 섬기기에 편리한 시간은 점심시간이다. 하지만 당신이 누구이고 주위에 있는 사람들이 누구인지 고려하라. 당신은 야행성인가? 일이 끝난 저녁 시간에 다른 사람들을 섬길 수 있는가? 동이 트기 무섭게 일어나는가? 아침에 몇 분 간 누군가를 도울 수 있는가? 자신을 알고 주위를 둘러보고서 섬길 방법을 찾아보라.

- 집에 머물러 있는 부모라면, 그리고 자녀들이 성인이 되었다면 금요일마다 매주 봉사활동을 계획하라. 무료 급식소에서 봉사하라. 자녀들이 한 주에 한 번 봉사하는 습관을 갖도록 돕는 것이 한 달에 한 번이나 일 년에 한 번보다 낫다.
- 가까이 있는 작은 것에서 시작하라. 친구와 이웃들에게 뭔가 도울 것이 있는지 물어보라. "어떻게 지내? 필요한 것이 있니?" 그다음에 지인들 및 정기적으로 만나는 낯선 사람들에게 뭔가 해 줄 것이 있는지 물어보라. 그들이 어려움에 처해 있다면, 당신이 도와줘도 되는지 물어보라.

8장

열심히 일하라, 열심히 봉헌하라

안식일 준수와 새롭게 된 휴식

나의 경우엔, 고등학교 때 있었던 청소년부 친구 초청 잔치(youth lock-in, 새로운 친구들을 초청해 밤새 각종 게임을 하고 놀면서 집회를 하는 것—역주)였다. 한 친구가 자기 교회에서 청소년부 행사를 하고 있었고, 바보 같은 나는 얼굴에 파이를 묻히고 물고기 눈을 집어먹겠다고 초대도 받지 않은 파티에 쳐들어갔다. 첫째 날 밤에는 밤새 비디오 게임을 하고 청량음료를 억지로 마시면서 끝까지 버텼다. 그것은 대단한 일이었으며 끔찍이 어리석은 일이기도 했다. 나는 그 다음날 저녁 여덟 시쯤 깼다. 분명 난 저녁을 먹으면서 소파에서 잠들었다. 아침의 절반 혹은 오후에 일어난 일을 아무것도 기억할 수 없었다. 서른두 시간 동안 기독교적 유흥을 즐겨 보면 당신도 그렇게 될 것이다.

당신은 어쩌면 청소년부 친구 초청 잔치에 가 본 적이 없을지 모른다. 하지만 녹초가 된다는 게 뭔지는 안다. 신생아를 키우고 있다. 형에게 불면증이 있다. 룸메이트가 파티하기를 좋아한다. 뇌전증을 앓는 두어 살짜리 아기를 키우고 있다. 우리는 모두 쉼의 가치를 안다. 게다가, 수면 전문가는 우리에겐 정보를 처리하기 위해 휴식이 필요하다고 말한다. 휴식을 취하지 않으면, 뇌는 인식적 과부하 상태가 되며 정보를 종합할 수 없다. 운동선수의 트레이너와 의사들은 건강하고 강해지기 위해서 육체에 휴식을 줄 필요가 있다고 말한다. 매일 무거운 도구를 들어 올린다면, 근육이 회복 불가능하게 찢어질 것이다. 매일 달린다면 뼈, 힘줄, 혹은 인대를 너무 긴장시킬 것이다. 육체에는 휴식이 필요하며 정신도 마찬가지다.

아마 자는 것, 점심시간에 잠깐 쉬는 것, 휴가를 가는 것, 병가나 출산휴가를 쓰는 것, 안식년을 갖는 것은 휴식하는 데 도움이 될 것이다. 하지만 많은 사람들이 거듭 경험했듯이, 우리는 이런 활동들을 할 때 실제로는 전혀 휴식을 못 취하지 않는가? 우리는 이렇게 계획적으로 일에서 떠나 있는 동안에도 여전히 일을 하고 있는 자신을 발견하는 경우가 종종 있다. 휴가 중에 이메일을 확인하거나, 안식년을 이용해서 책을 쓴다. 휴식을 취하지 않는다. 나중에 보면 휴식을 취했다는 느낌이 들지 않는다. 일부 사람들은 마땅히 해야 하는 만큼 휴식을 귀중하게 생각하지 않는다. "죽으면 어차피 쉬게 될 텐데"라고 우리는 말한다. 일중독은 북미 민주주의 문화에서 활발하게 살아있다. 우리는 너무 많이 일한다. 그 결과 마땅히 쉬어야 하는 만큼 쉬지 않는 사람들이 많다. 우리는 밤에 네 시간, 어쩌면 여섯 시간을 자지만, 경험은 휴식이 우리 인간에게 필요한 것이라고 가르친다.

성경은 하나님이 우리를 안식할 수 있는 능력 및 안식할 필요를 지닌 존재로 만드셨다고 가르친다. 그 때문에 우리는 쉬지 못할 때 무너진다. 하지만 우리는 성경에서 하나님이 우리에게 안식하라고 명령 또한 하신다는 사실을 깨닫지 못할 수 있다(출 20:8-11). 하나님은 우리에게 안식해야 한다고 말씀하신다(출 23:12). 그리고 하나님은 안식을 명령하시면서 안식한다는 것, 참으로 안식하는 것이 무엇인지 설명하신다. 하나님이 안식에 대해 말씀하시는 것을 면밀히 살펴볼 때, 우리가 말하는 안식은 하나님이 명하시는 안식이 아니라는 점을 깨닫게 된다(마 11:28; 수 21:44-45). 우리의 오해 및 참된 안식이 없는 것은 건강과 활력뿐만 아니라, 이웃의 생계에도 영향을 끼친다.

우리가 안식하는 것은 하나님이 안식하시기 때문이다. 성경은 태초부터 하나님이 안식하셨다고 말한다.

> 하나님은 하늘과 땅과 그 가운데 있는 모든 것을 다 이루셨다. 하나님은 하시던 일을 엿샛날까지 다 마치시고, 이렛날에는 하시던 모든 일에서 손을 떼고 쉬셨다. 이렛날에 하나님이 창조하시던 모든 일에서 손을 떼고 쉬셨으므로, 하나님은 그 날을 복되게 하시고 거룩하게 하셨다.
> (창 2:1-3)

아마 이 본문에서 가장 분명한 점은, 무한하시며 능력이 많으신 하나님이 안식하셨다는 점일 것이다. 좀 이상하지 않은가? 우리의 직관과 매우 반대되는 것처럼 보인다. 왜 한계가 없는 어떤 존재가 안식을 필요로 하는가, 혹은 안식을 원하는가? 하나님은 그럴 필요가 없으시지 않았을까? 하나님이 피곤하시거나 그런 것은 아니었다. 뭐 그렇다면,

아마 하나님은 안식을 하기 원하셨을 것이다. 하지만 왜 하나님이 안식을 원하실까? 안식이 필요 없는 누군가에게 안식은 어떤 면에서 그렇게 바람직한 것인가? 일곱째 날에 하나님은 무엇을 '하셨는가'? 잠시 한 걸음 물러나 보자. 안식은 무엇인가? 안식한다는 것은 무엇을 의미하는가? 일로부터 휴식을 취한다는 것은 무슨 의미인가? 일로부터 휴식을 취하지 않으면서 안식하는 것이 가능한가?

성경은 하나님이 뭔가를 하시는 것을 그만두시고(shabbat) 안식하셨다고 말한다. 하나님은 뭔가를 잔뜩 만드시고, 그것을 마무리하시고, 그다음에 멈추시고 안식하셨다. 그러시고 나서 하나님은 온 '하루' 동안 안식하셨다. 하나님은 하루 쉬셨다. 그리고 이날 직전에 한 걸음 물러서서 평가하셨다. "하나님이 손수 만드신 모든 것을 보시니, 보시기에 참 좋았다. 저녁이 되고 아침이 되니, 엿샛날이 지났다"(창 1:31). 하나님은 자신이 하신 일을 둘러보셨다. 하나님은 보셨다. 숙고하셨다. 잘된 일이라고 여기셨다. 기뻐하셨다. 이 이야기 뒷부분에서 우리는 하나님이 그분이 쉬셨던 것처럼 자기 백성에게 쉬라고 명하신다는 말씀을 듣는다.

안식일을 기억하여 그날을 거룩하게 지켜라. 너희는 엿새 동안 모든 일을 힘써 하여라. 그러나 이렛날은 주 너희 하나님의 안식일이니, 너희는 어떤 일도 해서는 안 된다. 너희나, 너희의 아들이나 딸이나, 너희의 남종이나 여종만이 아니라, 너희 집짐승이나, 너희의 집에 머무르는 나그네라도, 일을 해서는 안 된다. 내가 엿새 동안 하늘과 땅과 바다와 그 안에 있는 모든 것을 만들고 이렛날에는 쉬었기 때문이다. 그러므로 나 주가

안식일을 복 주고, 그날을 거룩하게 하였다. (출 20:8-11)

휴식을 우리에 대한 것, 그리고 **우리가** 원기를 회복하기 위해 갖기 원하는 것으로 만들 때, 우리의 휴식 습관과 관행은 이기적이고 자기중심적인 것이 된다. 스스로에게 정직하다면, 우리는 이런 휴식 활동으로 원기를 회복하지 못하며, 사실상 그런 활동은 이웃을 고갈시키고 여러 차원에서 이웃에게 해가 된다. 북미 민주주의 문화에서 우리가 실천하는 경향이 있는 두 가지 휴식 습관이 있다. 하나는 게으름이고 다른 하나는 내가 '다른 일 하기'(otherworking)라고 부르는 것이다. 우리의 주머니와 소유, 머리와 생각, 배와 충동, 혀와 말, 그림자와 존재, 손과 일 등으로 이웃에게 해를 끼칠 수 있는 것과 마찬가지로, 우리의 휴식으로도 이웃에게 해를 끼칠 수 있다. 앞으로 보겠지만, 우리는 엉덩이를 붙이고 앉아서 참으로 휴식을 취하지 않음으로써 이웃에게 해를 끼칠 수 있다. 그리고 휴식을 취할 때 길게 누워서 아무 것도 하지 않음으로써 이웃에게 해를 끼칠 수 있다.

기형적 휴식: 게으름 피우기

"세상에서 제일 게으른 동물이 뭔지 알아요, 아빠?"

내 딸(만 8세)은 최근에 월트 디즈니 영화 〈주토피아〉(Zootopia, 2016)를 보았으며, 게으른 교통국 직원 플래시가 나오는 장면을 회상하면서 미소를 짓고 있었다. "제일 게으른 동물?" 그건 내가 매일 받는 질문이 아니다. 그래서 솔직히 말해, 나는 조금 귀찮았다.

"모르겠는데, 한번 검색해 보자!" 내가 말했다. (그나저나, 만 여덟 살짜리에게 인터넷과 검색 엔진에 대해 어떻게 설명할 수 있는가? 아는 사람은 좀 말해 주시길.)

우리는 밈들, GIF들, 이미지들, 글들을 내리 찾아보았다. 딸은 코알라를 가리켰다. 코알라는 어디서든 하루에 열여덟 시간에서 스물두 시간씩 잔다. 내내 자는 것—그건 좀 게을러 보이지 않는가? 나무늘보 역시 많이 잔다. 그리고 물론 그들은 아주 느으으리이이다. 잠을 많이 자고 느린 것—이제 뭔가 감이 잡힌다. 하지만 그러고 나서 우리는 올빼미 몇 마리를 보게 되었다. "올빼미는 하루 종일 나뭇가지에 앉아서 똑같은 질문을 하지 않아요?—누구지? 하고" "뭐 내 생각엔 그냥 사람들이 그렇게 생각하는 것 같구나." 나는 딸아이에게 말했다. "분명 올빼미들은 사냥도 하고 다른 일들도 해."

"오, 개구리!" 개구리는 개골개골 울고 먹는 것 말고 정확히 뭘 하지? 박쥐는? 하마는? 고양이는?

솔직히 말해, 게으름에 대해 더 많이 생각할수록, 어떤 게 게으른 거고 어떤 게 그냥 활동하지 않고 있는 것인지 정말로 알 수가 없었다. 그저 활동하지 않는 것이 곧 게으름인가? 움직일 수 있는데 움직이지 않는다면, 그것이 게으름이 되는 것인가? 사실상 이 동물들 혹은 생물들을 도대체 게으르다고 간주할 수 있기나 한 건지 모르겠다. 인간이 아닌 것들도 게으를 수 있는가? 계속 연구해 보자고 나는 아이에게 말했다.

게으름은 나태한 것 혹은 활기 없이 늘쩍지근한 것을 의미한다. 어떤 것은 천천히 움직이거나 전혀 움직이지 않는 것처럼 보인다. 하지만 이 단어를 사용할 때, 우리는 일반적으로 어떤 사람 혹은 어떤 것이 나태하기로 작정하고 있다는 의미로 사용한다. 많은 것들이 분발하지도 노력하지도 않는 것처럼 보인다. 하지만 그것들은 게으르지는 않다. 바위. 개구리. 아마 심지어 나무늘보도. 게으름은 활발하게 활동할 수 있을 때 나태하기로 작정하는 것이다. 이것은 물론 뭔가를 할 수 없는 것과 매우 다르다. 침상에서 일어날 수 없는 병을 앓고 있는 사람이나 걸을 수 없는 장애를 가진 사람은 게으른 것이 아니다. 질병, 피로, 정상 생활이 불가능한 상태 등은 게으름의 요소가 아니다. 이에 반해, 게으른 사람들은 건강하고 여러 가지 활동을 할 능력이 있지만, 그 대신 나태하기로 작정한다(7장으로 돌아가 보면, 그것은 태만과 다르다). 물론, 우리는 모두 이따금 게으르다. 하지만 게으른 사람은 꾸준하고 빈번하게 자신이 할 수 있는 일을 하지 않기로 작정하는 사람이다.

우리는 직장에서 일을 하면서 게으를 수 있다. 그날 중에 완성해야 하는 프로젝트를 하고 싶지 않다. 그래서 그냥 앉아서 컴퓨터 화면만 응시한다. 우리는 또한 휴식할 때 게으를 수 있다. 우리가 원하는 것이라고는 집에 와서, 소파에 앉아, 주말 내내 빈둥거리는 것이다. 하지만 게으름의 결과에 주의를 기울인다면, 게으름이 언제나 휴식으로 이어지지는 않는다는 것을 발견하지 않는가? 하루 온종일 소파에 머물러 있어 본 적이 있는가? 저녁때나 그 다음날 아침에 일어났을 때 기분이 어땠는가? 직장에서 긴 한 주를 보내고 주말 내내 빈둥거려 본 적이 있는가? 월요일 아침 사무실 책상에 도착했을 때 기분이 어땠는가? 기분이 엉망이었는가? 굼뜬 느낌이었는가? 실제로 피로가 풀리거나, 원기를 회복하거나, 상쾌한 느낌이었는가?

    게으름은 휴식의 한 형태가 아니라 기형적 휴식 방식이다. 그 때문에 게으름은 우리가 원하고 기대하는 것을 해 주지 못한다. 예수님은 다른 식으로 휴식하셨다. 그리고 우리도 다른 식으로 휴식하라고 부르시고 명하신다. 게으름은 이기적 휴식 방식이다. 우리는 자신의 휴식으로 이웃을 사랑할 수 있으며, 사랑해야 한다. 하지만 게으를 때 우리는 그렇게 하지 못한다. 우리가 공동체의 동심원들 안에서 움직이고 있다면, 휴식 시간 동안 게으를 때, 우리는 종종 이웃을 무시한다. 이런 식으로 휴식을 취하려 할 때, 우리는 이웃을 생각하거나 도울 마음이 생기지 않는다. 우리는 그저 홀로 있고 싶어 한다. 우리가 빈둥거리는 것으로 인해 우리의 휴식 시간은 이웃이 손대면 안 되는 것이 된다. 하지만 대개 우리에겐 여전히 이웃에(그리고 다른 사람들에) 의무가 있다. 그리고 이웃은 우리에게 기대하는 바가 있다. 게으름은 이웃을 무시하고, 이웃과의 친교를 망치고, 이웃을 사랑할 수 있는 가능성에 손상을 입힐 수 있다.

기형적 휴식: '다른 일 하기'

우리가 휴식을 취하면서 이기적이게 되는 경향이 있는 또 다른 방식은 '다른 일 하기'다. 과로하는 사람들(overworkers)—직장에서 한 주에 너무 많은 시간 동안 일하는 사람들—이 있고, 그 다음에는 내가 '다른 일 하는 사람들'(otherworkers)이라고 부르는 사람들이 있다. 다른 일 하기는 결코 진정한 휴식이 아니다. 그리고 그것은 여러 가지 방식으로 표현될 수 있다. 다른 일을 하는 한 가지 방법은 주말에 처리하려고 일거리를 물리적으로 집에 가져오는 것이다. 결과적으로 휴식을 취하지 못하게 된다. 그저 집에서 일하는 것이다. 다른 일을 하는 또 다른 방법은 일거리를 물리적으로 집에 가져오지는 않지만, 정신적으로 가져오는 것이다. 우리는 다시 출근해서 일하기 시작할 월요일 아침을 생각하고 염려하면서 주말 이틀을 보낸다. 한 주 내내 우리에게 부담을 주는 혹은 어떤 사람들에게는 사기를 높여 주는 똑같은 일로 정신이 고갈되면서, 우리의 날(들)을 보낸다. 우리는 참으로 일에서 쉬지 못한다―그저 그 일거리를 가지고 집에 올 뿐이다.

이런 다른 일 하기는 다른 형태를 띨 수도 있다. 우리는 '고용' 상태 혹은 업무 시간에는 휴식을 취하지만, 집에서 우리의 주의를 요구하는 다른 일, 책임, 노동, 노력들로부터 휴식을 취하지 않을 때 다른 일하기를 하는 것이다. 우리는 시간과 에너지를 소모하는 다른 일과 책임에 뛰어들면서 주말을 보낸다. 이것은 다른 일하기의 가장 흔한 형태다. 물론 이 습관에는 여러 단계가 있다. 가장 극단적인 경우는 봄철에만 국한되지 않는 봄철 대청소가 될 것이다. 우리는 매 주말마다 쓸고, 오븐을 청소하고, 냉장고를 닦고, 차고를 정리한다. 덜 극단적인 경우는 다음 주를 위해 혹은 월요일 수업을 위해 언제나 선행 학습을 하는 것이다.

다른 일 하기를 하는 사람들은 일을 너무 많이 한다. 하지만 과로하는 사람들처럼 업무 시간에 하는 것이 아니다. 우리가 다른 일하기를 하는 사람이라면, 끊임없이 일한다―직장에서, 집에서, 우리가 가는 그 밖의 모든 장소에서. 우리는 재미로 집을 청소한다. 지역 식당에서 쇼를 보여 준다. 도시에 매점을 낸다. 우리는 앞 장에서 논의했던 일에 대한 더 큰 그림을 보지 못하기 때문에, 업무 시간의 업무와 일을 완전히 혼동한다. 우리는 그저 업무 시간에 하는 일에서 휴식을 취할 필요만 있다고 생각하는 경향이 있다. 이뿐만 아니라, 이 다른 프로젝트들이 즐겁고 기분을 편안하게 해 준다고 생각해서, 그것을 일로 간주하지 않는다.

실상은 이런 활동들이 일이라는 것이다. 그리고 그 일들은 계속해서 우리를 고갈시킨다. 다가오는 한 주를 계획하는 것, 집안 허드렛일을 하는 것, 심부름을 하는 것은 매우 중요한 활동들이다. 하지만 그런 활동들은 휴식을 취하게 해 주지 않는다. 그래서 우리는 주말에(혹은 업무를 쉬는 날에) 집에 와서 더 많은 일을 하게 된다. 그런데 우리는 그런 일들을 실제로 '일'이라고 여기지 않는다. 우리는 심지어 다가오는 한 주 동안 업무 시간에 할 일에 대해 생각하거나 염려하거나 계획하지 않는 데 대해서는 매우 훈련되어 있을 수 있다. 하지만 여전히 우리가 '일'로 여기지 않는 일상적이고 무해해 보이는 것들에 몰두한다. 하지만 우리가 실제로 한 모든 것은 이러저러한 종류의 노동 대체물이다.

다른 일하기는 휴식의 한 형태가 아니라 기형적 휴식 방법이다. 그것은 예수님이 휴식하신 방식이 아니다. 그리고 예수님이 우리에게 휴식하라고 부르시고 명하시는 방식도 아니다. 게으름과 마찬가지로, 과로는 이기적 휴식 방식이다. 우리는 우리의 휴식으로 이웃을 사랑할 수 있고 사랑해야 한다. 하지만 다른 일을 할 때는 그렇게 사랑하지 못하고 있다. 우리가 대청소를 하고 집을 잘 정리하면 배우자와 자녀들이 유익을 얻을 수 있다. 하지만 그들과 함께 하는 자유 시간을 희생할 정도는 아니다. 우리가 설거지를 하고 샤워기를 고칠 때, 룸메이트들이 고마워할 수 있다. 하지만 야외에서 벌어지는 요리 파티에 참석하지 않으면서 할 일은 아니다. 우리는 물건을 고치고, 아이들을 위해 마당의 나무 위에 놀이용 나무집을 지을 수도 있고, 부엌 타일을 문질러 닦을 수도 있고, 가족 휴가를 계획할 수도 있다. 하지만 이웃을 무시하거나, 배제하거나, 상처 주는 방식으로 이런 일을 하지 않도록 주의해야 한다.

안식일 준수와 새롭게 된 휴식

우리가 사는 세계에서 휴식을 발견하는 것은 쉽지 않다. 분주한 거리, 혼잡한 가게들, 소음들은 어디에든 있다. 매일 매주 일어나는 재해들, 주의를 산만하게 하는 것들, 주위의 일상적 혼란은 말할 것도 없다. 아이들이 징징대고 다리를 잡아당기면 짜증이 난다. 생일 파티와 저녁식사 초대에 못 가겠다고 답하면 친구들이 어떻게 생각할지 염려된다. 답을 보내는 순간 외판원이 문을 두드린다. 문으로 걸어갈 때, 전화벨 소리가 울린다. 이메일이나 문자 메시지가 왔다는 뜻이다. 휴식을 취하기가 어렵다―긴장을 풀기조차 어렵다.

   정식 업무 시간에 하는 일에 당신이 매일 하는 일을 더해 보라. 우리는 많은 것을 하며, 많은 일을 한다. 당신이 월스트리트의 초보 투자

자라면, 한 주에 70시간에서 85시간 정도 일하고 있다. 병원의 레지던트는 80시간 정도 일할 것이다. 집에서 아이를 보는 부모는…몇 시간이나 일하는지 어쩌면 아무도 모른다. 부모에게는 실제로 '근무 시간 외'라는 것이 절대 없다. 재해과 주의를 산만하게 하는 일들과 매일 겪는 혼란이 닥칠 때는 휴식을 취하기 어렵다. 하지만 '일'의 요구, 책임, 과업들이 밀어닥칠 때도 똑같이, 아니 훨씬 더 휴식을 취하기 어렵다. 언제나 뭔가를 하고 있는데 어떻게 휴식할 수 있겠는가? 우리가 사는 분주한 세상에서는 휴식할 시간을 찾기 어렵다. 그리고 휴식을 그 나름의 일로 만들지 않는 것은 더욱 어렵다.

안식일에 대한 올바른 관점

안식일은 정확하게 무엇인가? 그리고 안식일을 기억하거나 지킨다는 것은 무엇을 의미하는가? 이것은 어떤 모습으로 표현되는가? 가장 기본적인 차원에서 안식일은 휴식을 취하는 시간 혹은 날이다. 그것은 우리의 일로부터 휴식하는 것이다. 일상의 수고에서 한 걸음 물러나 우리가 해 온 것―우리가 얼마나 많이 이루었는지와 우리가 한 일의 질―을 보는 것이다. 그것은 우리가 한 일을 하나님이 성장하게 하시고 번성하게 하시도록 놔두는 것이다. 이것은 단지 하나님이 우리에게 한 주에 한 번 지키라고 명하시는 임의적이거나 이상한 행동이 아니다―그것은 훨씬 더 중요한 행동이다. 그것은 우리가 매일 하는 활동을 새롭게 하는 훈련이다. 즉 면밀하게 들여다보고 생각해 본다면, 안식일을 준수하는 것은 휴식하는 방법을 바로잡고 새롭게 하는 연습이다.

안식일(즉 북미 민주주의 사회에서는 일요일)에 대해서뿐만 아니라 일반 휴식에 대해서도 많은 오해들이 있다. 우리는 종종 안식일을 다른 형태의 휴식들과 혼동하며, 종종 일반 휴식에 대해 잘못 생각한다. 앞에 나오는 본문들 및 성경 도처의 다른 본문들에서 알 수 있듯이, 안식일은 게으르게 하루 종일 소파에 앉아 있는 날은 아니라는 것이 분명하다. 마가복음에 보면 예수님은 안식일에 회당에 가셨으며 거기서 손 마른 사람을 고쳐 주셨다(막 3:1-6). 예수님은 집에서 소파에 앉아 계시지 않고 나가서 돌아다니셨다. 예수님은 "안식일에 선을 행하"셨다. 그분은 다른 사람들을 돕고 계셨다.

우리가 휴식 혹은 안식일을 지키는 것에 대해 생각할 때 가장 자주 마음에 떠오르는 것은 잠일 것이다. 사실상 잠은 우리 대부분이 안식일에 하는 것이다. 아이들이나 직장 동료들이 긴 한 주일을 보낸 후 다시 기운이 나는 느낌을 갖기 위해서는 하루 종일ㅡ아마 많은 사람들에게 토요일 혹은 일요일ㅡ미식축구 경기를 보면서 혹은 〈그레이스 아나토미〉(Grey's Anatomy), 〈뉴 걸〉(New Girl), 〈다운튼 애비〉(Downton Abbey)를 몰아 보면서 꾸벅꾸벅 조는 것보다 더 좋은 방법을 생각할 수 없다. 매우 필요했던 '꿀잠'을 자는 것이야말로 우리에게 필요한 휴식이다. 그것이 근무를 쉬는 이날에 우리가 하고 싶은 일이다. 우리는 교회에 간다. 그러고 나서 소파에 철퍼덕 앉아서 몇 시간 동안…혹은 하루 종일 낮잠을 잔다. 그런 게 휴식 아닌가? 그것이 우리가 안식일을 보낼 수 있고 보내야 하는 방법 아닌가? 그것이 안식일을 보내는 좋은 방법이 아닌가?

여흥(entertainment)과 오락(recreation)은 종종 안식일을 지키는 것과 혼동되는 다른 두 적절한 휴식 형태다. 여흥을 즐기는 것은 어떤 것 혹은 다른 어떤 사람에 의해 즐거움을 얻는 것이다. 그것은 거의 전적으로 수동적이다. 여흥을 즐기는 사람은 아무것도 하기를 원치 않는다는 의미다. 그는 다른 사람들에게 뭔가를 하게 하고, 자신은 그것에 의해 즐거움을 얻기 원한다. 드라마 몰아 보기는 여흥이 될 것이다. 그에 반해서 오락은 더 활동적이다. 대부분의 사람들은 설사 당신이 활발하게 공원에서 발야구를 한다 해도, 일하고 있는 것은 아니라고 말할 것이다. 오락은 대개 활동적이기는 하지만, 대부분의 사람들은 오락이 일로부터 잠시 휴식을 취하는 것이라고 생각한다. '오락을 할' 때, 우리는 놀고 있다—즐기는 활동을 하고 있다. 아마 일할 때는 그렇게 즐기지 않을 것이다.

자는 것, 웃는 것, 노는 것은 그 자체로 좋은 인간 활동이다. 그리고 그런 활동들은 우리 사회에서 실천되어야 한다. 우리가 일중독 경향을 갖고 있는 것에 비추어 볼 때, 우리는 잠을 좀더 잘 수 있을 것이다. 우리가 하는 염려로 가득한 일에 비추어 볼 때, 우리는 좀더 웃고 놀 수도 있을 것이다. 그렇긴 하지만, 이런 활동들은 하나님이 우리에게 실천하라고 부르시고, 명하시고, 위임하시는 휴식이 아니다. 오히려, 하나님이 우리에게 바라시는 휴식은 아무 생각 없이 즐거운 뭔가를 하는 것이 아니라, '한 걸음 물러나' 어떤 성찰 활동을 하는 것이다. 그것은 또한 격렬한 육체적 활동을 끝내는 것을 포함한다. 쉬는 날 하루 종일 축구를 하고 있다면 어떻게 진정으로 쉴 수 있겠는가? 그렇게 하면 푹 쉬지 못할 것이다. 더 녹초가 되고 말 것이다. 오락은 노는 것이고 때로 휴식을 주는 것이긴 하지만, 단지 다른 형태의 노동이 될 뿐이다. 그리고 여흥은 단지 참된 휴식에서 시선을 다른 곳으로 돌리는 것일 뿐이다. 우리 자신에게 솔직하고 우리의 정신과 몸에 주의를 기울인다면 우리는 잠, 여흥, 오락이 언제나 혹은 실제로 우리가 원하고 필요로 하는 휴식을 가져다주지 않는다는 데 동의할 것이다.

우리의 휴식으로 다른 사람들을 사랑하기

기독교 전통에서 자라난 많은 사람들은 안식일 준수라는 영적 훈련이 가족과 함께 집에 있으면서 하나님을 의식하는 것을 포함한다고 배웠다. 일부 사람들에게 이것은 함께 아침식사를 하고, 교회로 가기 전에 찬송가를 듣고, 교회에 갔다 와서 오후에 낮잠을 잔다는 의미였다. 저녁때 우리는 좀 느긋하게 미식축구 경기를 시청하거나 피자를 먹었다. 어떤 사람들에게 그것은 하이델베르크 교리문답을 암송하거나 아침에 들은 설교에 대해 토론하는 것을 의미했다.

가족과 함께 시간을 보내거나, 가만히 앉아 있거나, 낮잠을 자거나, 미식축구 경기를 보거나, 교리문답을 암송하거나, 설교에 대해 토론하는 것은 전혀 잘못이 아니지만, 나는 우리가 안식일을 지키는 가운데 뭔가 중요하고 중대한 것을 보지 못했다고 생각한다. 우리는 이 훈련을 격하시켜서 우리가 원하거나 필요로 하는 어떤 것에 뜯어 맞춘다. 그것은 단지 우리가 해 온 일에서 한 걸음 물러서서 그것을 보는 것, 그 일에 대해 성찰하는 것, 하나님이 그 일을 성장하게 하시고 번성하게 하시도록 놔두는 것이 아니다. 그것은 심지어 단지 우리의 개인적 휴식에 대한 것도 아니다. 면밀히 살펴보고 성경 이야기에서 더 읽어 보면, 여기에서 훨씬 더 많은 것이 진행되고 있다는 점을 알게 된다. 이것에는 우리가 간과하거나 무시했던 수평적 차원이 있다.

개신교 개혁주의자 장 칼뱅(John Calvin, 1509-1564)은 성경과 초대 교회 교부들의 글을 주의 깊게 샅샅이 뒤져서, 우리가 네 번째 계명("안식일을 기억하여 거룩하게 지키라")을 지키라는 명령을 받은 세 가지 일반적 이유가 있다고 결론지었다.[1] 이런 이유들에 대한 칼뱅의 논의는 매주 안식일을 지키는 훈련이 우리 삶에 지닌 진짜 실질적 의미를 보여 준다.

첫째로, 우리는 하나님의 나라를 다른 사람들과 함께 묵상할 수 있기 위해 안식일 준수를 실천한다. 우리는 주중에 내내 너무 바쁘기 때문에, 삶의 북적거림 속에서 이것이 하나님의 세상이고, 하나님이 통치하시며, 우리가 하나님을 위해 일한다는 점을 잊어버리기 쉽다. 하나님은 왕이시며 우리는 그분의 시민이다(엡 2:19). 우리는 매주 이것을 상기할 필요가 있다. 그리고 공동으로 그렇게 할 필요가 있다. 우리 모두가 하나님의 이야기를 함께 듣고 서로 격려할 수 있도록 하기 위해서다. 이것이 일요일 예배 때 하나님의 백성과 함께 모이는 이유다. 우리는 하나님이 과거에 하신 일을 듣고, 하나님이 현재 우리 삶에서 하고 계시는 일을 다른 사람들과 나누고, 하나님이 언젠가 하실 일을

---

1 John Calvin, *Institutes of the Christian Religion*, ed. John T. McNeill, trans. Ford Lewis Battles (Louisville: Westminster John Knox, 1960), 2,8,33. 『기독교 강요』(크리스천다이제스트).

함께 소망하기 위해 모인다. 우리는 하나님이 하시고 있는 일 혹은 하나님 나라 저편에서 일어나고 있는 일에 대해 듣는다.

둘째로, 우리는 각자 개인적으로 하나님의 일에 대해 묵상할 수 있기 위해 안식일 준수를 실천한다. 우리는 자신의 삶에 나타난 하나님의 역사에 대해 생각하기 위해 우리의 일과 관심사를 내려놓는다. 우리는 창조, 타락, 구속, 완성의 성경 이야기를 통해 하나님의 주권에 대한 좋은 소식을 들은 후에, 삶에서 이런 움직임과 행동들에 대해 생각할 시간을 갖는다. 안식일은 우리가 생각하고, 궁금해 하고, 분별할 시간을 떼어 놓게 해 준다. 하나님은 내 삶 가운데 어디에서 일하고 계신가? 하나님은 무엇을 하고 계신가? 나는 어디에서 저항 혹은 반역하고 있는가? 어떻게 나는 이 문제, 관심사, 욕망, 혹은 은사를 그분께 드릴 수 있는가? 어디에서 나는 하나님이 나를 구속하시고 내 삶을 새롭게 하시는 일에 의도적으로 마음을 열 수 있는가? 내 삶 가운데 어디에서 하나님은 그분의 보좌에 앉아 계신가? 어디에서 예수님은 나에게 그분을 따르라고 부르고 계신가? 어떤 일에서 성령은 내게 변화되라고 권하고 계신가?

안식일을 준수해야 하는 이 처음 두 가지 이유는 아마 기독교 가정에서 자랐거나 주일학교 교리문답을 기억하는 사람은 누구나 이해할 수 있을 것이다. 하지만 세 번째 이유는 다소 놀라울 수 있다. 우리는 필시 이 이유에 대해 잊어버렸을 것이다. 혹은 우리 부모와 주일학교 교사가 정말로 그것을 강조하지 않았다. 칼뱅은 그 이유를 제시하면서 다음과 같은 본문들에서 그의 단서를 취한다.

그러나 이렛날은 주 너희 하나님의 안식일이니, 너희는 어떤 일도 해서는 안 된다. 너나, 너의 아들이나 딸이나, 너희의 남종이나 여종뿐만 아니라, 너희의 소나 나귀나, 그밖에 모든 집짐승이나, 너희의 집안에 머무르는 식객이라도, 일을 해서는 안 된다. 너희의 남종이나 여종도 너와 똑같이 쉬게 하여야 한다. (신 5:14)

너희는 엿새 동안 일을 하고, 이렛날에는 쉬어야 한다. 그래야 너희의 소와 나귀도 쉴 수 있을 것이며, 너희 여종의 아들과 몸 붙여 사는 나그네도 숨을 돌릴 수 있을 것이다. (출 23:12)

우리가 안식일 준수를 실천하는 세 번째 이유는 우리를 위해 일하는 사람들을 억압하지 않기 위해서다. 우리는 다른 사람들에게 쉬는 날을 준다.

우리는 우리의 권위 아래 있는 사람들이 그들의 수고로부터 휴식을 취할 수 있도록 하루를 쉰다. 우리는 그들의 의무 혹은 책임을 덜어 준다. 그들 역시 하루를 쉴 수 있도록 우리가 하루를 쉰다. 이것은 우리를 위해 수고하고 노력하는 모든 사람들에게 해당된다. 우리에게 어떤 부류의 아랫사람이 있다 해도, 우리는 그들을 일하게 하지 않는다. 우리 대부분이 가정부, 정원사, 혹은 수영장 청소부를 두고 있을 것이라고 생각하지 않는다. 하지만 우리가 돌보고 우리의 권위 아래 있는 사람들이 있을 것이다. 예를 들어, 집안일을 하는 자녀가 있을 수 있다. 어떤 사람들은 개 산책시키는 사람을 고용하고 있다. 교회에는 자원봉사자들이 있다. 그들은 모든 수고와 노력을 중단하고 하루를 쉬는가? 이상적으로, 우리의 보살핌과 권위 아래 있는 모든 사람들을 위해, 우리가 안식일을 지킴으로써 그들이 예배를 드리고 우리와 교제를 나누면서 하루를 보낼 수 있다면 좋을 것이다.

안식일 준수의 핵심에는 우리가 엉덩이를 의자에 붙이고 일하는 것과 우리의 휴식이 하나님께 속해 있다는 개념이 있다. 그것들은 우리의 것이 아니다―우리는 우리의 것이 아니다(고전 6:19-20). 따라서 우리의 엉덩이와 우리의 휴식으로 하는 일은 하나님께 중요하다. 하나님이 우리에게 말씀하시는 것처럼, 일, 먹기, 말하기, 교제, 생각, 소유뿐 아니라 휴식 역시 하나님께 영광을 돌리고 이웃을 돕는 방식으로 행해야 한다. 하나님은 우리가 휴식을 취하도록 창조하셨으며, 우리의 휴식을 우리의 이기적 경향들로부터 구속하셨다. 이제 우리의 휴식은 날마다 구체적으로 새롭게 실천되어야 한다. 게으름과 다른 일 하기는 하나님이 우리에게 권하시는 휴식 방식이 아니다. 이런 기형적 휴식 방식들은 우리에게 필요한 휴식을 주지 않는다. 그리고 그 방식들은 우리의 이웃을 고양시키고 사랑하거나, 우리가 사는 세상을 하나님이 바라시는 방식으로 치유하고 조화시키지 않는다. 휴식한다는 것은 이웃이 휴식할 것이라는 의미며, 우리가 이웃과 함께 휴식한다는 의미다. 그것은 단지 이웃과 함께 일하는 것이 아니라, 이웃과 함께 예배하고 교제를 나누는 것과 관련되어 있다.

이 개념은 아마 당신을 불쾌하게 만들 수도 있다. 그리고 그래야 한다. 모든 일 중에서, 휴식은 가장 개인적이고 사적인 일이지 않은가? "내가 어떻게 휴식하고, 휴식하기 위해 뭘 할지는 나한테 달려 있어! 휴식이란 자고로 내가 월요일에 세상에 다시 나가기 위해 원기를 회복하는 일 아닌가?" 휴식을 할 때 다른 사람들을 생각해야 한다고 제안하는 것은 앞뒤가 안 맞는 터무니없는 것이다. "휴식은 **나를 위한 휴식이라고.**" 휴식은 개인적이다. 그것은 분명하다. 휴식은 당신을 위한 휴식이다. 당신에겐 휴식이 필요하다. 당신이 휴식할 때, 휴식하고 있는 것은 당신이다. 하지만 하나님이 우리 각자에게 지키라고 명하시는 휴식은 사적인 것이 아니다. 그것은 따로 떨어져서 나오지 않는다. 그것은 이기심을 위해 주어진 것이 아니다. 그것은 우리가 팔짱을 끼고 소파에 앉아 있는 시간이 아니며, 고개를 숙이고 무릎을 꿇은 채 보내는 날도 아니다. 이런 행동은 안식을 다른 형태의 휴식들과 혼동하는 것이다. 안식은 자는 것이나, 즐기는 것이나, 하루 종일 노는 것이 아니다. 우리의 휴식은 개인적이어야 하지만, 사적이지는 않다.

성경이 우리에게 제시하는 요점은 참된 휴식―아마 하나님이 우리에게 실천하라고 부르시고, 명하시고, 위임하시는 그런 휴식―을 발견하기 위해 하나님 안에서 휴식해야 하며, 휴식하는 날에 다른 사람들과 교제하면서 그들과 함께 휴식을 취해야 한다는 것이다. 분명히 다른 사람들과 함께 하고, 함께 예배하고 교제하는 것에는 참된 휴식을 촉진하는 뭔가가 있다. 우리의 휴식은 세상과 우리의 삶 가운데 나타나는 하나님의 역사를 기억할 때 하나님 안에서 발견된다. 이와 결부해서, 휴식은 다른 사람들도 똑같은 것을 할 수 있도록 그들의 일에서 벗어나 휴가를 갖도록 하는 것에서 발견된다. 하나님이 우리가 참된 휴식을 취하도록 거룩하게 하신 한 날에, 하나님은 우리 이웃의 일과 책임을 가볍게 해 줄 뿐만 아니라 이웃과 함께 모여 교제를 나누라고 명하신다. 얼마나 반직관적이고 반문화적인 생각인가! 이웃과 함께 있는다는 것은 우리가 휴식을 취하는 것과 충돌하지 않으며, 휴식에 부수적인 것도 아니다. 오히려, 그 중심이다.

삶의 분주함 속에서 그리고 우리의 이기심이라는 환경 속에 정착하면서, 우리는 휴식을 제어할 수 없게 되었다. 우리는 재빨리 그리고 쉽게 휴식 시간을 '나만의 시간'으로 바꿔 버린다. 휴식을 탐닉하는 시간, 기분을 느긋하게 하는 즐거움을 누리는 시간으로 만든다. 우리는 세상의 문제들과 곤혹스러운 것들로부터 벗어나기 위해 스스로를 고립시킨다. 분주한 세상과 귀찮은 이웃들로부터 방해받지 않고 도망가기 원한다. 이렇게 할 때, 우리의 휴식은 다른 사람들과 나누기를 원치 않는 시간이 된다. 그것은 다른 사람들로부터 벗어나고 스스로 즐기는데 가장 관심을 갖는 때가 된다. 우리는 자신을 행복하게 하는 데 관심이 있다. 하지만 성경에 따르면 우리는 여기에서 참된 혹은 진정한 휴식을 찾아서는 안 된다. 하나님의 말씀을 있는 그대로 믿는다면, 우리가 추구하고 있는 원기 회복과 활기를 되찾는 것은 홀로 즐거운 시간을 갖는다고 해서 얻을 수 없다.

우리는 휴식을 취하면서 활력을 회복할 수 있다. 우리는 우리의 휴식에서 그리고 휴식과 더불어 몇 가지 규칙들을 사용할 수 있다. 우리의 삶 가운데 참된 휴식 습관과 관행을 회복할 필요가 있다. 휴식 및 그 방식을 통제할 필요가 있다. 우리는 열심히 일한다. 하지만 우리는 열심히 긴장을 풀 필요도 있다. 그리고 우리는 올바른 방향으로 긴장을 풀 필요가 있다－참된 휴식을 가져오고 그것을 통해 이웃을 사랑할 수 있게 하는 방법으로. 안식일을 지키는 훈련은 우리로 하여금 이것을 할 수 있도록 도와준다.

안식일 준수는 우리의 이기적 휴식을 바로잡고 새롭게 하는 연습이다. 안식일은 우리의 분주한 삶에서 이웃을 맨 앞에 그리고 중심에 놓는 주 단위의 리듬을 소개한다. 안식일은 우리가 이웃에게 생각할 수 있는 시간을 주어서, 우리가 자신에게 몰두하는 동안 이웃도 자신에게 몰두할 수 있는 날을 하루 갖게 해 준다. 안식일은 이웃과 우리에게 개인적으로 집중할 수 있는 시간을 줄 뿐만 아니라, 또한 예배를 드리고 서로 교제할 시간을 우리 모두에게 준다. 상황과 업종에 따라 다르지만, 안식일을 준수하는 실천은 또한 다른 사람들이 우리를 위해 일하지 않더라도 휴식을 취하게 할 수 있다. 우리가 일하지 않도록 스스로 훈련할 때, 우리는 이웃들도 그렇게 하도록 권한다. 우리가 다음날 새롭게 된 에너지와 영감과 사명과 탁월함을 가지고 다시 직장으로 돌아갈 수 있도록 원기를 회복하기 위해 삶에서 시간과 공간을 떼어 내는 것을 이웃들이 볼 때, 우리는 그 이웃에게도 똑같이 하라고 초청하는 것이다. 그것은 또한 이웃과 이야기하고 교제를 나눌 시간을 준다. 우리가 일을 할 때는 아마 그렇게 할 수 없을 것이다.

안식일은 우리를 위해 만들어진 것이다(막 2:27). 하지만 나는 안식일이 우리 자신의 휴식을 위한 만큼이나 이웃의 안녕을 위해 연습되어야 한다고 자신 있게 말할 수 있다. 우리는 일로부터 휴식이 필요하다. 그 때문에 하나님은 휴식을 취하라고 명하신다. 우리는 무엇을 위해 지음 받았는지 생각할 필요가 있다. 우리는 그것에 감사하고 그것을 기뻐해야 한다. 우리는 재충전을 할 시간이 어느 정도 필요하다. 최선의 능력을 다해 계속해서 일할 수 있기 위해서다. 우리가 하는 일에 대해 성찰하는 것은 같이 일하는 동료들 및 사회 기여자들과 함께 우리의 일과 근로 환경을 개선하는 데 도움이 된다. 하루 일을 쉬면 새로운 에너지와 사명을 가지고 다시 직업에 종사할 수 있게 되는 것과 마찬가지로, 하루 동안 우리의 일과 노동 환경에 대해 깊이 성찰하면 하나님이 우리 삶 어디에서 역사하고 계시며 어디에서 우리가 더 반응을 보일 수 있는지 아는데 도움이 된다. 하나님이 어디에서 역사하시는지 깨닫지 못하고 단순히 우리의 일을 계속 해 나가는 대신, 안식일의 성찰은 우리가 한 주를 위해 우리의 머리와 마음과 손을 준비하는 데 도움이 된다.

사람들이 휴무일 혹은 주말을, 자신들이 원하는 일을 하기 위해 이웃을 잊어버리고 무시하고 소홀히 하고 피하기까지 하는 자기중심적 탐닉을 계속하는 시간으로 취급하는 세계에서 매주 안식일을 준수하는 연습은 이웃에 대한 사랑의 행동이 될 수 있다. 그것은 우리의 휴식을 훈련시켜서, 우리가 이웃을 일의 기대와 요구로부터 해방시키고 아마도 그 이웃과 함께 예배하고 교제할 수 있도록 한다. 설사 그 이웃이 우리 교회에 다니지 않는다 해도, 교회에는 우리가 함께 예배드리고 교제를 나눌 수 있는 다른 이웃들이 있다. 매주 한 번이긴 하지만, 안식일은 이웃을 돌보고 그 이웃과 함께 이야기를 나눌 필요를 상기시켜 주며, 또 휴식 같은 단순한 행동을 통해 이웃을 사랑할 기회를 준다. 우리의 휴식은 하나님이 명하신 대로 이루어진다면, 이웃을 해방시키고, 치유하고, 유익을 줄 수 있다. 그 때문에 하나님은 심지어 휴식을 명령하시기까지 한다.

우리는 휴식을 가지고 이웃을 사랑하고 섬길 수 있다. 우리가 해야 할 일이라고는 휴식 습관과 관행을 약간 조정하는 것뿐이다. 이를테면 지속적으로 안식일 준수를 연습하는 것 등이다. 안식일 준수를 매주 반복되는 리듬의 일부로 삼음으로써, 이웃의 삶에 건강과 치유를 가져 올 수 있다. 아마도 그런 연습이 하는 것이라고는 교회에 가서 그곳에 가지 않았다면 그 순간에 할 수 없었을 격려의 말을 한마디 하는 것일 수도 있다. 또 이웃이 우리가 보낸 업무 이메일을 보지 않아도 된다는 안도감을 느끼게 해 주는 것일 수도 있다. 그래서 그 이웃은 휴무일에 일에 관한 생각을 하지 않아도 되는 것이다. 어쩌면 그것은 교회 모임이 끝난 후 이웃과 함께 게임을 하러 가기 전에 우리가 사 주는 음식일 수도 있다. 정말로 이웃을 우리 자신처럼 사랑하기 원한다면, 휴식하는 방법 및 우리 이웃과 함께 휴식하는 방법을 바꿀 필요가 있다. 우리는 휴식을 취할 때 하는 일을 바꿀 필요가 있으며, 이웃에게도 휴식하도록 권할 필요가 있다. 우리는 머리와 손과 주머니로 이웃을 사랑하는 만큼 우리의 휴식으로 이웃을 사랑할 필요가 있다.

옆으로 한 걸음: 안식일 준수

기도

무한하신 하나님 아버지, 하나님은 휴식하십니다. 무한한 세계를 창조하시고 끝내신 후에, 하나님은 한 걸음 물러서서, 그것을 감상하시고, 그것을 기뻐하셨습니다. 우리가 일을 하기 위해 하나님의 힘과 능력에 의지하도록 해 주십시오. 또한 아버지께서 하신 것처럼 휴식하고 기뻐하는 법을 배우게 해 주십시오. 예수님, 우리가 안식일에 선한 일을 하고 우리가 할 수 있는 사소한 일들로 이웃을 치유하는 법을 가르쳐 주십시오. 주 안에서 이웃과 교제하는 데서 휴식을 찾도록 도와주십시오. 성령님, 우리가 주말에는 좀 느긋해져서 우리가 어떻게 이웃을 대하고 있는지 생각해 볼 시간을 갖도록 해 주십시오. 우리의 무감각함을 깨우쳐 주시고 이웃의 필요에 더 민감할 수 있도록 해 주십시오. 예수님의 이름으로 기도합니다. 아멘.

안식일 준수를 연습하는 간단한 단계들

- 안식일을 준수하기 위한 간단한 방법은 주말에 휴대전화의 알림 기능을 꺼 놓는 것이다. 다시 일터로 돌아갈 월요일 아침까지 이메일을 확인하지 말라. 나는 이것이 말도 안 되는 소리처럼 들린다는 것을 안다. 하지만 아마 심지어 하루 동안 전화를 끌 수도 있을 것이다. 아마도 세상은 내일도 여전히 돌아갈 것이다. 그리고 별로 많은 것이 변하지 않을 것이다.
- 더 이상 교회를 채워져야 하는 장소로 보지 않고 함께 하는 사람들로 볼 때, 일요일 아침에 일어나는 것은 훨씬 더 중요한 일이 된다. 안식일 준수를 연습하기 원하는가? 교회로 가라! 예배하고 교제하라. 격려를 받고 다른 사람들을 세워 주어라.
- 과거를 기억하고, 현재에 대해 생각하고, 미래를 예상하라. 이것은

내가 루키우스 안나이우스 세네카(Lucius Annaeus Seneca)라는 로마의 '정치가'이자 철학자로부터 배운 것이다.[2] 그것을 좀 각색해서 하나님의 나라를, 우리의 일을, 그리고 안식일에 우리가 어떻게 다른 사람들에게 유익을 줄 수 있는지를 성찰하기 위한 유용한 지침으로 사용할 수 있다.

- 휴식할 때 스스로 다음과 같은 질문을 던져 보라.
  - 과거: 하나님은 나의 삶에서 어디에 계셨는가? 하나님은 내가 고난을 받고 있었을 때 위로해 주셨는가? 하나님은 내가 미래에 대해 확신하지 못했을 때 평강을 주셨는가? 나는 하나님을 신뢰했을 때 그분이 하신 일로 인해 매우 기뻐했는가? 이번 주에 이웃은 내게 무엇을 주었는가? 어디에서 이웃은 나를 도와주었는가? 이러저러한 때에 가족, 친구, 지인, 낯선 사람들은 어떻게 나를 도와주었는가? 나는 무엇에 대해 감사해야 하는가? 누구에게 감사했어야 하는가? 무엇을 했어야 하는가?
  - 현재: 하나님은 바로 지금 내 삶의 어디에서 역사하고 계시는가? 내가 바로 지금 하고 있는 일이 하나님 나라와 긴밀한 연관을 갖고 있는가? 나는 내 삶의 어떤 영역에서 하나님께 고삐를 내어 드리지 않고 있는가? 어디에서 나는 통제를 포기해야 하는가? 내 일에서 하나님은 어디에 계신가? 어떤 목적을 위해 내 일은 하나님을 영광스럽게 하고 이웃을 섬기고 있는가? 내 이웃은 현재 어디에서 나를 돕고 있는가? 가족, 친구, 지인, 낯선 사람들은 어떻게

---

2 Seneca, "Tranquility of Mind", in *The Stoic Philosophy of Seneca: Essays and Letters*, trans. Moses Hadas (New York: W. W. Norton, 1968), pp. 75-106.

나를 돕고 있는가?

→ 미래: 나는 내 삶 어디에서 하나님께 영광과 존귀를 돌릴 수 있을까? 어디에서 나는 이웃을 섬기고 사랑할 수 있을까? 이번 주에 나는 무엇을 더 잘할 수 있을까? 이번 주에 내 이웃을 어떻게 돕고 치유할 수 있을까? 부당한 역경, 고통, 혹은 고난을 당하는 이웃을 어떻게 위로할 수 있을까? 어떻게 나는 이웃을 사랑할 수 있을까? 오는 주에 이웃에 대한 나의 감사 혹은 고마움을 어떻게 표현할 수 있을까?

9장

《 누가 사랑을 두려워하는가? 》

세상에 생명을 주는 매일의 훈련

공적인 것에 대한 보다 온전한 이해

이 작은 책에서 나는 영적 훈련에 우리가 간과하거나, 무시하거나, 피하는 경향이 있는 수평적 차원이 있다는 점을 보여 주려 애썼다. 나는 영적 훈련들을 측면에서 바라보면, 어떻게 이런 연습들이 우리가 이미 하고 있는 일상 활동을 활용하는지, 그리고 매일 이런 행동들을 수행하는 기형적 방식들을 바로잡고 새롭게 하는지 알 수 있다고 주장했다. 한 걸음 물러나 전체를 볼 때, 우리는 영적 훈련이 그저 개인의 습관과 관행보다 많은 것에 영향을 끼친다는 점을 알게 된다. 우리는 다른 수많은 사람들 및 사물들과 서로 연관되어 있는 전인적 존재들이다. 그래서 이런 훈련들이 우리의 정신과 육체의 습관과 관행들을 바로잡을 때, 그것은 불가피하게 다른 사람들의 삶에 영향을 끼친다.

우리의 변화된 행동은 다른 사람들 및 그들의 생활 방식에 영향을 끼치는 동시에, 우리와 이웃이 함께 속해 있는 공동체의 역학에도 영향을 끼친다. 우리가 판에 박힌 일상과 매일 하는 행동들을 변화시키면, 특정한 사회적 태도가 생기고 다른 사람들과 공유하는 공간에 대한 의식이 계발된다. 우리가 연인, 친구, 부모, 이웃, 시민, 동료로서 지닌 습관과 관행에서 일어나는 변화는 우리가 이런 역할을 맡고 있는 공유 공간, 이를테면 집, 직장, 식당, 공원, 학교 같은 곳에서 일어나는 변화로 이어진다(그림 9.1을 보라). 한 걸음 뒤로 물러나 이런 관점에서 훈련들을 고려할 때, 우리는 그 훈련들을 삶의 한 방식으로 본다. 이렇게 할 때, 그 훈련들이 우리의 세계 안에서 우리의 세계에 미치는 영향을 온전히 인식할 수 있다. 첫째, 그런 훈련들이 어떻게 우리 개인의 **기형적 습관을 개혁하는지** 볼 것이다. 둘째, 그런 훈련들이 어떻게 우리가 가족, 친구, 낯선 사람들, 원수들과 맺고 있는 **깨어진 관계를 화해시키는지** 알게 될 것이다. 셋째, 이런 훈련들이 어떻게 사회에서 **뒤틀린 문화적 관행들을 새롭게 하는지** 살펴볼 수 있다. 또한 그런 훈련들이 어떻게 **부패한 제도들을 회복시키는지** 탐구할 수 있을 것이다.

변화된 행동은 다른 사람들에게만 영향을 끼치는 것이 아니다. 그것은 사람들이 사는 장소들을 변화시킨다. 우리의 습관, 관행, 전반적 생활 방식은 우리가 사는 사회적 환경의 많은 측면들에 영향을 끼친다. 이런 이유 때문에 우리는 영적 훈련들을 새롭게 된 문화적 훈련으로 생각해야 한다. 그 훈련들은 우리—사회—가 살고 생각하고 말하고 소유하고 교제하고 일하고 휴식하는 방식을 변화시킨다. '공적'이라는 말에 대해 협소한 견해를 가지고 있기 때문에, 많은 사람들은 영적 훈련의 더 넓은 함의들을 보지 못한다. '공적 생활'에 대해 말할 때, 많은 사람들이 의미하는 것은 단지 우리가 사는 집 바깥과 다른 사람들 곁의 삶이다. 반면에 집 안의 삶은 우리의 '사적 생활'이다. 우리가 '집'이라고 부르는 네 벽 바깥에서 다른 사람들이 보거나 들을 수 있는 것은 무엇이든 공적인 것이다.

그래서 그리스도인들이 '신앙과 공적 생활'에 대해 이야기할 때, 우리는 보통 어떻게 투표하는지, 도덕·정치 문제에 대한 질문을 받거나 그 문제에 직면할 때 뭐라고 말하는지, 혹은 학교나 직장에서 심각한 상황이 발생할 때 어떻게 행동할 것인지에 대한 관점에서 이해한다. 그것은 동료들, 뉴스 진행자들, 팬들, 구경꾼들 앞에서 어떻게 행동해야 하는지 의미한다. 자연히 이것은 세상에 대한 우리의 증거가 논란이 많은 문제에 대해 어떻게 투표하는지, 스포츠 경기를 마친 후에 뭐라고 말하는지(예를 들어, "주님이시고 구세주이신 예수 그리스도께 감사드립니다"), 어떤 사회적 운동에 뒤처지고 어떤 소셜 미디어를 바짝 따라잡는지, 혹은 어떤 정당을 지지하는지에 주로 혹은 오로지 달려 있다고 생각하게 만든다. 다른 사람들이 볼 수 있고 들을 수 있는 것이 중요하다. 그리고 우리가 카메라 앞에서 어떻게 행동하는지 역시 깊이 생각해 볼 만한 가치가 있다. 하지만 공적인 것에 대한 이런 빈약한 견해는 우리의 신앙이 '공적 생활'을 어떻게 형성하는지에 대해 극히 일부만을 포착한다.

우리에겐 사람들과 공유하는 공간에 대한 더 풍성한 이해가 필요하다. 공적인 것에 대한 보다 온전한 견해, 우리의 믿음과 실천이 주위 사람들에게 어떤 영향을 끼치는지 이해하는 더 치밀한 견해가 필요하다. 우리 그리스도인들은 자신의 영적 형성이 가정을 포함해 온갖 공유 공간에서 일어나는 개인 간의 삶에 영향을 끼치는 복잡하고 상세한 방법들을 알 필요가 있다. 우리는 매점이나 카페에서 먹는다. 우리는 회의실과 강의실에서 생각한다. 우리는 자신만 아는 작은 공간과 벤치에서 쉰다. 우리는 회사에서 봉사할 때 혹은 자원봉사의 날에 돕는다. 우리는 이른 저녁 때 혹은 자녀의 댄스 강좌 때 사람들과 교제를 나눈다. 우리가 이런 일들을 다르게 하면 어떻게 될까? 우리는 매일 문화와 사회에서 다른 사람들을 통해 형성된 일들을 하며, 매일 이런 것들을 하는 방식을 바꿈으로써 문화와 사회를 형성하고 다른 사람들을 돕는 기회를 지닌다.

변화된 개인의 실천은 직업적·정치적 의미를 가지고 있다. 기본 일상 활동을 하는 방식이 변화되면 우리와 주위 사람들이 변화될 뿐만 아니라, 또한 사회 내의 어떤 대단히 중요한 절차와 관행들이 변화된다.

우리의 습관과 행동을 변혁함으로써 이웃과 공유하는 세계가 변화된다. 우리의 일상생활이 개혁되면서 이웃의 삶이 갱신되고 새로운 활력을 얻게 된다. 거룩함을 추구함으로써 이웃의 삶이 조화롭고 건강해진다. 우리의 개인적 거룩함은 사람들 간의 조화와 분리될 수 없다(갈 5:14). 우리의 예배 행위는 사랑의 행위와 분리될 수 없다.

우리는 이런 훈련들을 연습함으로써 인간의 삶과 인간 삶의 활동들에서 이탈하지 않는다. 우리는 매일 하는 일상 활동을 멈추지 않는다. 여전히 이야기하고, 먹고, 휴식하고, 소유하는 등의 일을 한다. 단지 언제 어떻게 이런 일들을 하는가 하는 것만 바꿀 뿐이다. 세상에 대한 우리의 증거가 논란이 많은 문제에 대해 투표하는 방식, 스포츠 경기가 끝난 후에 언급하는 말, 혹은 우리가 지지하는 사회 운동이나 정당이 아니라면 어떻게 될까? 세상에 대한 우리의 가장 크고 가장 독특한 증거가 사회 속에서 다른 사람들과 나란히 일상 활동을 하는 것—하지만 그 활동들을 다른 방식으로 하는 것—이라면 어떻게 될까? 작은 것들에서 다른 사람들을 위해 사는 것이 가장 큰 증거라면 어떨까? 그것이 우리가 정말로 예수님에 대해 말하는 것이고 그분의 나라를 삶으로 표현하는 것이라면 어떨까? 그것이 우리가 세상을 바꾸고 이웃을 우리 자신과 같이 사랑하는 것이라면 어떨까?

우리가 사람들을 변화시키기 원한다면, 그리스도를 위해 영혼을 '구원하기' 원한다면, 세상에 건강과 치유와 조화를 가져오기 원한다면, 우리는 매우 기본적이지만 그럼에도 불구하고 중요한 일들을 다른 방식으로 해야 한다. 우리가 지금까지 매일 해왔던 일상적이고 평범한 일들을 해야 하지만, 그 일들을 다르게 해야 한다. 우리는 먹고, 휴식하고, 생각하고, 일하고, 말하고, 살고, 교제하는 방식을 바꿔야 한다. 우리는 우리의 공동체 내에서 공동체와 함께 이런 일들을 다르게 실천해야 한다. 다른 사람들을 우리 자신처럼 사랑하기 원한다면, 우리는 작은 일들에서 작은 일들을 통해 그렇게 할 수 있다―다른 모든 사람들은 이기적으로 그런 일들을 하지만 우리는 희생적으로 그런 일들을 해야 한다.

예전 훈련?

영적 훈련은 우리가 신자로서 거룩하게 되는 것과 하나님이 만물을 새롭게 하시는 것에서 중심 역할을 담당한다. 측면에서 볼 때, 영적 훈련은 하나님이 우리의 삶과 사회 속에서 우리가 다른 사람들과 함께 사는 삶을 새롭게 하시고 소생하시는 구체적이고도 필수적인 방식이다. 하나님은 우리가 지금 여기에서 하는 일을 통해 지금 여기에서 당신과 나를 변화시키신다. 그리고 이 일이 일어나는 가장 기본적이고 강력한 방식은 우리가 매일 하는 작은 것들―우리의 일상 행동들―을 통해서다.

하지만 영적 훈련에 대한 실천을 '공로에 의한 의'로 잘못 해석해서는 안 된다. 우리는 영적 훈련을 통해 우리 자신을 구원하지도 않으며,

그런 훈련을 통해 세상을 구원하지도 않는다. 예수님은 원하신다면 우리를 구원하시고 세상을 구원하시는 분이시다. 예수님은 이 세상을 회복시키시고, 구속하시고, 거듭나게 하시고, 책망하시고, 부활시키실 권위와 능력을 지니신 분이다. 우리는 이런 일들을 할 수 없다. 하지만 예수님은 그분이 잘못된 것을 고치시고 깨어진 것을 수리하시는 일을 돕도록 우리를 초청하신다. 예수님이 구속하신다. 하지만 예수님은 그분이 바로잡으시는 것을 돕도록 우리를 초청하신다. 측면에서 볼 때, 영적 훈련은 우리의 일을 위한 창조적이고 필수적인 연습이다. 그것은 하나님과 함께 창조 질서에서 무너진 곳을 다시 쌓는 사명을 지닌 보수의 대행자로서 하는 일이다(사 58:12). 그 훈련은 구체적으로 이웃을 사랑하고 세상에 생명을 가져오는 독특한 방식이다. 그 훈련은 우리의 무너진 삶을 고치는 것처럼, 손상된 관계를 회복하고, 왜곡된 문화적 관행들을 새롭게 하고, 부패한 제도들을 회복시킨다. 그 훈련은 우리에게 유익하며, 이 세상에서 우리가 공유하는 삶에 치유와 조화를 가져다준다.

하지만 이 모든 것은 주일 아침에 드리는 예배에서 무엇을 의미하는가? 주일 아침 예배는 어떤 신비한 혹은 불가사의한 방식으로 사랑의 행동이지 않은가? 하나님은 그때 거기에서 우리를 새롭게 하시지 않는가? 교회적 혹은 예전적 관행들은 어떤가? 성찬 혹은 죄 고백은 우리를 형성하지 않는가? 교회의 예전적 관행들과 영적 훈련 사이의 관계는 무엇인가? 이런 질문들에 대답하는 유용한 방법은 우리가 말하는 '교회'가 어떤 의미인지 명확히 하는 것이다. 내가 속한 전통(개혁주의)에서, 우리는 **제도로서의 교회**와 **유기체로서의 교회**를 구분한다.

여기에서 기본 개념은 교회의 제도는 일요일에 함께 예배드리고 교제하기 위해 만나는 것인 반면에, 교회의 유기체는 주중에 세상에 보냄을 받는다는 것이다. 이런 구분은 예전과 영적 훈련 간의 관계에 대해 생각하는 데 도움을 줄 수 있다. 우리가 제도 교회 안에서 그 교회를 통해 배우는 정신적·육체적·지적·도덕적 관행들이 있다. 그다음에 유기체 교회로서 우리가 행하는 비슷한 관행들이 있다. 나는 그것을 다음과 같은 식으로 생각한다.

제도적 교회 내의 예전과 예배는 우리에게 삶의 비전[비시오 비테 (visio vitae)]을 준다. 그것들은 우리가 하나님의 창조, 타락, 구속 이야기에 대한 더 큰 그림을 보도록 도와주며, 또 이 새로운 삶에서 어떻게 공동생활을 경험하고 영위해야 하는지 보여 준다. 이런 극적인 계획에서, 예전적 관행들은 우리가 세상에서 보고, 상상하고, 움직이도록 돕는 공동 관행이다.[1] 그런 관행들은 해마다 주기적으로 반복되는 일반적 리듬과 우리의 생활 방식을 형성하는 구조를 제공해 준다. 예전을 통해 우리는 다른 사람들을 맞이하는 것, 예배에 하나님의 초대를 받는 것, 우리 죄를 고백하는 것, 우리가 죄 사함 받았음을 듣는 것, 평강을 다른 사람들에게 전달하는 것, 주님으로부터 진리를 듣는 것, 하나의 공동체로서 우리가 믿는 바를 단언하는 것, 다른 사람들

---

[1] "기독교 교회를 역사상 독특한 사람들로 구분하는 이유 중 하나는 그 교회가 기독교 예전에 관여한다는 것이다." (Nicholas Wolterstorff, "Justice as a Condition of Authentic Liturgy", in *Hearing the Call: Liturgy, Justice, Church, and World*, ed. Mark R. Gornik and Gregory Thompson [Grand Rapids: Eerdmans, 2011], pp. 39-58, 특히 p. 39). 다른 곳에서 Wolterstorff는 이렇게 말한다. "일과 예배, 노동과 예전을 주기적으로 교대로 행하는 것은 그리스도인이 이 세상에 존재하는 방식의 중대한 특징 중 하나다"("The Tragedy of Liturgy in Protestantism", in *Hearing the Call*, pp. 29-38, 특히 p. 30).

을 위해 중보 기도를 하는 것, 예물을 하나님께 드리는 것, 하나님이 하신 일에 대해 감사하는 것, 세상을 사랑하고 섬기도록 보냄 받는 것의 중요성을 배운다.

영적 훈련은 뭔가 다른 것을 한다. 그런 훈련들은 제도적 교회 안에서 그 교회를 통해 우리가 배운 삶의 비전을 증거하는 구체적 삶의 방식[비아 비테(via vitae)]이다. 그것들은 우리가 이 비전을 매일 구체적으로, 올바르게, 일관되게 실행하는 방식이다. 간결하게 말하면, 예전은 우리가 어떻게 예수님의 방식으로 생각하고, 먹고, 교제하고, 말하고, 일하고, 쉬어야 하는지 보여 주며, 또 영적 훈련들은 매일 어느 곳에서든 이런 관행들을 실행하도록 돕는다. 제도적 교회를 형성하는 관행들은 일반적 방식으로 우리의 갈망, 우리의 인식, 우리의 행동을 사로잡는데, 그것은 그리스도인의 삶에 매우 중대하다. 하지만 또한 우리가 구체적으로 빈번하게 생각하고, 먹고, 교제하고, 말하고, 일하고, 쉬는 방식을 바꾸기 위해서는 실무 훈련이 필요하다. 우리는 단지 매주 개혁되는 것이 아니라 매일 개혁되어야 한다.

교회는 실무 훈련이 아니다. 우리는 소유하고, 생각하고, 먹고, 교제하고, 말하고, 일하고, 휴식하는 방식을 바꾸기 위해 죄를 고백하거나 찬송가를 부르거나 설교를 듣거나 성찬식에서 그리스도의 몸과 피를 취하는 것이 아니다. 이런 습관과 관행이 그 자리에서 바뀌도록 하기 위해 교회에 가는 것이 아니다. 교회는 워크숍이 아니다. 교회가 워크숍이라면, 경험을 통해 습관에 대해 알 수 있는 것—특히 습관은 여간해서 고쳐지지 않는다는 것—처럼 우리는 습관을 고치려면 주에 한 번이 아니라 훨씬 더 많이 이런 예전에 참여해야 할 것이다. 아마 매일 교회에 가야 할 것이다. 공식 예배나 주일학교는 우리의 행동을 개선하기 위한 워크숍이 아니지만, 가정, 식당, 파티, 직장은 우리가 그런 활동들을 실제로 행할 수 있는 '간이 매장'이다.

우리가 소유하고, 생각하고, 먹고, 교제하고, 말하고, 일하고, 휴식하는 방식을 변화시키고자 한다면, 실제로—단순히 찬양과 예배, 도전이 되는 설교, 여름 성경 학교, 혹은 성찬식을 통해 그런 것들을 개혁하는 일에 대해 이야기하는 것 또는 그것들을 개혁하기 위한 동기를 부여받는 일에 대해 이야기하는 것이 아니라—다르게 소유하고, 생각하고, 먹고, 교제하고, 말하고, 일하고, 쉬는 연습을 해야 한다. 우리는 습관들로 구성되어 있기 때문에, 구체적이고 지속적인 습관의 변화가 필요하다. 그런 것들을 행하는 방식을 바꾸기 위해 매일 이런 활동들을 다르게 할 필요가 있다.

하지만 영적 훈련과 예전적 관행 간에 어떤 대립이나 양극성이 있다고 생각해서는 안 된다. 그것은 양자택일이 아니라 둘 다 해야 하는 일이다. 영적 훈련은 예전적 관행을 대체하지 않는다. 그것들은 서로 보완한다. 그리스도인의 제자도에는 둘 모두가 필요하다. 예전적 관행은 우리가 영적 훈련을 하도록 압박하며, 영적 훈련은 예전에서 완성된다. 예전은 어떻게 우리의 삶을 조직해야 하는지 보여 주며, 영적 훈련은 이 조직에 따라 우리의 삶을 영위하도록 도와준다. 예전적 관행에서 우리는 그런 삶이 어떤 모습이 되어야 하는지 얼핏 보며, 영적 훈련에서 그 모습을 우리가 매일 살아가는 일상생활에 접목한다. 둘 다 문화와 사회를 새롭게 하고 개혁하기 위한 하나님의 성화 프로그램의 필수 부분이다. 둘 다 이웃을 사랑하는 하나의 움직임이다. 둘

다 예수님을 따르는 데 필요하다. 그리스도인의 삶은 일관적이고 통합된 삶이다. 경건을 공적 정의와 분리할 수 없으며, 영성을 윤리와 분리할 수 없고, 경건을 행동과 분리할 수 없으며, 예배를 교제와 분리할 수 없고, 전도를 제자도와 분리할 수 없는 삶이다.

공동선을 위해 일하기

영적 훈련은 교회에서 상상하고 살아 내는 생활 방식의 연장이다. 그 훈련들은 이런 비전을 구현한다. 하지만 공적인 것이 무엇인지 더 온전한 견해를 갖고 있지 않다면, 영적 훈련이 얼마나 영향력이 강한지 온전히 이해하지 못할 것이다. 이 훈련들이 대중들―즉 우리 주위의 사람들―에게 어떤 영향을 끼치는지 볼 때, 우리는 이 훈련들이 정말로 대중들에게 유익을 준다는 것을 알 수 있다. 최근 들어, 우리 그리스도인들은 소명, 일, 공동선에 대해 점점 더 이야기하기 시작했다. 우리는 우리가 부름받은 일에 대해, 직장에서 하나님의 영광을 위해 탁월하게 일하는 것의 중요성에 대해, 그리고 우리가 맡은 일을 잘 해서 다른 사람들을 돕는 방식에 대해 말한다. 이런 대화를 나눈다는 것은 좋은 일이다. 진작 그랬더라면 아마 그리스도인들이 프랑스 철학자 장 자크 루소(Jean-Jacques Rousseau, 1712-1778)의 이런 발언으로 비난받을 수 있는 때는 오래전에 사라졌을 것이다.

기독교는 완전히 영적인 종교, 오로지 하늘의 것들에만 관심을 갖는 종교다. 그리스도인의 집은 이 세상이 아니다. 그리스도인이 자신의 의무를 다하는 것은 사실이다. 하지만 그는 자신의 노력이 성공할 것인가 실패할 것인가에 대해서는 전혀 무관심한 채 그렇게 한다. 그가 스스로 책망할 것이 아무것도 없는 한, 여기에서 어떤 일이 잘 이루어지든지 이루어지지 않든지 그에게는 거의 중요하지 않다. 나라가 번영하고 있다면, 그는 감히 공적 행복을 누리려 하지 않는다. 자기 나라의 영광으로 우쭐해질까 우려하기 때문이다. 나라가 쇠퇴하고 있다면, 그는 그의 백성을 무겁게 압박하고 계시는 하나님의 손을 찬양한다.[2]

하지만 이런 대화, 특히 공동선에 대한 우리의 논의는 다소 실제적이지 않고 추상적인 경향이 있다. 공동선이란 정확히 무엇인가? 그리고 공동선을 추구하는 것은 어떤 모습으로 나타나는가?

'공동선'이라고 하면 오늘날 대부분의 그리스도인들은 인간이 마땅히 가져야 할 기본적 인권과 자원을 염두에 둔다. 깨끗한 물, 머리 위의 지붕, 모든 폭력, 억압, 노예제 혹은 고문으로부터의 자유. 이런 것들이 공동선이다. 모든 사람은 깨끗하고 지속 가능한 자원들, 삶의 기본 필수품들, 자유 등을 가져야 한다. 그런 것들은 모든 사람이 마땅히 가져야 하는 것이며, 우리는 모든 사람이 그런 것들을 손에 넣을 수 있도록 도울 책임이 있다. 그래서 공동선을 추구하는 것은 일반적으로 멀리 떨어져 있는 어떤 마을에 우물을 파주는 것, 혹은 제3세계 나라들에 집을 지어 주는 것, 혹은 청소년들을 성매매 조직에서 구출

---

[2] Jean-Jacques Rousseau, *The Social Contract*, trans. Donald A. Cress (Indianapolis: Hackett, 1987), p. 100 (4.8). 『사회계약론』(후마니타스).

하는 것, 혹은 다른 종류의 사회정의 운동에 관여하는 것 등을 의미한다.

이런 것들은 명확히 모든 인간에게 중요하고 귀중한 권리와 자원이다. 그리고 우리는 그런 것들을 추구하고 그것들을 가지지 못한 다른 사람들을 위해 싸워야 한다. 하지만 이런 것들만이 공동선일까? 우리가 공적 정의를 추구할 때 이것만을 위해 싸워야 하는가? 이것이 우리가 공동선을 위해 노력할 때 우선적으로 추구해야 하는 것인가?

영적 훈련의 수평적 차원에 대한 우리의 논의는 이런 대화에 귀중한 의미를 지닐 수 있다. 하지만 내가 '공적'과 '일'이라는 개념에 대한 시야를 넓힐 것을 주장한 것처럼(7장에서 논의했듯이) '공동선'에 대한 우리의 시야를 넓힐 때만 그렇게 될 수 있다.

정말로 생각해 보면, 공동선을 위해 일하는 것과 공적 정의를 추구하는 것은 우리가 매일 사는 삶의 문제이며 또 우리가 날마다 하는 일상 활동에서 실천할 수 있는 것이다. 우리는 어디에서든 공적 정의를 추구할 수 있다. 이미 논의한 것처럼, 우리가 일반적으로 행하는 일들은 매일 주위 사람들에게 긍정적으로건 부정적으로건 영향을 끼친다. 공동체를 분열시키고 파괴하는 것은 공적 정의의 문제다. 외견상 결백하고 무해한 것 같은 행동들을 통해 이웃을 실망시키고, 해치고, 억압하고, 배척하는 것은 공동선에 영향을 끼친다. 다시 말해, 이기적 삶은 공동선과 공적 정의의 문제다.

수돗물, 산책할 자유, 따뜻한 담요 등은 모두가 공유해야 하는 중요한 것이다. 사랑도 마찬가지다. 희생도 마찬가지다. 우리가 사랑과 희생을 통해 이웃에게 주는 작은 것들도 마찬가지다. 기본 일상 활동에 간단한 변화를 가져옴으로써 이웃에 대한 사랑을 표현할 수 있다. 이것이 우리가 추구해야 하는 공동선이다. 사랑은 그렇게 흔한 것이 아니다. 적어도 예수님이 자기 제자들에게 명하시는 사랑은 그렇다. 이런 사랑은 흔하지 않다. 이 세상의 많은 사람들은 다른 사람을 위해 기꺼이 죽을 것이다. 그들은 친절하고 다른 사람들을 보살피기 때문에, 심지어 알지 못하는 사람들을 위해서도 기꺼이 죽을 것이다. 그들은 다른 사람을 구하기 위해 자기 목숨을 희생할 것이다. 이것은 참으로 놀라운 행동이다. 하지만 예수님은 우리가 그저 다른 사람들을 위해 죽으라고 부르시지 않는다. 예수님은 우리가 다른 사람들을 위해 살고 다른 사람들을 사랑하라고 부르신다. 누군가를 위해 죽는 것 역시 어렵거나 상상할 수 없는 것이다. 하지만 누군가를 위해 사는 것, 그건 뭔가 다른 것이다. 그런 사랑은 드물고 흔하지 않다.

내가 말하고자 하는 점은 단순히 사랑의 삶을 사는 사랑의 사람이 되는 것이 지닌 능력을 과소평가할 수 없다는 것이다. 우리는 이웃이 더 편안하고 평강한 삶을 살 수 있도록 가장 작은 일에서 희생하는 사람이 되는 것의 가치를 간과할 수 없다. 우리는 주위 사람들이 기대하고 필요로 하는 것에 단순히 민감하게 되는 것의 가치와 필요성을 낮게 평가할 수 없다. 이런 것들은 참으로 공동선이다. 이런 것들은 모든 사람들이 유익을 얻을 수 있는 것들이다. 우리가 하는 작은 일들을 바꿔 이것들이 우리의 이웃을 치유하고 사랑할 수 있도록 하는 것—그것이 우리 모두가 공동선을 추구할 수 있는 방식이다. 단지 우물을 파고, 집을 짓고, 폭력과 억압의 희생자들을 구해 줄 시간과 에너지와 기술과 통찰이 있는 사람들만이 공동선을 추구할 수 있는 것은 아니다.

'공동선'에 대한 우리의 개념과 비전은 측면에서 보는 영적 훈련의 렌즈를 통해 그것을 본다면 더 실질적이고, 적절하고, 구체적이게 될 것이다. 정반대로, 영적 훈련에 대한 우리의 이해 및 그것을 실천하는 동기는 그 훈련이 지닌 광범위한 함의, 특히 그것이 어떤 식으로 대중에게 유익이 되고 공동선에 기여하는지 고찰한다면, 더욱 확장되고 풍성해질 것이다.

우리의 소명은 우선 무엇보다도 특정한 방식으로 살라는 것이다. 이 소명은 우리가 '영적 훈련'이라고 부르는 이런 연습에서 특징이 되고 환영을 받는 생활 방식과 연결되어 있다. 우리가 새롭게 연습할 수 있는 이런 기본 일상 활동들은 세상에 '선한' 것이다. 그 활동들은 세상에 생명을 가져다준다. 그리고 세상은 우리와 함께 그런 활동들을 할 수 있으며 또 그런 활동들로부터 유익을 얻을 수 있다. 이런 훈련들을 하는 것은 공적 정의를 추구하며 공동선을 향해 일하는 것이다. 그 때문에 우리는 가정에서, 그리고 가능하다면 사업체, 학교, 다양한 수준에서 모이는 이웃들 가운데 그 훈련들을 연습한다. 우리가 정말로 공동선을 추구하기 원한다면, 정말로 이웃을 우리 자신처럼 사랑하기 원한다면, 정말로 우리의 생명을 다해 하나님을 예배하기 원한다면, 정말로 모든 것을 우리 구세주의 통치 아래 두기 원한다면, 일상 행동을 하는 방식을 바꾸어야 한다.

우리가 소득과 재산을 낭비하거나 탕진하지 않을 때, 자신에게만 몰두하거나 다른 사람에 대해 악의적으로 생각하지 않을 때, 탐욕스럽게 먹지 않고 음식을 독점하지 않을 때, 이웃을 침범하거나 회피하지 않을 때, 수다스럽거나 다른 사람들을 비방하지 않을 때, 다른 사람들을 소홀히 하지 않고 그들과 함께 일하면서 경쟁하지 않을 때, 휴식을 취하는 날에 게으르지 않고 다른 사람들을 무시하지 않을 때, 우리는 공동선을 추구하고 이웃을 사랑하고 하나님을 예배하려 애쓰는 것이다. 이기적이기를 중단하고, 희생적이기 시작하자. 머리와 생각, 배와 충동, 혀와 말, 그림자와 존재, 주머니와 소유, 손과 일, 엉덩이와 휴식으로 이웃을 사랑하자. 단순함, 묵상, 금식과 잔치, 고독, 침묵, 섬김, 안식일 준수를 연습하자. 그리고 교회에서, 집에서, 직장에서, 우리가 처한 모든 곳에서 그렇게 하자.

감사의 말

내가 속한 사람들과 공동체들에 신세 진 것을 생각할 때, 그리고 날마다 감사를 표해야 했지만 오랜 세월 그러지 못한 것을 생각할 때 전율을 느낀다. 수많은 친구들, 가족들, 낯선 사람들이 나를 형성해 주었으며 따라서 이 작은 책에 영향을 끼쳤다. 아마 그들의 이름을 종이에 적는 것이 내 감사의 표시가 될 것이다. 지금으로서는.

부모님이 나를 이 세상에 나오게 해 주시고, 믿음으로 그리고 하나님을 아는 지식으로 키워 주신 것에 감사한다. 채드(Chad)와 브래드(Brad) 형이 언제나 나를 참고 받아들여 주고, 농구 시합에서 몇 번 이기게 해 준 것에 감사한다. 형들 사랑해. 친구 닉 바렛(Nick Barrett)에게 감사한다. 닉은 계속해서 나에게 영감을 주고, 나를 세워 주고, 방향을 잡아 주고, 나의 부족한 점을 가려 주었다. 이 책에 인간애의 흔적이 조금이라도 있다면 그것은 기디언 스트라우스(Gideon Strauss) 덕분이다. 그는 내게 돌보고, 사랑하고, 능력을 부여하며 통합된 인간이 어떤 모습인지 보여 준다. 그리고 나의 좋은 친구들인 크리스토퍼 로미니(Christopher Romine)와 장 카를로스 아르세(Jean Carlos Arce)가 없었다면 나는 이 책을 쓸 수 없었을 것이다.

진리는 가장 위대한 친구다. 하지만 친구 없는 진리, 특히 진리가 친구임을 알도록 도와준 친구들이 없는 진리가 무슨 소용인가? 리치 마우와 제이미 스미스를 나의 두 멘토, 박사 과정 지도 교수, 친구라고 부를 수 있어 기쁘다. 리치, 지난 몇 년 동안 지도해 주시고 환대해 주신 것에 감사를 드립니다. 당신은 읽고, 생각하고, 글 쓰고, 사는 일에서 언제나 내게 지혜와 분별력과 관대함의 모범이십니다. 제이미, 처음 만난 날부터 교수님의 통찰, 친절, 교훈, 협력은 나를 매혹시키고 깊은 감동을 주었습니다. 앞으로도 오랫동안 교수님 부부와 함께 베란다에서 차를 즐길 수 있기를 고대합니다.

친구 켄트 더닝턴(Kent Dunnington)과 레베카 드영(Rebecca DeYoung)에게도 고마움을 표한다. 켄트, 너의 열심과 친절한 비판, 그리고 책임감은 나에게 활기를 주었어. 이 책의 산파 노릇을 해 주어 고마워. 레베카, 너의 격려와 지혜와 침착함을 고맙게 생각해. 우리가 함께 나눈 이야기들은 기독교적으로 가르치는 철학자가 될 수 있다는 소망을 주었어. 또 케빈 팀프(Kevin Timpe)와 수년 전 있었던 지적 겸손(Intellectual Humility) 세미나 참석자들이 나를 잘 인내해 주고 몇 가지 개념에 대해 유용한 피드백을 준 것에 감사한다. 특히 케빈(Kevin)과 그의 아내 앨리슨(Allison), 크레이그 보이드(Craig Boyd), 제임스 반 슬라이크(James Van Slyke)에게 감사한다.

또한 이 책이 나올 수 있도록 도와준 다른 사람들에게도 감사하고 싶다. 그랜트 고블(Grant Goble), 조엘 앨브리튼(Joel Albritton), 벨리 마티 카카이넨(Veli-Matti Karkkainen), 낸시 머피(Nancey Murphy), 코리 윌슨(Cory Willson), 나의 NYC 모임 동료들[자크 테렐(Zach Terrell), 미간 리치(Meaghan Ritchey), 스콧 캘가로(Scott Calgaro), 조 킥카솔라(Joe Kickasola), 앨리사 윌킨슨(Alissa Wilkinson), 케빈 고사(Kevin Gosa), 드루 더나비치(Drew Dernavich)], 론과 린다 모리스(Ron and Linda Morris), 바브와 랄프 로미니 그린(Barb and Ralph Romine Green), 빌과 비벌리 로미니(Bill and Beverly Romine), 애덤과 케이티 재클리(Adam and Katie Jackley), 브라이언과 멜린다 라이트(Brian and Melinda Wright), 매트 로(Matt Lowe), 데빈 미스카(Devyn Miska), 그랜트 로(Grant Lowe), 데릭 핼버슨(Derek Halvorson), 크리스 토머스(Kris Thomas), 조이와 로렌 바스텔리(Joey and Lauren Bastelli), 줄리 해밀튼(Julie Hamilton), 빌리 대니얼(Billy Daniel), 해리스 베크톨(Harris Bechtol, 캘리포니아에서 어느 저녁 독일어 수업이 끝난 후 그가 나에게 키에르케고어를 소개해 준 것에 대해 영원히 감사한다), 그리고 컬드웰 대학교(Caldwell University) 동료들인 짐 플린(Jim Flynn)과 필 밀러(Phil Miller).

브라조스 출판사(Brazos Press)와 베이키 출판 그룹(Baker Publishing Group)에서 새 친구들을 사귀게 되어 기쁘다. 모두들 유쾌하고, 열정적이고, 인내심 있는 사람들이다. 앞으로도 함께 할 날들을 고대한다. 특히 에릭 살로(Eric Salo)와 나의 친구이자 편집자 밥 호색(Bob Hosack)에게 감사한다. 밥, 나는 우리가 함께 하는 시간들을 철저히 즐겼으며 리사(Lisa)와 함께 여러 번 더 저녁을 먹게 되기를 고대한다

네. 자네의 친절함은 정말 유례를 찾기 힘든 거였어.

가정생활은 도시 생활 속 심오하고 신비로운 활동이며, 나는 최고의 이웃들과 함께 살고 있다. 사랑하는 엘리엇(Elliott), 너의 질문들, 포옹, 간식에 대해 만족을 모르는 식욕은 나에게 너무 많은 기쁨과 활기를 준단다. 내가 이 책을 쓰는 일에 몰두했는데도, 그리고 때로는 전혀 집에 없었는데도, 너는 너를 향한 나의 사랑이 사라지지 않았다는 것을 분명히 보게 해 주었어. 어린아이와 같은 믿음을 가진다는 것이 무엇을 의미하는지 보여 주어 고맙다. 마일스(Miles), 너의 놀이 친구로서 또 가장 친한 친구로서 내가 완전히 집중하거나 꾸준히 놀아 주지 못해도 아직 나를 비난하지 않아 줘서 고마워. 매일 네가 나를 더 방해해 줬으면 하는 마음과 또 내가 너와 함께 있을 때는 절대 방해를 받지 않았으면 하는 마음을 동시에 갖게 해 주었단다. 너의 미소와 장난기는 재미있으면서도 평안을 준단다. 너와 네 동생을 아주 깊이 진심으로 사랑한다.

내가 못할 때나 잘할 때나 변함없이 나의 동반자인 안드레아(Andrea), 당신의 사랑은 언제나 나한테 아주 효과적이야. 우리를 돌보아 줘서 고마워. 당신의 물건들을 우리와 나눠 줘서 고마워. 우리에게 신경을 써 주어 고마워. 우리와 함께 식사를 하고, 마지막 남은 것까지도 우리에게 주어서 고마워. 우리에게 말을 해 주는 것, 우리의 말을 듣고 싶어 하는 것도 고마워. 우리와 함께 그리고 우리를 위해—24시간 내내—일하는 것도 고마워. 그리고 당신의 휴식(혹은 휴식이 없는 것!)이 우리의 원기를 회복시키는 수단이 되게 해 주는 것에 고마워. 당신에게 이 책을 바쳐요. 당신을 사랑하고 당신에게 감사하며.

추천 도서

이 작은 책은 영적 훈련들이 우리의 일상생활에 구체적으로 영향을 끼치는 다양한 방식들을 탐구하지만, 하늘에서 뚝 떨어진 것은 아니다. 수많은 다른 위대한 책들, 사상가들, 저자들이 이 문제들에 대한 나의 인식, 상상력, 판단을 형성했다. 여기에 핵심 도서 몇 가지가 있다.

Bass, Dorothy C., ed. *Practicing Our Faith: A Way of Life for a Searching People.* 1997. San Francisco, CA: Jossey-Bass, 2010. 배스는 기독교 신앙이 어떻게 삶의 방식인지 보여 주며, 그리스도인들이 매일 행할 수 있는 열두 가지 중요한 실천 사항들을 논의한다. 『일상을 통한 믿음 혁명』(예영).

Crouch, Andy. *Culture Making: Recovering Our Creative Calling.* Downers Grove, IL: InterVarsity, 2008. 크라우치는 문화 명령(창 1:28) 및 그리스도인으로서 문화 유물을 만들고 사회에 기여하라는 부르심에 대해 논의하고 탐구한다. 『컬처 메이킹』(IVP).

DeYoung, Rebecca Konyndyk. *Glittering Vices: A New Look at the Seven Deadly Sins and Their Remedies.* Grand Rapids: Brazos, 2009. 드영은

'악의 전통'에 대한 재치 있고 통찰력 있는 논의 및 이런 악들을 바로잡는 몇 가지 영적 훈련들에 대한 현대적 탐구를 제공한다. 『허영』(두란노).

Kenneson, Philip D. *Life on the Vine: Cultivating the Fruit of the Spirit.* Downers Grove, IL: InterVarsity, 1999. 갈라디아서 5장 22-23절에서 사도 바울이 제시하는 "성령의 열매"에 대한 성찰이지만, 현대의 문화와 기독교적 관행이라는 맥락에서 시도하는 이 성찰은 내가 영성과 사회에 대해 생각하도록 해 준 첫 번째 책들 중 하나다. 『열매 맺다』(새물결플러스).

Kierkegaard, Søren. *Works of Love.* Translated by Howard V. Hong and Edna H. Hong. Princeton: Princeton University Press, 1995. 이 책은 사랑의 방대한 차원들에 대한 복잡하고 도발적인 논의다. 탁월한 경건서다! 『사랑의 역사』(종로서적).

Mouw, Richard. *Uncommon Decency: Christian Civility in an Uncivil World.* Downers Grove, IL: InterVarsity, 1992. Rev. ed. 2010. 마우는 기독교적 교양과 예절이라는 렌즈를 통해 영성과 공적 생활에 대한 분명하고 매력적인 연구를 제시한다. 『무례한 기독교』(IVP).

Peterson, Eugene. *A Long Obedience in the Same Direction: Discipleship in an Instant Society.* 1980. Downers Grove, IL: InterVarsity, 2000. 피터슨이 쓴 글은 무엇이든 탐독하고 음미할 만한 가치가 있다. 이 보석 같은 책은 순종을 위한 훈련 및 제자도를 위한 순종의 중요성을 전면에 내세운다. 『한 길 가는 순례자』(IVP).

Smith, James K. A. *Desiring the Kingdom: Worship, Worldview, and Cultural Formation.* Grand Rapids: Baker Academic, 2009. 복잡하고 미묘한 논제들이 켜켜이 쌓아 올려져 있는 이 책은 습관에 대한 기독교적 사고의 중요성과, 우리가 어떻게 '문화적 의례'와 제도들의 습관과 관행을 통해 형성되는지, 그리고 제도적 교회와 기독교 대학이 어떻게 반문화적 역할을 할 수 있는지 보여 준다. 『하나님 나라를 욕망하라』(IVP).

_____. *Imagining the Kingdom: How Worship Works.* Grand Rapids: Baker Academic, 2013. 『하나님 나라를 욕망하라』의 속편인 이 책은 습관과 관행이 어떻게 세상에 대한 우리의 상상력과 인식을 형성하는지 보

여 준다. 스미스는 이것을 예배-예전, 교리문답, 기독교 교육-와 결부시키며 또 그 예배가 우리에게 어떤 '영향을 주는지' 보여 준다. 『하나님 나라를 상상하라』(IVP).

Willard, Dallas. *The Spirit of the Disciplines: Understanding How God Changes Lives*. New York: HarperCollins, 1988. 고전. 윌라드는 개인의 변혁을 위해 그리고 제자들을 위한 삶의 한 방편으로 훈련이 갖는 중요성을 논의한다. 『영성 훈련』(은성).

Wirzba, Norman. *Food and Faith: A Theology of Eating*. New York: Cambridge University Press, 2011. 이 심오한 연구는 훨씬 더 주목하고 논의할 만한 가치가 있다. 위즈바는 먹는 것을 땅, 경작, 나무 심기, 어업, 안식일, 잔치, 금식, 친교, 하늘에서의 잔치 등을 논하는 넓은 틀에서 본다.

찾아보기

간이 매장 268
감정, 하나님과의 관계 안에서 25-30
개인주의 35, 39-40, 75, 104, 152, 178주3, 196, 246, 259
게으름 48, 168, 169, 211, 235-237, 238, 240, 249, 274
경연 214
경쟁 213-215
계명들 14, 18, 57, 60, 61, 68, 120, 121, 246
고독 166-169
　에 대한 소로의 견해 173-175
고립 174
공동선 95, 212, 269-274
공적, 정의 259-264

공적인 일들에 대한 기독교 철학 15, 20
교회 140, 145, 148, 162, 220, 224, 243, 260, 269, 274
　개신교 25, 114
　선교 단체 101
　수련회 176
　실무 훈련이 아닌 267
　에베소 196-197
　이 역사 18, 29, 41
　의 예전 266주1
　자원봉사자들 248
　제도로서와 유기체로서 75, 265-266, 280
　예배 26-27, 245, 253, 255
　워크숍으로서 267

청소년부 68, 231
〈그랜트체스터〉(텔레비전 방송)
　162-163
그레고리우스, 성 12, 148, 148주4
극기, 금식과 구분되는 142-143
근면함 210
금식, 다른 유사한 관행들과 구분되는
　142-144
금욕주의 92
긍정적 감정 26-28, 35
기독교 관행의 "세 가지 I" 35
기독교 철학, 공적인 일들에 대한 15, 20
끊기, 금식과 구분되는 143-144
『끝이 좋으면 다 좋아』(셰익스피어)
　200

낭비 82, 84-85, 86, 87, 89, 93, 96,
　99, 140, 273

다른 사람들을 회피함 159, 163-164,
　175, 177, 180
다른 일 하기 238-241, 249
대식하기 폭식을 보라
데카르트, 르네 114-115, 115주4
독점 134-135, 147, 273

루소, 장 자크 269-270, 270주2
〈루터〉(텔레비전 방송) 62
『리틀 미스 수다쟁이』(하그리브스)
　183-185, 188

마우, 리처드 13, 276, 280
말이 많음 163, 187, 188, 191
몸과 영혼 56

바울(사도) 58, 121, 196, 202, 218, 280
부정적 감정 26, 28
비시오 비테(삶의 비전) 266
비아 비테(삶의 방식) 267

사랑
　공동선으로서 271
　교제를 통한 162, 164, 169-170,
　　173-174
　다른 사람을 위해 삶으로써 표현되
　　는 41, 56, 65-70, 70주8, 272-273
　말을 통한 192, 197-199, 201-202
　매일의 활동들을 통한 63, 72, 74,
　　76, 264
　먹기를 통한 135-136, 139, 151, 153
　생각을 통한 110, 113-114, 123-127
　소유를 통한 87, 89, 99, 101-102
　예수님의 71
　이웃을 14, 19
　일을 통한 212-213, 215, 213, 225,
　　228
　자신을 44, 51
　휴식을 통한 238, 240-241, 253-254

사소한 활동들 20, 45, 71, 75, 240, 264
사치 84-85
삼가기, 금식과 구분되는 143
선교 단체 101
성령 57-58, 59주6, 74
　새롭게 하심 19, 45, 58, 172, 197-198
　안의 삶 14, 18, 58-59, 67-68, 70, 74
　인도하심 14, 19, 44, 58, 98, 102-103, 155, 203
　재촉하심 76, 128, 180, 247, 255
　죄를 깨닫게 하심18, 44, 61, 76, 122, 128
　창조하심 56, 57, 58
세네카, 루키우스 안나이우스 256, 256주2
〈세븐〉(영화) 133
소로, 헨리 데이비드 173-175, 174주2
소명 18, 56, 60, 121, 128, 222, 247, 273, 281
소유물 81-82, 88, 94-102
소유의 세 측면 87
소크라테스 80, 83-84
수다스러움 186-189
　대중문화 속 예시 188
스킬더, 클라스 52, 52주4
시노페의 디오게네스 79, 79주1, 80-81, 82-83, 92

신앙과 공적 생활 261-262
아리스토텔레스 114
아퀴나스, 토마스 97, 97주7
악 63, 188, 191, 280
　정의 48
악담 71, 189, 190, 191-192, 199-200, 274
〈악마는 프라다를 입는다〉(영화) 189-190
악의 111, 111주2, 200
어수선함 187, 또한 '수다스러움'을 보라
억제, 금식과 구분되는 87
〈엘프〉(영화) 188
여흥, 휴식과 구분되는 244-245
영적 도취감 32, 33
영적 성장 39-40
영적 연습의 수평적 측면 14, 41, 74-75, 94, 120, 145, 171, 196, 246, 259, 271
　정의 35· 41
영적 쾌락 32, 33, 42
영적 형성 58-59
영적 훈련
　정의 60-61
　수평적 차원 15, 35-42, 74-75, 94, 120, 145, 171, 196, 246, 259, 271
　을 연습하시는 예수님 44, 71,

찾아보기　285

73-74
의 정치 73, 262
영혼과 몸 56
예배
공동 26, 245, 246, 266, 269
악의 매개물로서 40
안식일 248-250, 252, 254, 255
와 긍정적 감정 26, 28
와 모든 생명(삶) 45, 273
와 사랑의 행위 263, 265
와 일 266주1
의 형성적 측면 280-281
예수님
과 교제 161, 164, 166-169, 170-173, 175
과 기분을 상하게 함 28-29
과 말하기 188-189, 192, 202
과 매일의 삶 19, 59, 63-65
과 먹기 139, 149, 151-152
과 사랑의 삶 66-69, 271-272
과 생각 110, 113
과 성령 안의 삶 58
과 소유 86-87, 89, 99
과 일 212, 214-217, 218, 220, 222
과 휴식 238, 240, 243
구세주이신 56
구속자이신 56
두 번째 아담이신 56
선생이신 13-14, 18, 55, 57-58, 61
선지자이신 56
심판자이신 56
왕이신 56, 246, 263
의 방식 42, 60, 66, 135, 267
이 연습하신 영적 훈련 43-44, 71, 74
인도자이신 15, 19, 51, 60-61
제사장이신 56
하나님의 형상을 지니신 55
예전 122주8, 265-269, 266주1, 280-281
오락, 휴식과 구분되는 244-245
워즈바, 노먼 153, 178주4, 226, 281
윌라드, 달라스 13, 281
은둔, 고독과 구분되는 167, 168
인색함 136-140, 136주2, 147, 153
일상 행동
새롭게 하기 20, 61-62, 63, 125, 170, 180, 204, 259, 264
이웃에게 미치는 영향 73, 74, 154, 226, 228, 273-274
훈련하기 50, 50주2, 51-51, 53-54, 56, 60, 102, 202

자극 26, 27, 28, 33, 34, 42
자신에게 몰두하기 108-110
자제, 금식과 구분되는 142
잠, 휴식과 구분되는 243
장황함 187-188
저장 85-86, 85주5, 138

전화 14, 181, 204, 241, 255
절약 93, 137-138
절제, 금식과 구분되는 142, 143
정치 17, 20, 63, 65, 68, 173, 201, 213, 261
　영적 훈련의 73, 262
제자도 14, 52, 56, 65, 280, 283
죄 57, 63, 64, 97, 198, 223
〈주토피아〉(영화) 235
지성주의 35, 39, 41, 75

처벌 '훈련'을 보라
청지기로서 관리 56, 97, 98-99, 122, 140, 151, 164, 198, 227
축제, 잔치와 구분되는 148-149
침범 159, 178

카시아누스, 요한 13, 47-49, 51주3, 140-141
칸트, 이마누엘 162-163
칼뱅, 장 246, 246주1, 247-248
커밍스 109, 109주1
크레티엥, 장 루이 198, 198주2
키에르케고르, 쇠얀 9, 13, 21, 24, 29주5, 98주8, 277, 280

"타겟 레이디"(〈새터데이 나이트 라이브〉 풍자극) 186-188
타임아웃 164-166

탕진하기 87, 88-89, 96, 98-99, 273
태만함
　동료들에 211-212
　업무에 210, 211, 237
토마스 아퀴나스 97, 97주7

〈팍스 앤 리크리에이션〉(텔레비전 방송) 117
〈판사〉(영화) 159-160
포기함, 단순함과 구분되는 92
포스터, 리처드 13, 39주6
폭식 48-49, 133-136
플라톤 80, 83주3, 85주4, 114

하나님의 형상 19, 20, 59, 74
　과 계명들 61
　과 교제 178주3, 179-180
　과 제자도 55
　을 지닌 이웃 123, 178
허리케인 샌디 95
훈련 19, 52, 53-54
　처벌과 구분되는 54
휴가
　고독과 구분되는 167-169
　휴식과 구분되는 232
휴대전화 '전화'를 보라
휴스, 랭스턴 136-137, 136주2
휴식 231-257
희생하는 삶 57

옮긴이 정옥배는 외국어대학교 서반아어과를 졸업하고 IVP 간사를 역임했으며 미국에 있는 웨스트민스터 신학교와 풀러 신학교에서 수학했다. 역서로 『비교할 수 없는 그리스도』 『이슬람의 딸들』 『진정한 기독교』 『시대를 사는 그리스도인』(한화룡 공역), BST 시리즈 『신명기』 『사도행전』 『로마서』 『데살로니가전후서』(이상 IVP) 등 다수가 있다.

사랑 연습

초판 발행_ 2019년 4월 5일

지은이_ 카일 데이비드 베넷
옮긴이_ 정옥배
펴낸이_ 신현기

펴낸곳_ 한국기독학생회출판부
등록번호_ 제313-2001-198호(1978.6.1)
주소_ 04031 서울 마포구 동교로 156-10
대표 전화_ (02)337-2257 팩스_ (02)337-2258
영업 전화_ (02)338-2282 팩스_ 080-915-1515
홈페이지_ http://www.ivp.co.kr 이메일_ ivp@ivp.co.kr
ISBN 978-89-328-1702-6

ⓒ 한국기독학생회출판부 2019

책값은 뒤표지에 있습니다.
무단 전재와 복제를 금합니다.